记忆文丛

桑逢康 ◎ 著

胡适逸闻

山西出版传媒集团　北岳文艺出版社
BEIYUE LITERATURE & ART PUBLISHING HOUSE

图书在版编目（CIP）数据

胡适逸闻 / 桑逢康著 . — 太原：北岳文艺出版社，2017.7
ISBN 978-7-5378-5082-7

Ⅰ . ①胡… Ⅱ . ①桑… Ⅲ . ①胡适（1891-1962）- 生平事迹
Ⅳ . ① K825.4

中国版本图书馆 CIP 数据核字 (2017) 第 078566 号

书名：胡适逸闻　　　　出 版 人：续小强　　　书籍设计：张永文
著者：桑逢康　　　　　责任编辑：席香妮　　　印装监制：巩　璠

出版发行：山西出版传媒集团·北岳文艺出版社
地址：山西省太原市并州南路 57 号　邮编：030012
电话：0351-5628696（发行部）　0351-5628688（总编室）
传真：0351-5628680
网址：http://www.bywy.com　E-mail：bywycbs@163.com
经销商：新华书店
印刷装订：山西人民印刷有限责任公司

开本：710mm×1000mm　1/16
字数：312 千字　印张：23
版次：2017 年 7 月第 1 版
印次：2017 年 7 月山西第 1 次印刷
书号：ISBN 978-7-5378-5082-7
定价：47.00 元

前言

　　胡适是中国现代文化史上的一位重量级人物，本书收录他一生中的逸闻趣事近二百条，基本上按年代即时间顺序编排。个别内容相近的条目，可能跨越时间顺序合并在一起。

　　史书有正史与野史之分，传记有正传与别传、外传之异："别传"也者指记载某人逸事的传记，"外传"也者指正史以外的传记。相对于叙述重大事件的胡适正传，或按重大问题分类的胡适传而言，此书也可视为一本胡适的别传或外传，胡名之曰《胡适逸闻》亦可，名之曰《胡适别传》亦可。作者爬罗剔抉，辑录钩沉，费时数载，方成此书，无一事无根据而不流于"野"，有品位有情趣而不流于"俗"。通过近二百条逸闻趣事，从细微末节处显示出了胡适的思想、人品与学识，诸如宽厚容忍、平易谦和、博学广识、提携后进、清正廉洁、勤奋著述等等，说明胡适是一位有学问、有道德、有修养、值得尊敬与怀念的知识界代表人物，又是百姓通常所说的好人。当然，胡适的某些学术观点是值得商榷的，某些政治主张更与我们南辕北辙，不过作为别传或逸闻录，这些方面的内容本书少有涉及，所以也就未详加驳正。这是需要告白于读者的。

桑逢康

二〇一六年十二月二十日于北京

目录

第五章

第七章

第一章

"绩溪牛" 的子孙

　　安徽绩溪上庄有一胡姓人家，系当地茶商，大名鼎鼎的胡适即出自此胡姓人家，在"明经胡氏"的世系中为第四十二代。所谓"明经胡氏"，系指后唐时期其先祖昌翼公曾以明经及进士第，所以后人将这一支称为明经胡氏。胡适之所以成为现代文化史上一度引领风骚的代表性人物，或许是由于在他的骨子里继承了先祖昌翼公的"文化"基因，而且还有所发扬光大：昌翼公只是进士，而按胡适的地位和影响来说，他恐怕称得上是现代版的"状元"。

　　据梁实秋在《胡适先生二三事》中说，胡适乡土观念甚重，常常对人讲绩溪山水如何如何美，绩溪人如何如何勤劳，以至被称为"绩溪牛"等等。包括绩溪在内的安徽东南部古称徽州，徽州人习性聚族而居，胡适夸耀说除姓胡的以外，姓汪的、姓程的、姓吴的、姓叶的大概也都源于徽州，并说他问过汪精卫和叶恭绰，两人都承认先祖出于徽州。江西籍的罗隆基有一次调侃胡适道：

　　"胡先生，照你这么讲，如果再扩大研究下去，我们可以说中华民族起源于徽州了！"

　　大家拊掌大笑起来。

　　不过，胡适本人却是在一八九一年十二月十七日（清光绪十七年十一月十七日）生于上海大东门外，原名嗣穈，学名洪骍，字希强。后来胡适在上海澄衷学堂通过阅读课外读物，有机会读到了严复翻译的英国赫胥黎所著《天演论》一书，其中心思想"优胜劣汰，适者生存"给了胡适绝大的刺激，以至他把自己在学堂里用的名字由"胡洪骍"改为了"胡适之"（后简称"胡适"）。

　　这个"胡适之"，虽然在西风东渐，受外来影响下命名，但其实是"绩溪牛"的子孙。

"糜先生"

胡适的父亲胡传，字铁花，曾任松沪厘卡总巡、台东直隶知州。母亲冯顺弟出身贫苦农家，为胡传续弦之妻，年纪比丈夫小三十二岁。

一八九五年初胡适随母亲回到绩溪老家。这一年四月，在甲午海战中遭到惨败的清政府被迫将台湾割让给日本，台湾绅民群起反对，胡传奉命在台东负责后山防务，在日军猛烈进攻下，一直坚守到闰五月初三日始撤离。由于患脚气病，先是左脚不久双脚都不能行动了，不幸于旧历七月三日在厦门故去。在给冯顺弟的遗嘱中，说糜儿天资颇聪慧，应该让他读书。给胡适的遗嘱是教他努力读书上进。于是胡适便以三岁零几个月的幼龄，在四叔胡介如的学堂里读书了。由于身体太小，塾堂的凳子又高，还得要大人将他抱上抱下。不过你别小看了这个娃娃，这时他已认得了一千多个汉字了！

胡适念的第一部书，是父亲生前编定的一本四言韵文《学为人诗》，胡传亲自抄写了给糜儿，做胡适的发蒙课本。开头几行是：

> 为人之道，在率其性。
>
> 子臣弟友，循理之正；
>
> 谨乎庸言，勉乎庸行；
>
> 以学为人，以期作圣。

由于父亲去世过早，真正抚育他成长的是母亲。冯顺弟二十三岁年纪轻轻就守寡，唯一的儿子是她唯一的安慰与希望。她遵照丈夫的遗命细心抚育、严格管教糜儿，在幼小的胡适眼里母亲既是慈母又兼严父：

"每天天刚亮时，我母亲就把我喊醒，叫我披衣坐起。我从不知道她醒来坐了多久了。她看我清醒了，才对我说昨天我做错了什么事，说错了什么话，要我用功读书。有时候她对我说父亲的种种好处，她说：'你总要踏上你老子的脚步。我一生只晓得这一个完全的人，你要学他，不要跌他的股。'（跌股便是丢脸，出丑。）她说到伤心处，往往掉下泪来。到天大明时，她才把我的衣服穿好，催我去上早学。"

　　蒙馆是要收学金的，类似于现在的收学费，一般学生每年只送两块银元，先生嫌少不好好教，学生也常常逃学（绩溪土话叫"赖学"）。冯顺弟给胡适第一年的学金就是六块银元，相当于别人家的三倍，以后逐年增加，最后一年竟加至十二块银元！教书的先生乐不可支，不过冯顺弟同时也提出了严格的要求：先生讲书，每读一字必须讲一字的意思，每读一句必须讲一句的意思。母亲这样严格要求先生，让做学生的儿子胡适受益匪浅。他后来回忆说："我的母亲管的严厉，我又不大觉得念书是苦事，故我一个人坐在学堂里温书念书，到天黑才回家。"

　　胡适在家塾里依次诵读过《孝经》《小学》《论语》《孟子》《大学》《诗经》《书经》《易经》《礼记》。这些都是古代的经典著作，又是求学读书之人的基本教材，不过小孩子们很难读懂它们，也就难免由厌弃而逃学。可是糜儿却从不赖学，小小年纪不曾养成活泼游戏的习惯，总是文绉绉的，老辈人说他倒像个先生样子，唤他"糜先生"。

"掷苏"

　　徽州的小孩子，不论男孩和女孩，都爱玩一种叫"掷苏"的游戏。也就是把柿核收积起来，将每个柿核劈成两瓣，晒干了特别坚硬，剖面为白色，背面为酱色，日久变为黑色。儿童"掷苏"时，每人各有一袋柿核即一袋"苏"，取同一数目"苏"掷在地上，以白色多者为胜。比如各掷五粒，甲得三白乙得四白，则乙胜。假如各掷一把"苏"，自己留下白的，黑的由对手拿去，最后以谁的白色多寡论输赢。

为什么把柿核念成"苏"呢？原来"苏"是柿、核两字的合音：徽州人读"核"为"屋"（乌入声），所以柿核连在一起读快了就成为"苏"了。

女孩子玩"掷苏"的比男孩子要多。胡适小时候身体弱，他不能也不愿同男孩子们一起疯闹撒野，常常跟年纪相近的女孩子玩"掷苏"的游戏。他有一大袋"苏"。

——"凤娇，咱们玩'掷苏'吧！"

——"你得了几粒白的？翠苹？"

——"我赢了，我白的比你多！"

过去了许多许多年，胡适还清晰地记得小时候和她们一起玩"掷苏"的游戏。一九三九年十一月二十八日，时任驻美大使的胡适，收到了伊丽莎白·格林(Elizabeth Green)给他送来的一盒野柿子，并附短束说："或许可引你忆起北京的大柿子，这里有一盒野柿子，一点小意思，不成敬意。"胡适打开盒子来看，这些野柿子很小，不过一寸对径，皮细而薄，尝了一口味道很甜，里面有五六粒核子。北京的柿子可是要大得多了，著名的京西磨盘柿直径怕是有碗口般大小。但胡适一向不大喜欢北京柿子，所以收到伊丽莎白·格林的礼物后，他倒是想起了故乡徽州山里的柿子，——不是柿子本身，只是柿核子。于是小时玩"掷苏"游戏的情景，便在他心中复活了，不由得自语了一句：

"不知徽州山里的女孩子们还玩'掷苏'么？"

"菩萨胡闹"

胡适长到十一岁的时候便能够自己看古书了，从跟着家塾先生读《纲鉴易知录》《御批通鉴辑览》，到点读《资治通鉴》，可以说从小养成了爱读历史书籍的习惯，这也是他研究中国史的第一步。

有一天，他温习朱子的《小学》，念到司马光《家训》中"形既朽灭，神亦飘散，虽有剉烧舂磨，亦无所施"，顿时眼前一亮，不再惧怕地狱；后来又读到《资治通鉴》第一百三十六卷所载齐梁时代范缜所著《神灭论》的一段话，虽然只有三十六个字，却给了少年胡适很大的思想启迪，不知不觉的成了一个不信鬼也不信神的人。正如他后来在《四十自述》中所说："司马光的话教我不信地狱，范缜的话使我更进一步，就走上无鬼神的路。"

不过那时他还不敢在母亲面前公然说出自己不信鬼神，"要把几个烂泥菩萨拆下来抛到毛厕里去"，因为母亲（冯顺弟）笃信鬼神，常常带着他去烧香还愿，拜神拜佛拜祖宗。

转眼到了十三岁。正月里的一天晚上，胡适在家陪客人吃饭，喝了一两杯烧酒。小小年纪不胜酒，竟有点醉了，跑到大门外，仰头喊道：

"月亮，月亮，下来看灯！"

正月里观灯是民间的习俗，别人家的孩子也跟着他一起喊叫了起来。

冯顺弟叫人唤胡适回家去。胡适怕母亲责怪他喝醉了酒，竟撒腿向远处跑，终究被长工追了回来。母亲把他拖进屋里去，长工见胡适与平常相比有些怪异，便低声对冯氏说道：

"怕是得罪了神道，神道怪下来了。"

胡适在旁一听，忽然想出了一条妙计："我胡闹，母亲要打我；菩萨胡闹，她不会责怪菩萨。"

于是他就装出一副鬼神附体的样子，闹得更凶了，疯疯癫癫地说了许多胡话。冯顺弟见状十分着急，赶忙向空中三门亭的神道祷告，允诺一个月后一定要带着穈儿去谢神还愿。而胡适闹了一阵也闹乏了，不知不觉睡着了……

一九一七年七月间，二十七岁的胡适从美国留学回来。到绩溪老家看望多年未见的母亲时，母子俩闲话往事，胡适对母亲说："那一年元宵节附在我身上胡闹的不是三门亭的神道，只是我自己。"

冯顺弟听罢笑了。

"小荷才露尖尖角"

一九〇四年春，冯顺弟由于爱子心切，对穈儿的期望又殷切得很，便硬着心肠让胡适到上海去读书。其时胡适实际年龄仅为十二岁零两三个月。他后来回忆说："我就这样出门去了，向那不可知的人海里去寻求我自己的教育和生活，—— 孤零零的一个小孩子，所有的防身之具只是一个慈母的爱，一点点用功的习惯，和一点点怀疑的倾向。"

胡适到上海后，最初进了私立梅溪学堂（小学）。因为他不懂上海话，又未曾"开笔"做文章，被编在了最低的第五班。教《蒙学读本》的是一位姓沈的先生，有一次讲课把"传曰，二人同心，其利断金。同心之言，其臭如兰"说成是《左传》上的话。胡适等课讲完以后，拿着书走到沈先生的桌旁，低声对他说：

"这个'传曰'是《易经》的《系辞传》，不是《左传》。"

沈先生的脸红了，他没有想到这个从乡下来的小学生竟然能指出老师的错误。用眼睛盯住胡适，问道："侬读过《易经》？"

胡适点点头："读过。"

沈先生又问："阿曾读过别样经书？"

胡适如实回答："读过《诗经》《书经》《礼记》。"

"做过文章没有？"

"没有做过。"

"我出个题目，拨侬做做试试看。"

沈先生出了一个题目：《孝弟说》。胡适回到自己的座位上，开动脑筋，勉强写了一百多字交给先生。沈先生看了之后对胡适说："侬跟我来。"

胡适拿了书包，跟着沈先生来到第二班的课堂上。只见沈先生对二班教员顾先生说了一些话，顾先生便叫胡适坐在末一排的课桌上。原来是沈先生看见胡适年纪虽小但程度不低，就向顾先生做了推荐，从第五班进入第二班学习，一天之中升了四班！这正如宋代诗人黄庭坚在《清明》一诗中所称赞的："小荷才露尖尖角"。

"白话文从此成了我的一种工具"

胡适一九〇六夏考入中国公学。中国公学学生以"对于社会，竞与改良"为宗旨，组织了一个竞业学会，并创办了一个白话的旬报《竞业旬报》。会长叫钟文恢（号古愚），他介绍胡适加入了竞业学会。旬报的编辑人最初请傅君健担任，他打出的旗号是振兴教育、提倡民气、改良社会、主张自治。因为刊物要"传布于小学校之青年国民"，故而采用白话文。胡适的第一篇白话文章《地理学》就发表在《竞业旬报》第一期上，署名"期自胜生"。——那时胡适正在读《老子》一书，爱上了"自胜者疆"这句话，就给自己取了个别号"希疆"，又自称"期自胜生"。这大概是当时年青学子的一种风气，在湖南第一师范读书的毛泽东就曾有一个"二十八画生"的称谓。

从此以后，胡适就一发而不可收，竟在旬报上连载起长篇章回小说《真如岛》来。这篇小说主题是"破除迷信，开通民智"，胡适拟定出了四十回的题目。虽说由于刊物的变故仅续至第十一回，小说也写到此为止，并未按最初拟定的计划写完，但也足以说明胡适做了一个月的白话文，他的胆子便大起来了。

胡适白话文的写作始于中公读书期间，非自五四时期才开始。

《竞业旬报》出至十期停刊，直到戊申年（一九〇八）三月三十一日才出第十一期。傅君健已不再来，编辑无人负责。从戊申年七月第二十四期开始由胡适接任编辑。从二十四期至三十八期，胡适做了不少文字，有时候全期的文字，从论说到新闻差不多都是他一个人做的。忙累是够忙累，但胡适从中体验到了编辑刊物的辛苦，也从中得着了很有益的训练，为他日后编辑诸多有影响的大型刊物奠定了最初的基石。正如胡适在《四十自述》中所说："这几十期的《竞业旬报》给了我一个绝好的自由发表思想（的）机会，使我可以把在家乡和学校得着的一点点知识和见解，整理一番，用明白清楚的文字叙述出来。"又说："我不知道我那几十篇文字在当时有什么影响，但我知道这一年多的训练给了我自己绝大的好处。白话文从此成了我的一种工具。七八年之后，这件工具使我能够在中国文学革命的运动里做一个开路的工人。"

吃了一次大苦头！

新公学解散之后，胡适寄居上海，遇着一班浪漫的朋友，沾染了打牌、吃花酒的恶习。他们都没有多少钱，只能玩一点穷开心的玩意儿：赌博到吃馆子为止，谁赢谁请客；逛窑子到吃"镶边"的花酒或打一场合股份的牌为止。

有一天晚上，胡适和几个朋友在一家"堂子"里喝了不少酒，又到一家去"打茶围"。雨下得很大。胡适惦记着第二天还要去教低年级同学的英文课，便雇了一辆人力车回去。其时他已经喝得大醉了，上车以后昏沉沉睡去，直到天明方才醒来，睁开眼睛一看，却又不是在自家的床上，而是躺在巡捕房冰冷坚硬的地板上。一只脚上没有鞋，衣服是湿透了的，上面还有许多污泥。身上有几处明显的破皮的疤痕……

原来昨夜在回校的路上，一位在海宁路口值勤的巡捕，见人力车上的胡适喝得酩酊大醉，怕他闯祸，就要带他到巡捕房。酒醉之人哪有什么顾忌的？胡适脱下一只皮鞋就朝巡捕狠打了几下。两个人抱住不放，滚在泥地上。后来巡捕吹响了哨子，唤来两个马车夫帮忙，制服了胡适，把他关在马车里，押进了巡捕房，临时囚禁了大半夜。这些经过都是那位巡捕用告状的语气讲出来的，胡适有口难辩，因为他喝醉酒之后什么也记勿清爽了，只得自认倒霉。

经过开堂问事，胡适被罚款五元，作为对值勤巡捕的赔偿费。胡适回到自己住处，一位姓徐的医生下了很重的泻药帮他解除湿气，可胡适手指和手腕上还是发出了四处的肿毒。

这次苦头让胡适清醒了转来，他说："那天我在镜子里看见我脸上的伤痕，和浑身的泥湿，我忍不住叹一口气，想起'天生我材必有用'的诗句，心里百分懊悔，觉得对不住我的慈母，——我那在家乡时时刻刻悬念着我，期望着我的慈母！我没有掉一滴眼泪，但是我已经过了一次精神上的大转机。"

　　胡适是有内省的。"少年恨污俗，反与污俗偶"的他，后来在一九一四年六月三十日写的《留学日记·提倡禁嫖》中，不仅反省了自己，而且对"狎邪（嫖）"进行了深刻、猛烈的批判：

　　"吾国人士从不知以狎邪为大恶。其上焉者，视之为风流雅事，著之诗歌小说，轻薄文士，至发行报章（小报），专为妓女作记室登告白。其下焉者，视之为应酬不可免之事，以为逢场作戏，无伤道德。妓院女闾，遂成宴客之场，议政之所。夫知此为大恶，夫犯此为大耻，则他日终有绝迹之一日也；若上下争为之，而毫不以为恶，不以为耻，则真不可为矣。何也？以此种种道德之观念已斫丧净尽，羞恶之心无由发生故也。今日急务，在于一种新道德，须先造成一种新舆论，令人人皆知皮肉生涯为人类大耻，令人人皆知女子堕落为天下最可怜之事，令人人皆知卖良为娼为人道大罪，令人人皆知狎妓为人道大恶，为社会大罪，则吾数千年文教之国，犹有自赎之一日也。吾在上海时，亦尝叫局吃酒，彼时亦不知耻也。今誓不复为，并誓提倡禁嫖之论，以自忏悔，以自赎罪，记此以记吾悔。"

考取庚款留美

　　自维新变法以后，中国开始向国外派遣留学生，至五四运动前后形成了青年人出洋留学的第一波高潮。受这股潮流的影响，胡适一九一〇年报考第二批庚款官费留美，为此他闭户苦读了两个月。考试地点在北京，好友许怡荪、程松堂和叔祖胡节甫帮他筹措了北上的旅费。因为怕考不取让朋友和学生们笑话，他没有用胡洪骍的名字，改用"胡适"应考。国文考试题目是《不以规矩不能成方圆说》。胡适因为平日爱读杂书，触类旁通，便做了一篇乱谈考据的短文，居然博得了有"考据癖"的阅卷先生的赏识，给打了一百分。英文只考了六十分，西洋史、动物学、物理学几门课程他都是临时抱佛脚，准备不充分，考的成绩更不理想。各科考试平均成绩为五十九分多，离及格还差一点点。

那一天胡适听到发榜的消息后，急忙坐了人力车赶到史家胡同去看榜。有"自知之明"的他觉得自己考得很不好，只好从榜尾倒着看去，一边心里存着一丝侥幸。天已经黑了，他举着车上的灯挨个查看，榜看完了也没有见到"胡适"的名字。糟糕！他心里禁不住失望起来，"名落孙山"的感觉让他从头凉到脚跟。再举灯细看那头上，才知道这是一张"备取"的榜，让他虚惊一场。

胡适举灯仔细去看正榜，——仍是心里存着一丝侥幸，从榜尾倒着看去。灯光聚焦到一个姓胡的名字上……"啊啊，看到我的名字了！"他心里顿时一喜，然而凑近细细辨认，原来不是"胡适"而是"胡达"。显然是另外一位考生。胡适这回沉住了气，再定睛看那正榜时，相隔仅一人，宛如黑夜里突然闪光的明星一样，"胡适"两个字闯进了他的眼睛！

第二批庚款官费留美共有七十个名额，胡适考了第五十五名，被录取了。那年他十九岁。有书记载云：

"一九一〇年七月，胡适随其二兄北上用'胡适'报名应试。结果名列正取第五十五名。赵元任名列第二，张彭春名列第十，竺可桢名列第二十八，胡达（明复）名列第五十七。榜示以后，胡适等即南下上海，按照政府规定行期准备出国……"

浩瀚无际的太平洋上，一艘海轮自西向东迎着太阳破浪前行。船上有七十一名中国青年学子，个个欢欣雀跃，人人踌躇满志。其中有一个眉清目秀的年轻人叫胡适。九月九日抵达旧金山。从踏上新大陆的那一刻起，胡适便怀揣着梦想，开始了长达七年的留美学习生活。

"从此走上了文学史学的路"

胡适最初入美国康乃尔大学攻读农科。当时美国的农科是不收学费的，胡适觉得这样可以节省一部分由清政府提供的官费，寄回老家绩溪补助生活拮据的母亲。

一开始他学习还是很努力的，也梦想将来做个农业科学家，以农报国。在课堂上学了三个星期后，接到实验系主任的实习通知，胡适去报到时实验系主任问他：

"你有什么农场经验？"

胡适老老实实回答说："我不是种田的。"

主任有些疑惑："你作什么呢？"

胡适脸上一副诚恳的样子："我没有做什么，我要虚心学习，请先生教我。"

主任又问道："你洗过马没有？你先去洗马。"

胡适解释说："我们中国种田，是用牛不是用马。"

主任摇摇头："不行！"

在美国学习当然得遵照美国学校的规定。于是胡适就跟着实验系主任洗马了，往往是主任洗一半，胡适照葫芦画瓢洗另一半。洗完了马学套车，也往往是主任套一半，胡适学着套一半。如此这般实习了一个星期，胡适觉得还挺好玩的。接着一个星期是为包谷（即玉米）选种，一共有一百多种，要一粒粒挑，一颗颗选，一个星期下来胡适的两手都起了泡，不过他忍耐着，终于坚持到实习完毕。第一个学期，他的各门功课的成绩都在八十五分以上。第二年依然如此，胡适为了多得学分，又按照学校的规定增选了一门果树学。起初是在果田里剪树（枝）、接种、浇水、捉虫……干的全是果农的活，为时一个星期。第二个星期转入课堂教学，其中一项是苹果分类，一张桌子上放置了三十个不同种类的苹果，给每个学生一把小刀、一本苹果分类册，让学生们根据每个苹果的长短大小、果皮的颜色、开花孔的深浅，对照苹果分类册分别辨明属于哪一种类别。那时美国的苹果有四百多类品种，美国的学生大多是农家子弟，平日对苹果就很了解，所以只需在苹果分类册上查对学名，不大一会儿工夫便可分类完毕，填表交卷。更有甚者将几个苹果偷偷塞进口袋里扬长而去，三三两两享受苹果的美味。胡适可苦了，他需要一个一个的鉴别，花了两个半小时才将二十个苹果分类，而且大部分还分错了。另一位姓郭的中国留学生和胡适的情况差不多。

胡适甫提有多懊丧了。晚上他躺在床上翻来覆去睡不着，心想："我花了两小时半的时间，究竟是在干什么？中国连苹果种子都没有，我学它有什么用处？自己的性情又不相近，干嘛学农科？……"

于是他决定放弃已经学了一年半时间的农科，改学文科，并为此牺牲了两年的官费。以后又转入哥伦比亚大学研究院，师从实验主义哲学家杜威攻读哲学。在人生的关键时刻，胡适把握住了自己未来的命运，"从此走上了文学史学的路"，终于成为了中国首屈一指、学贯中西的大学者，在世界上也享有很高的声誉。以后胡适经常举自己的例子，告诫青年学生要以本人的兴趣和禀赋作为选择科系的标准，说"求学选科比娶太太更重要"——这虽然是一句半开玩笑的话，却也是至理名言。

胡适逸闻

"智慧上一个新的起点"

老子对胡适的影响颇深，胡适在一九〇八年才十七岁的时候就写过一首绝句《咏柳》："但见萧飕万木摧，尚余垂柳拂人来。西风莫笑长条弱，也向西风舞一回。"诗前自序云："秋日适野，见万木皆有衰意，而柳以弱质，际兹高秋，独能迎风而舞，意态自如。岂老氏所谓能以弱者存耶？感而赋之。"文中"老氏"即老子，中国古代的一位先哲，其最著名的一句话是"上善若水"，而"天下莫柔弱于水，而攻坚强者，莫之能先！"包含了既深奥又浅显的哲理，弱能胜强，柔能克刚。胡适的《咏柳》一诗，就是从老子思想的启示下得到的灵感。

　　一九一五年五月六日，日本强迫北洋政府签订了丧权辱国的"二十一条"，引发了中国人民大规模的抗议浪潮，就连在国外的留学生也无不义愤填膺。当时在日本留学的郭沫若和一些中国留日学生连夜赶回上海请愿交涉。在美国留学的胡适虽未回国，前一天闻讯后也辗转不能入睡，半夜一时许披衣起来打电话询问《大学日报》有无远东消息？对方答云没有，于是胡适六日清晨便跑到街上买了一份塞拉克斯城（Syracuse）出版的晨报，读到了有关"二十一条"的新闻报道。心中郁闷不堪，手中拿着那份报纸信步走到了工学院后面峡谷上的吊桥上。俯视下面，深达二百尺的幽谷系千年以来由水冲刷而成，瀑泉澎腾飞鸣，长满数里，景色壮观，气象非凡。胡适忽然——或者说下意识地——想到了老子，想起了老子说过的那句经典："天下莫柔弱于水，而攻坚强者，莫之能先！"眼前的峡谷不就是这样形成的吗？它是弱能胜强、柔能克刚的一个明证啊！"念老子以水喻不争，大有至理。"胡适喃喃自语道。

　　如果在过去，他的思考或联想也许就到此为止了，就停留在这一层面不再深思下去了，然而今天胡适纵观中日大势，却有了新的体会，新的认知："并不是水之弱终能胜强，而是力——真正的力——才能使流水穿石。"水表面上柔弱而实际上具有真正的力量，所以日积月累费千年冲刷之功造成了眼前这深深的、景色非凡的幽谷。这是风景，更是哲学，是亘古不变的真理和法则啊！诚然目前日本是强国，中国是弱国，但假以时日，积累起真正的力量，也终会有弱能胜强的一天！胡适心中豁然开朗起来，从感觉上说，他觉得这实在是他智慧上一个新的起点。

　　胡适在美国有一位红颜知己韦莲司，两人无话不谈，尤其重在思想上的交流。胡适对韦莲司讲了自己的新感觉，新认知。一九一五年五月六日的日记中，他用半文半白的文字记述了两人的对话。胡适对韦莲司说道：

"不观乎桥下之水乎？今吾所见二百尺之深谷，数里之长湍，皆水之力也。以石与水抗，苟假以时日水终胜石耳。"

韦莲司是一位非常有思想、有见识的美国新一代叛逆型的青年女性，曾听胡适讲过老子的哲学。她闪着一双充满智慧的眼睛，阐明自己的观点："老子亦是亦非；其知水莫之能胜，是也；其谓水为至柔，则非也。水之能胜物，在其大力，不在其柔。"

胡适点头称是。一些中国古典诗词的名句早已烂熟于心，在他眼前浮现出了种种水之大力的景象：惊涛裂岸，卷起千堆雪；黄河之水天上来，奔流到海不复回；水能载舟，也能覆舟；无边天作岸，有力浪攻山……

"歌德之镇静工夫"

歌德是德国的大文豪，每遇到政治上最不愉快的事情，他总是勉强自己从事离本题最远的学术工作，以收敛心思。所以，当十九世纪初拿破仑大败普鲁士，攻陷柏林，战争气氛最恶劣浓重之时，歌德每日沉浸于研究中国文字，其所著名剧《埃塞克斯》（Essex，又译名《厄塞》）的尾声，就作于来勃西战役激烈进行的时候。胡适将这称赞为"歌德之镇静工夫"，并认为"此意大可玩味"。而用现代心理学的理论，这叫"精神转移法"。

许怡荪曾致书胡适，谓"以鞠躬尽瘁之诸葛武侯乃独能于汉末大乱之时高卧南阳者，诚知爱莫能助，不如存养待时而动也。"换句话说，比歌德早得多的诸葛亮，"镇静工夫"更为人世间的楷模。

胡适留学美国时欧战正酣。他的美国女友韦莲司喜爱绘画，第一次世界大战爆发后，韦莲司作为一位热血女青年致函纽约红十字会，自愿放弃绘画，到军中做看护，结果纽约红十字会因她没有做看护的经历而未允其所请。韦莲司不免有些懊丧，胡适用"歌德之镇静工夫"劝导她，说：

"人生效力世界，宜分功易事，作一不朽之歌，不朽之画，何一非献世之事？岂必执戈沙场，报劳病院，然后为贡献社会乎？"

韦莲司接受了胡适的意见，仍执着于绘画，专心研究一种新画法，在一次画展上居然有赏识者重价买去。

一九四二年，有一位德国人 H·P·勒文施特因，原本在学校任教，因痛心于中国遭受日本侵略的战祸，便写信给胡适，表示他自愿到中国投军，为苦难的中国作战。胡适同样用"歌德之镇静工夫"劝导他，H·P·勒文施特因收到胡适的回信后颇为感动，专心继续作教授生涯，后来成为一位有影响的德国学人，联邦德国政府出版与新闻部的咨询专家，报上称他为"狮子岩王子"。多年之后，一九六一年十一月二十三日，H·P·勒文施特因访问台北时，特别提出要见胡适。胡适高兴地接待了他，H·P·勒文施特因旧事重提，但胡适已经记不得十九年前他们两人通信的事了，H·P·勒文施特因提醒胡适道：

"歌德之镇静工夫，你不是用它来鼓励我么？"

"哦哦。"胡适想起来了。

"我在我的著作里，引述了你给我的回信。"

胡适微微笑了。

"留学当以不留学为目的"

几年的留美学习生活，使胡适产生了一些独特的看法，从而写出了长达一万五千字的文章《非留学篇》，对"官费留学"提出了若干置疑：

"留学者，吾国之大耻也；

留学者，过渡之舟楫非敲门之砖也，

留学者，废时伤财事倍而功半者也；

留学者，救急之计而非久远之图也。"

当时由政府派遣出国留学的青年每年有二百人，费用达四十万银元之巨。胡适认为此举废时伤财，事倍而功半，不如用这些钱来在国内兴办高等教育，留学一途主要是为大学造就教师。如把留学作为久长之计，而不知振兴国内大学以为根本之图，则无异是忘本逐末。他说："国内高等学校不兴，大学不发达，则一国之学问无所归聚，留学生所学，但成外国入口货耳。"故而胡适提出国内应增设大学，当时国内虽有几所大学如北京、北洋、南洋三大学，但极不完备，须要从各方面扩充，使之完备。他主张大学之数不必多，但要完备精全。

所以他主张："留学当以不留学为目的"，而"今日教育之唯一方针，在于为吾国造一新文明。"

胡适还对当时留美学生中的一些不良倾向，提出了尖锐的批评："今吾国留学生，乃不知其国古代文化之发达、文学之优美、历史之光荣、民族之敦厚，一入他国，目眩于其物质文明之进步，则惊叹颠倒，以为吾国视此真有天堂地狱之别。于是由惊叹而艳羡，由艳羡而鄙弃故国，而出主入奴之势成矣！于是人之唾余，都成珠玉，人之瓦砾，都成琼瑶。及其归也，遂欲举吾国数千年之礼教、文学、风节、俗尚，一扫而空之，以为不如是不足以言改革也。"这一段话说得十分精彩，对那些数典忘祖、妄自菲薄、盲目崇洋而又不知改革真谛的言行，胡适的批评可谓鞭辟入里，不仅对当时而且在今天仍有教育与警示作用。

　　胡适的《留学日记》中，记载着他和英文教师亚丹的一次谈话。亚丹首先向胡适着重谈了开办大学的重要性，指出："如中国欲保全固有之文明而创造新文明，非有国家的大学不可。一国之大学，乃一国文学思想之中心，无之则所谓新文学新知识皆无所附丽。国之先务，莫大于是。……"亚丹先生还告诉胡适：要办好一所国内外有影响的著名大学，必须要聘请第一流的师资，还要有充足的资金支持。这些都是必备的条件。以胡适就读的康乃尔大学为例，校方负责人白博士（Andrew Dickson White）亲至英国伦敦聘请了当今第一史家 Goldwin Smith（戈德温·史密斯），又聘当今文学泰斗 James Lowell（詹姆斯·洛威尔），得此数人产生了"众望所归"的连锁反应，许多学者纷纷来康乃尔大学执教。芝加哥大学得到煤（石）油大王洛克菲勒氏的巨额资助，一部分用于增加教师薪俸，用高薪网罗国内外专门学者为教师，这是芝加哥大学兴勃的重要原因。

　　听了亚丹先生的详细介绍，胡适深有感触："嗟夫！世安可容无大学之四百万方里四万万人口之大国乎！世安可无大学之国乎！"一个美丽的梦想，一个远大的志向，在他心中深深扎下了根，那就是在中国也要建立堪与哈佛、牛津、剑桥等世界名牌大学相当的一所国立大学。

中国文学问题的解决方案

　　一九一六年夏天，胡适与任鸿隽（叔永）、陈衡哲、梅光迪（觐庄）、杨杏佛、唐钺等几个留美学子，在风景秀丽的绮色佳一起度暑假。有一日他们在凯约嘉湖上划船，忽然黑云翻滚，风暴骤至，平静的湖面顿时汹涌起来，他们急忙往岸边划去，可是已经来不及了，一个个被突降的大雨淋得狼狈不堪，近得岸时慌乱之中差点把船也弄翻了……。事后任鸿隽写了一首四言古诗记述这次湖上遇险，其中有"言棹轻楫，以涤烦疴"、"猜谜赌胜、载笑载言"一类的句子。胡适看后认为这首诗把陈腐的文字和现代的语言掺合在一起，以致文字殊不调和，他根本不赞成用"三千年前之死语"来写现代的诗。任鸿隽对此颇为气愤，在哈佛大学的梅光迪替任鸿隽打抱不平，于是围绕"国文"与"国语"、文言与白话展开了热烈的讨论。

大家各抒己见，胡适关于白话是活文字、古文是半死的文字的观点，尤其遭到持守旧立场的梅光迪的坚决反对。两人争论不已，通过相互辩驳，胡适的观点不仅未退缩分毫，反而愈趋激烈了。他断言"'文字形式'往往是可以妨碍束缚文学的本质的"，并据此诘问道："'文字形式'是文学的工具；工具不适用，如何能达意表情？"胡适还用戏谑的口吻，写了一首"打油诗"，题为《答梅觐庄——白话诗》：

老梅牢骚发了，老胡呵呵大笑。/"且请平心静气，这是什么论调！

文字没有古今，却有死活可道。/古人叫做'欲'，今人叫做'要'。

古人叫做'至'，今人叫做'到'。/古人叫做'溺'，今人叫做'尿'。

本来同是一字，声音少许变了。/并无雅俗可言，何必纷纷胡闹？

至于古人叫'字'，今人叫'号'；/古人悬梁，今人上吊；

古名虽未必不佳，今名又何尝不妙？/至于古人乘舆，今人坐轿；

古人加冠束帻，今人但知戴帽；／这都是古所没有，而后人所创造。

若必叫帽作巾，叫轿作舆，／何异张冠李戴，认虎作豹？

总之，／'约定俗成谓之宜'，／荀卿的话很可靠。

若事事必须从古人，／那么，古人'茹毛饮血'，岂不更古于'杂碎'？／岂不更古于'番菜'？

请问老梅，为何不好？"

······　　　······

今我苦口哓舌，算来却是为何？

正要求今日的文学大家，

把那些活泼泼的白话，／拿来"锻炼"，拿来琢磨，

拿来作文演说，作曲作歌：——／出几个白话的嚣俄，

和几个白话的东坡。

那不是"活文学"是什么？／那不是"活文学"是什么？

一九一六年胡适和几位朋友的争辩最激烈，也最有效果。他虽然觉得自己很孤立，响应者寥寥无几，但在思想上却起了一个根本性的新觉悟，即：一部中国文学史只是一部文字形式（工具）新陈代谢的历史，只是"活文学"随时起来替代了"死文学"的历史，而中国今日需要的文学革命是用白话替代古文的革命，是用活的工具替代死的工具的革命。"从此以后，我觉得我已从中国文学演变的历史上寻得了中国文学问题的解决方案，所以我更自信这条路是不错的。"——胡适在《逼上梁山》中这样说道。

第二章

"八不主义"

　　胡适在美国留学长达七年之久，一九一七年五月通过哥伦比亚大学博士论文答辩后，经由陈独秀推荐，蔡元培聘请他回国任北大文科教授。从此，胡适以北大和《新青年》等杂志为主要阵地，在新文化运动中发挥了重要的作用，并以他为首逐渐形成了活跃于文化学术与教育界的"胡适之派系"。

　　而让他爆得大名的第一篇文章，是发表在一九一七年一月《新青年》第二卷第五号上的《文学改良刍议》。这是胡适实验主义文学观的一个纲领性文件，也是五四文学革命的第一篇正式宣言，他在他几年来反复思考，并与留美学友梅光迪、任鸿隽等人激烈争论的基础上，提出了"八不主义"，即：

　　一、不用典。

　　二、不用陈套语。

　　三、不讲对仗。

　　四、不避俗。

　　五、须讲求文法。

　　六、不作无病之呻吟。

　　七、不摹仿古人。

　　八、须言之有物。

　　"八不主义"深化并提升了胡适的基本观点：白话是活文字，古文是半死的文字，死文字不能产生活文学，而中国今日所需要的文学革命是用白话替代古文的革命。陈独秀积极响应，撰写了《文学革命论》为胡适声援，直截了当地号召："推倒雕琢的阿谀的贵族文学，建设平易的叙情的国民文学；推倒陈腐的铺张的古典文学，建设新鲜的立诚的写实文学；推倒迂晦的艰涩的山林文学，建设明了的通俗的社会文学。"

当时人们视陈独秀为五四文学革命的"主帅"，胡适为"急先锋"。由于他们的大力倡导以及众多进步知识界精英的拥护与实践，从此在中国文坛上开辟了一个崭新的时代——五四新文学。

这里应该特别提一下鲁迅：正是他的第一篇白话小说《狂人日记》以及随后多篇小说充分显示了五四文学革命的实绩，也使白话文学以崭新的姿态，在文学领域确立了牢固的正统地位。要不然仅靠胡适的几篇文章和一些"尝试"性的作品未必能撼动得了旧文学的根基，因为胡适自己说过他"提倡有心，创作无力。"

初登北大讲坛，"思想造反"

在众目睽睽中，一位从美国留学回来的新派教授，迈着轻快的步子走上了北京大学的讲台。看样子他年纪只有二十六七岁，比有些学生大不了多少。戴着一副眼镜，举止斯文，口齿流利。讲课的题目是"中国哲学结胎的时代"，是中国哲学史的第一讲。

胡适尽管在《新青年》上发表《文学改良刍议》而一举成名，但在一般人眼中他是一个"新派""洋派"，对于国学即传统文化未必通晓。许多学生对此抱着怀疑的态度，有的学生已经小声嘀咕开了：

"他是一个美国新回来的留学生，如何能到北京大学来讲中国的东西？"

中国哲学史是哲学门（系）第一学年的必修课，每周三学时，原来由陈伯弢先生讲授，他广征博引、东拉西扯，从伏羲氏讲起，讲了一年时间只讲到了商朝的"洪范"。胡适则另辟新路，丢开唐虞夏商，直接从周宣王以后讲起，并且用《诗经》来作说明，称西周后期是"诗人时代"，那些训世诗的作者是真正的思想家。如此新颖的讲课，一开始真把学子们惊骇住了，有的人甚至认为这是"思想造反"。

听这堂课的学生中有一个叫顾颉刚，只比胡适小两岁。他回忆当时的情景："这一改把我们一般人充满着三皇五帝的脑筋骤然作一个重大的打击，骇得一堂中舌挢而不能下。许多同学都不以为然；只因班中没有激烈分子，还没有闹风潮。"换句话说：如果有激烈分子，胡适可能被轰下讲台。

不过顾颉刚听了几堂课，渐渐听出其中的门道来了，他向住在同一宿舍里的傅斯年说：

"胡先生讲得的确不差，他有眼光，有胆量，有断制，确是一个有能力的历史家，他的议论处处合于我的理性，都是我想说而不知道怎样说才好的。"

傅斯年轻轻推了一下眼镜："是么？"

顾颉刚动员他道："你虽不是哲学系（的学生），何妨去听一听呢。"

傅斯年，字孟真，出身于山东聊城的一个儒学世家。少读孔孟之书，旧学根底相当扎实。入北大中国文学系后，又师从以国学闻名于世的刘师培、黄侃。他比胡适小五岁，是北大学生中的活跃分子，冠之以"激烈分子"也未尝不可。应顾颉刚相邀，傅斯年去旁听了胡适的几堂课，结果甚是满意。他对那些想赶走胡适的同学们说：

"这个人书虽然读得不多，但他走的这一条路是对的。你们不能闹。"

那时傅斯年在同学中间颇有些威信，经他这么一讲，"驱胡之说"也就有如风吹云散了。顾颉刚从此之后对胡适更是信服。另一位名叫冯友兰的北大哲学系三年级学生，晚年在一篇自序中也认为胡适的讲课对于中国哲学史的研究有着"扫除障碍，开辟道路"的作用："当时我们正陷入毫无边际的经典注疏的大海之中，爬了半年才能望见周公。见了这个手段，觉得面目一新，精神为之一爽。"

胡适本人对他第一次出师北大是这么说的："……那时北大哲学系

的学生都感觉一个新的留学生叫作胡适之的居然大胆的想绞断中国哲学史，……他一来就把商朝以前割断，从西周晚年东周说起。这一班学生们都说这是思想造反，这样的人怎么配来讲授呢！那时候，孟真在校中已经是一个力量。那些学生就请他去听听我的课，看看是不是应该赶走。他听了几天之后，就告诉同学们说：'这个人书虽然读得不多，但他走的这一条路是对的。你们不能闹。'我这个二十几岁的留学生，在北京大学教书，面对着一班思想成熟的学生，没有引起风波。"

"偷听，正式听，都是我的学生"

初期北大校址挨着皇宫紫禁城北，在景山东街马神庙一带。由于校舍有限，文理本科全集中在马神庙的"四公主府"，后来在沙滩盖了一座红楼，作为第一院院址。

那时北大是开放的，老师上课，本校本门（系）的学生可以听，外校外系的学生也可以听，甚至社会青年也都可以来听。后一类人谓之曰"偷听"。唯一不同的是本科生学校以后会发给肄业或毕业文凭，没有注册的"偷听"生学校不会给予任何凭证。响当当的北大毕业文凭容易找到理想的工作，混一碗好饭吃；没有凭证的"偷听"生则对不起——自己想办法谋生好了……

尽管如此，青年人渴求知识的欲望是阻挡不住的，到北大来"偷听"的人还是很不少，尤其当胡适这样的名教授讲课的时候，"偷听"生更是多乎哉，真多也！

走到课堂里，找个位子坐下来。没有任何人干涉——学校不管，老师也不问。

中国最高学府北大，是向社会青年敞开校门的大学。这有些像是孔夫子的"有教无类"，许多青年人从中得益良多，而那些来"偷听"的外地青年可以说是最早的"北漂一族"。

胡适有一次上课时，先拿出一张纸来对听讲的满教室的青年人说："你们谁是偷听的？请给我留下个名字。"

"偷听"的人顿时紧张起来，以为胡适是要按名把他们一个一个赶出教室。胡适笑容可掬，态度温和地接着说道：

"没有关系，偷听，正式听，都是我的学生，我愿意知道一下我的学生的名字。"

来偷听的青年们见胡适对他们一视同仁，把他们都看作是"我的学生"，个个心里都异常感动，一一在胡适的那张纸上签上了自己的名字。说真的，他们都巴不得胡适老师能记住他们的名字！

说实话，这些来"偷听"的社会青年都是真想读书的人，所以听讲特别专心、认真。他们和一般学生相比又多少有一定的社会经验，对于文史一类的课程往往理解得更深。"正式生不如旁听生，旁听生不如偷听生"，是那时流行且被公认的说法。

作为著名教授和著名教育家，胡适桃李满天下，除了听过他讲课的正式生以外，旁听和"偷听"生还不知有多少。其数量肯定超过"弟子三千"的孔夫子，也有人说胡适是"现代中国的孔夫子"。

两个诨名："著作监"与"黄胡蝶蝶"

北京大学开办初期，有名的教授不少出之于"国学泰斗"章太炎的门下，如黄侃、朱希祖、钱玄同、沈兼士等等。章太炎为人戏谑，他以太平天国为例，封黄侃为天王，汪东为东王，朱希祖为西王，钱玄同为南王，吴承仕为北王。

胡适还在美国留学的时候，就研读过章太炎的一些著作，并写有《读章太炎〈驳中国用万国新语说〉后》《太炎论"之"字》《论"我吾"两字之用法》等文章，对章说或表示赞同或提出置疑。一九一七年胡适应蔡元培聘请回国担任北大文科教授，讲授《中国哲学史》，但胡适不是章太炎的门生，在太炎先生的眼里显然属于"另类"；胡适又是刚从美国留学回来的"海归"博士（？），却信口胡诌，讲起中国古代哲学来了，这在章太炎先生看来，简直是在他这位"国学泰斗"面前班门弄斧。"哲学，胡适之也配谈吗？康（有为）、梁（启超）多少有些'根'，胡适之，他连'根'都没有！"言谈话语之间颇有轻蔑之意。

胡适把自己授课的讲义进一步加工整理后，以《中国哲学史大纲》（卷上）为书名，于一九一九年二月由上海商务印书馆印行。他主动将自己的著作送给章太炎请予赐教，并恭恭敬敬地写上"太炎先生指谬"几个字，下署"胡适敬赠"。

古文本无标点，为古文标点断句是一项专门的学问；一些新派文人参考外国的标点符号，凡遇人名旁边必加一黑杠，胡适自然循例而为之。章太炎看到自己大名右旁加了黑杠，不禁大骂：

"何物胡适！竟在我名下胡抹乱画！"

"何物胡适！"用白话来说就是"胡适是什么东西！"及至看到胡适的名子旁也有黑杠，才消了气说："他的名旁也有一杠，就算互相抵消了罢！"

章太炎给胡适写了一封信，通篇是长者教训后生的口吻："适之你看。接到中国哲学史大纲。尽有见解。但诸子学术。本不容易了然。总要看他宗旨所在。才得不错。如但看一句两句好处。这都是断章取义的所为。不尽关系他的本意。仍望百尺竿头再进一步。"

因为这本《中国哲学史大纲》只有上卷而无下卷，章太炎老先生在北大讲学时经常奚落胡适为"著作监"，意谓著作者和太监一样"无下"。太监是长出来被生生阉割了，胡适是自己没长全，直到一九二九年收入《万有文库》时，为避"无下"之嫌，才将《中国哲学史大纲》卷上改为了《中国古代哲学史》。

在北大讲授中国文学史和文字、音韵等课程的是刘师培和被章太炎封为"天王"的黄侃先生，他们都属于旧派学者，反对胡适倡导的"文学革命"。胡适"文学革命"的中心思想，是要以白话即口头语言写诗作文，并以这种"白话文学"作为中国文学的正宗。为此胡适带头尝试写了一些新诗，其中有一首《朋友》，后来改题为《蝴蝶》：

> 两个黄蝴蝶，双双飞上天。
> 不知为什么，一只忽飞还。
> 剩下那一个，孤单怪可怜。
> 也无心上天，天上太孤单。

胡适自述写这首小诗的经过时说："有一天，我坐在窗口吃我自做的午餐，窗下就是一大片长林乱草，远望着赫贞江。我忽然看见一对黄蝴蝶从树梢飞上来；一会儿，一只蝴蝶飞下去了；还有一只蝴蝶独自飞了一会，也慢慢的飞下去，去寻他的同伴去了，我心里颇有点感触，感触到一种寂寞的难受，所以我写了一首白话小诗，……"很显然，这首诗从写作缘起到立意都和黄侃毫无关系，但因为其中有个"黄"字，黄侃先生便以为胡适是在骂他，于是就步章太炎奚落胡适为"著作监"的后尘，叫胡适"黄胡蝶蝶"。刘师培和黄侃一向对胡适等新派人物及其学说极尽嘲讽讥笑之能事。

"著作监"和"黄胡蝶蝶",是胡适在北大执教初期的两个诨名,既不雅又不大好听,很有些伤害胡适的自尊心。胡适用很大一部分精力对国故进行考据和研究,在一定程度上也有些同"国学泰斗"章太炎和黄侃叫板的意思。

"菊残犹有傲霜枝"

胡适和辜鸿铭两位北大教授,两位留洋博士,一个是新派代表人物,一个是封建遗老,早年在饭局上有两次很有趣味的"对手戏"。

有一次王彦祖请法国汉学家吃饭,胡适和辜鸿铭等几位朋友陪席。辜鸿铭在饭桌上对胡适说道:"去年张少轩(张勋)过生日,我送了他一副对子,上联是'荷尽已无擎雨盖',——下联是什么?"

胡适以为是集句的对联,一时对不上来,就问辜鸿铭:"想不好对句,你对的什么?"

辜鸿铭摇晃着头上那根小辫笑道:"菊残犹有傲霜枝。"

胡适也笑了,心想这位遗老居然把头上小辫誉为傲霜之枝,真也称得上怪人之一怪。

辜鸿铭接着对胡适说:"你知道,有句俗话:'监生拜孔子,孔子吓一跳。'我上回听说山东孔教会要我去祭孔子,我编了一首白话诗:监生拜孔子,孔子吓一跳。孔会拜孔子,孔子要上吊。胡先生,我的白话诗好不好?"

当着白话诗的提倡者胡适念这样的白话诗,实在不是出于恭维而是有些奚落。主人王彦祖觉得空气太紧张了，只好提议散席。胡适回来后，据此写了一篇《记辜鸿铭》在报上发表。

还有一次，胡适和辜鸿铭同在一个饭店与各自的朋友分桌吃饭，胡适把随身带来的一份《每周评论》送给辜鸿铭看，那上面有一篇他写的关于这位怪人的随感，其中有几句说到了"傲霜枝"的由来：

"现在的人看见辜鸿铭拖着辫子，谈着'尊王大义'，一定以为他是向来顽固的。却不知辜鸿铭当初是最先剪辫子的人。当他壮年时，衙门里拜万寿，他坐着不动。后来人家谈革命了，他才把辫子留起来。辛亥革命时，他的辫子还不曾养全，他带着假发接的辫子，坐着车子乱跑，很出风头。这种心理很可研究。当初他是'立异以为高'，如今竟是'久假而不归'了。"

辜鸿铭把文章看了看，不急也不恼，笑着说："胡先生，你写的这段纪事不很确实。我告诉你我剪辫子的故事——"

按照辜鸿铭自己的说法，他是遵照"人之发肤，受之父母"的古训，遵照父亲大人的嘱咐，把辫子留起来的，在国外读书时尽管受到洋人的嘲笑也不肯剪去。有一位英国小姐常拿他的"傲霜枝"摇来晃去把玩，还夸奖中国人的头发黑好看，辜鸿铭为讨英国小姐的喜欢，当即把辫子剪下来送给了她。

这个辫子的故事如果让鲁迅听到了，也许会写出一篇绝佳的讽刺小说出来，胡适不大会写小说，听听也就罢了。饭后他向辜鸿铭要回《每周评论》，辜鸿铭却把报纸折叠起来装进了自己的口袋里，一脸严肃地说：

"密斯忒胡，你在报上毁谤了我，你要在报上向我正式道歉。你若不道歉，我要向法院控告你。"

胡适没有料到辜鸿铭会这样，忍不住笑了："辜先生，你说的话是开我玩笑，还是恐吓我？你要是恐吓我，请你先去告状；我要等法庭判决了才向你正式道歉。"

事情过了大半年，有一次胡适见到辜鸿铭，就问他："辜先生，你告我的状子进去了没有？"

辜鸿铭正色道："胡先生，我向来看得起你；可是你那段文章实在写的不好！"

一九二八年四月三十日辜鸿铭因患肺炎在北京私宅去世，享年七十二岁。胡适写了一篇回忆文章，说："辜鸿铭向来是反对我的主张的，曾经用英文在杂志上驳我；有一次为了我在《每周评论》上写的一段短文，他竟对我说，要在法庭控告我。然而在见面时，他对我总很客气。"

从"假博士"到"博士王"

那时在学校里、社会上，在众多人的心目中，胡适是从美国留学回来的博士，大家都尊称他"胡适博士"。胡适的《中国哲学史大纲》（卷上）一九一九年二月由商务印书馆出版时，封面上也赫然印了一行字："胡适博士著"。然而也有人对胡适的"博士"头衔提出了置疑，说胡适只是参加了哥伦比亚大学的博士论文考试，并未正式拿到博士文凭。一时间胡适是真博士还是假博士成了人们热议的话题。胡适本人并没有怎么在意，在美国的朱经农倒为他着急起来了，于一九一九年九月七日和一九二〇年八月九日两次致信胡适，要他设法自卫：

"今有一件无味的事体不得不告诉你。近来一班与足下素不相识的留美学生听了一位与足下'昔为好友，今为雠仇'的先生的胡说，大有'一犬吠形，百犬吠声'的神气，说'老胡冒充博士'，说'老胡口试没有Pass'，说老胡这样那样。我想'博士'不'博士'本没有关系，只是'冒充'两字决不能承受的。我本不应该把这无聊的话传给你听，使你心中不快。但因'明枪易躲，暗箭难防'，这种谣言甚为可恶，所以以直言奉告，我兄也应设法'自卫'才是。凡是足下的朋友，自然无人相信这种说法。但是足下的朋友不多，现在'口众我寡'，辩不胜辩。只有请你把论文赶紧印出，谣言就没有传布的方法了。"

"你的博士论文应当设法刊布，此间对于这件事，闹的谣言不少，我真听厌了，请你早早刊布罢。"

原来美国大学有一项规定：参加博士论文考试的每位博士候选人，要向学校当局提供论文副本一百份。胡适因忙于回国，没有提供论文副本，所以手续不全，他在哥伦比亚大学注册记录上只是博士候选人，离正式的博士学位还差一大截，别人对他的"博士"头衔提出置疑不是毫无道理的。"假博士"云云总归不大好听，戴在谁的头上都有如紧箍咒一样会很不舒服，何况大名鼎鼎的胡大博士！朱经农一再催促他把论文赶紧印出，也正是为朋友着想，难道胡适作为当事人不为自己洗刷一下？

好在"亡羊补牢，时犹未晚"。一九二二年，胡适的博士论文《中国古代哲学方法之哲学史》在上海出版，一九二七年他再度去美国纽约时带了一百本，补办了相关手续，才正式获得了哥伦比亚大学博士文凭。从时间上说，比参加博士论文答辩整整迟了十年之久。

随着胡适声名日益远播，美国、英国、加拿大以及香港有三十四所大学，包括哈佛、耶鲁、哥伦比亚、牛津这些世界一流大学在内，前前后后共授予胡适博士学位达三十五个之多，胡适遂从"假博士"成了博士王。这倒也名副其实：论学问，胡适比"真博士"还要大；论著作，胡适比"真博士"还要多；论名望，胡适比"真博士"还要高。

助人为乐

朱经农是胡适在中国公学读书时的同学，一九一六年由清华津贴入美国华盛顿大学留学，实际上是半工半读。他在国内有七旬老母，所以经济上很是拮据。胡适有意召他回国执教，朱经农写信给胡适说："清华津贴仅限一年，若毅然而去，则明年此日不但无费留学，且将无费归国矣，故不得不仍旧俯首作工，必俟生计问题稍有把握，然后去之。兄所赐之绍介片一张，敬谨收存，留待后用。"胡适得悉朱母生活困难，便从自己薪津中拿出一部分予以接济，这让朱氏母子甚为感动。朱母写信给经农说："不料儿于此薄世中能得此等好朋友"；朱经农则对胡适言道："兄诚为我之好朋友矣"，"我母亲每次来信都说你是我的第一个真朋友，这句话是真真不错的"，同时表示"弟万不欲以款事累兄，已去信令早日归还兄款。弟所望于兄者，但于暇时偶过舍间一坐，问问老人健否，则感戴无涯矣。"

一九一九年，清华学校的年轻教师林语堂，获得了美国哈佛大学的"半个奖学金"名额，每月四十块美金。林语堂已经结婚，这些钱是养不活一对夫妇的，但要因此失去了赴美留学的机会，又实在有些可惜。在北京大学任教的胡适知道了林语堂的困难，就向他说："你回国以后到北大来教书，我们每月补助你四十块美金"。就是这么一句话，没有任何契约，这对新婚夫妇就启程了。

到了美国，林语堂的妻子廖凡女士生病了，需要住院开刀。没有钱，林语堂只好打电报给胡适，马上收到五百美元的支票，他靠这笔钱治好了妻子的病。

结束了在哈佛的学程，林语堂和廖凡这对奋斗的年轻人，到法国教华工识字，辛勤工作了一年，积蓄了一些钱。又到德国莱比锡大学深造。这是一段困苦的日子，他们的积蓄花完了，在绝望中，胡适又寄来了一千美金，帮他们解了围。

一九二三年，林语堂离开了博士学位考试的试场，牵着即将临盆的太太的手，跳上回国的轮船，辗转到了北京。见到北大代校长蒋梦麟博士，他一再感谢北大的帮助。蒋梦麟先是惊讶，接着哈哈大笑，原来胡适寄的两次钱，都不是北大的什么"补助金"，而是胡适自掏腰包。这份"无声的援助"，体现出了胡适的助人之心与成人之美。

林语堂本人后来是这么说的："一九二〇年，我获得官费到哈佛大学研究。那时胡适是北大文学院院长（应为北大教务长——引者注）。我答应他回国后在北大英文系教书，不料到了美国，官费没有按时汇来，我陷入困境，打电报告急，结果收到了两千美元，使我得以顺利完成学业。回北平后，我向北大校长蒋梦麟先生面谢汇钱事。蒋先生问道：'什么两千块钱？'原来解救了我困苦的是胡适，那笔在当时近乎天文数字的钱是他从自己腰包里掏出来的。他从未对我提起这件事，这就是他的典型作风。"

虽然记述的具体时间与某些细节有所出入，但都表现出了胡适乐于助人的品德。

这种精神对胡适来说是终生都一以贯之的。台湾有一位年轻人叫胡匡九，一九五四年从台北建国中学毕业后，考取了去美国留学，但因为缺少一千美元的保证金难以成行。他们家和胡适是远亲，胡匡九的母亲几经踌躇，给远在美国的胡适写了一封信，想借一千美元以作急用，不过也并没有抱多大希望，因为他们知道胡适那时在美国当寓公，经济上比较拮据。但很快胡适就给胡匡九母亲寄来了钱，帮助解决了保证金的问题。胡匡九到美国后，胡适作为长辈嘱咐胡匡九说："年轻人，你初次来美，远离家人，第一件事切记不要喝酒。年轻人来美念书，应眼光放远大些，应多看看美国，多见识一下，胜于死念书。"

那时从台湾到美国去留学，办理签证时需要有两千美元的保证金，这对不少年轻人来说是难以筹措的。胡适有一笔钱专门用来贷款给有为的青年助其出国深造，事先言明希望日后能够归还。为何要归还呢？原

胡适逸闻

来胡适另有一番考虑："这是获利最多的一种投资。以有限的一点点钱，帮个小忙，把一位有前途的青年送到国外进修，一旦所学有成，其贡献无法计量，岂不是最划得来的投资？"贷款日后要归还，归还之后再继续供应其他年轻人的需求，如此循环往复，资助的年轻人愈来愈多，学有所成者也愈来愈多。这就是胡适的生意经：不是钱能生财，而是钱能生才。

请中医为孙中山治病

一九一九年五月初，当"五四"学生爱国运动在北京爆发的时候，胡适在上海同蒋梦麟一起拜会了孙中山先生。这是他第一次与孙中山见面。

孙中山寓室内的书架上，摆放的都是那几年新出版的西洋书籍，给了胡适很深的印象。孙中山告诉胡适和蒋梦麟说，他新近写了一部书，快出版了；孙中山那天谈话的内容，也主要是概括地叙述其"知易行难"的哲学观。一些所谓的"革命伟人"享有盛名之后便丢开了书本子，不再读书，不再增进学识的修养，因而也就不可避免地失去了领袖的资格。但孙中山不是这样。胡适在《答唐山大学学生刘君信》中说："中山先生所以能至死保留他的领袖资格，正因为他终身不忘读书，到老不废修养。"他根据孙中山的榜样，主张"青年学生如要想干预政治，应该注重学识的修养。"

孙中山的那本书就是《孙文学说》，出版后先生让廖仲恺寄送胡适并请胡适作一书评，以期在北京得到"精神上的响应"。胡适应约在《每周评论》三十一期上撰文评论说："这部书是有正当作用的书，不可把他看作仅仅有政党作用的书"，并称赞孙中山是"实行家"，"因为他有胆子敢定一种理想的'建国方略'"。

孙中山积劳成疾，肝部癌变且至晚期，一九二五年北上后不久就住进了北京协和医院。家属及友好为延长先生寿命多方求医，中医陆仲安曾给胡适治过病，所以拟请胡适出面向孙中山引荐陆大夫。胡适觉得推荐医生的责任太重，面有难色。汪精卫对他说现在大家都惶急万状，一切以挽救孙先生的生命为第一，孙先生平时对适之先生很客气，由你出面推荐医生孙先生或可接受。胡适于是偕陆仲安大夫前往协和医院，他先进病房探视，历来不信中医的孙中山对胡适说：

"适之，你知道我是学西医的人。"

胡适说："不妨一试，服药与否再由先生决定。"

孙夫人宋庆龄坐在病床边急切进言："陆先生已在此，何妨看看。"

宋庆龄说罢即握住先生手腕，孙中山神情凄婉地伸出手来，而把脸转向内。宋庆龄马上移身过去，在床的内方坐下，眼光与先生对视着。陆仲安大夫旋即为孙中山诊脉、开药方……

过了不到一个月，孙中山便于一九二五年三月十二日在北京病逝了。不过病重时胡适为之请中医看病，总算是尽了一番心意。

孙中山的陵寝一九二六年在南京动工修建，一九二八年建成。一九三四年二月三日胡适第一次去造访中山陵，认为"墓的建筑太费，实不美观。若修路直到墓前，除去那四百级石筑，既便游观，也可省不少的费。"又说："此墓修的太早。若留待五十年或百年后人追思而重建，岂不更好？今乃倾一时的财力，作此无谓之奢侈，空使中山蒙恶名于后世而已。"这些话只是胡适的一家之言，大多数国人想来都不会赞成。南京中山陵现已列为全国重点文物保护单位和著名的风景名胜区。

"替这一个女子做传……"

从古至今，为名人立传者多多矣，但很少见到有谁为不曾相识的无名年轻女子写传。

胡适是一个例外。

北京国立女子高等师范学校的一位叫李超的女学生，一九一八年八月十六日在医院里病逝，年仅二十三四岁。生前默默无闻，生命又这样短促，就像一根火柴刚刚擦燃闪了一丝微光就忽地熄灭了，她的棺材停放在一座破庙里，家中也无人来过问。然而，朋友们搜寻她的遗物时找出了许多来往的信札，李超所受的艰苦和怀抱的志愿在她的书信中表现得真切而又分明。一位同乡将这些书信分类编记，胡适读了之后，"觉得这一个无名的短命女子之一生事迹很有作详传的价值，不但他个人的志气可使人发生怜惜敬仰的心，并且他所遭遇的种种困难都可以引起全国有心人之注意讨论。"

原来李超是广西梧州金紫庄人，她们家本是大家，家产也算丰厚。由于父母早亡，李超跟着父亲的小妾附姐长大，但家产全归其兄掌控，她因系女孩没有继承财产的权利。李超曾在梧州女子师范学校读书，成绩很好，由于厌倦旧家庭的生活，决心出门求学，先去广州，后到北京，在国立女子高等师范学校先做旁听生，后做正式生。从这些情况看，李超和五四时代许多青年一样，力图进取，挣脱封建家庭的牢笼。这招致了家人的不满，管家的哥哥甚至打算把她早早嫁出去，以便独吞家产。李超痛感自己"生不逢时，幼失怙恃，长遭困危"，又加之体质孱弱，肺病入侵，终至学业未竟，撒手人寰……这在那个时候是司空见惯的人，也是司空见惯的事，但作为新文化运动的倡导者，新思想的引领者，胡适却认为李超"可以算做中国女权史上的一个重要牺牲者"，"他的一生遭遇可以用做无量数中国女子的写照，可以用做中国家庭制度的研究资料，可以用做研究中国女子问题的起点。"这些问题是：一、家长族长的专制；二、女子教育问题；三、女子承袭财产的权利；四、有女不为有后的问题。

胡适破天荒地为一个无名女子立传，他写的《李超传》长达六七千字，连载于一九一九年十二月一日至三日的《晨报》，在社会上引起了很大的轰动。

当有人问起时，胡适说："我觉得替这一个女子做传比替什么督军做墓志铭重要得多咧。"

引进杜威实验主义哲学

胡适是实验主义哲学的信徒，又是杜威的亲授弟子。一九一九年二月间，杜威偕夫人阿丽丝从美国到远东旅行，在日本东京帝国大学作短期讲学。也是杜威学生的陶知行（又名行知）得悉了这一消息，他先托郭秉文过日本时与杜威联系，然后又从南京写信告诉了胡适，希望"这件事我们南北统一起来打个公司合办"。胡适视杜威为恩师，盼望与之相见有如盼星星盼月亮一般，对陶知行的建议表示欣然同意。蒋梦麟也是杜威执教哥伦比亚大学师范学院时的学生，其热切之情不亚于胡适。他们三个人经过几番商量，同年三月由胡适和蒋梦麟、陶知行分别代表北京大学、北大"知行学会"和江苏省教育会邀请杜威来华讲学。杜威博士愉快地接受了三位学生的邀请，答允他在日本讲学完毕之后直接去中国，并愿在中国逗留一年时间。"这是很荣誉的事，又可借此遇着一些有趣的人物。我想我可以讲演几次。"在写给胡适的信中杜威这样说。

胡适等人随即对有关事宜开始了紧张的准备。除筹措俸金、安排行程外，还有一项是鉴于国人当时对杜威还比较陌生，所以有必要对杜威的思想先作一番通俗的介绍。讲演稿经过胡适整理后发表在《新青年》六卷四号上，全文共分七章，长达两万九千字。这是胡适介绍实验主义哲学的一篇重要文章，也是他要着力引进杜威实验主义哲学的一项举措。

　　杜威夫妇五月一日抵达上海。四月底胡适就专程从北京赶到上海去迎接。去码头迎接的还有蒋梦麟、陶知行诸人。为了替杜威鸣锣开道，五月二日胡适又应江苏省教育会之邀在上海专门作了一次讲演，开场白是这么说的：

　　"此番美国大教育家杜威博士到中国来，江苏省教育会邀请他明天后天到这儿来演说，又因为我是他的学生，所以叫我今天晚上先来演讲。方才主席说我是杜威博士的高足弟子，其实我虽是他的弟子，那'高足'二字可也不敢当，不过今天先要在诸君面前把杜威博士的一派学说，稍稍演述一番，替他开辟一条道儿，再加些洒扫的功夫，使得明天诸君听杜威博士的学说有些头绪，那也是做弟子的应尽的职分。"

　　杜威夫妇五月二十九日抵达北京。九月二十二日蔡元培在北大宣布：经与美国哥伦比亚大学商定，北京大学聘请杜威为客座教授，为期一年。这样北大就"引进"了一位洋教授，而杜威则把北大当作宣扬实验主义哲学的一个重要平台。胡适对此很是高兴，很是满意，因为他又可以和老师朝夕相处，切磋学问了。

　　杜威在北京连续作了若干次大的学术讲演，胡适为杜威做翻译，忙前忙后，乐此不疲。有的讲演题目是杜威和胡适共同商定的，比如"社会哲学与政治哲学"就是由胡适向杜威提出，杜威很赞成，遂就这个题目作了长达十六次的讲演。这也是杜威第一次正式发表他的社会哲学与政治哲学，在此之前他还不曾有政治哲学一方面的系统的大著问世。

　　尽管杜威名气大，学问大，但不善言辞，用我们的话来说属于那种"壶里汤圆倒不出"的教授，讲演时显得很费力，一个字一个字的慢慢地说下去，甚至一个动词、一个形容词、一个介词也要慢慢想出，再讲下去。

虽然胡适称赞说"在这里你可看出他讲课时选择用字的严肃态度",但终不免让听众感到枯燥乏味。幸亏胡适富有讲演(讲课)的才能,又长于翻译,对老师的每句话都能心领神会,并用他所提倡的"白话"加以顺畅流利地翻译。杜威的讲演经他翻译犹如锦上添花。

杜威除了在北大担任客座教授外,还到外校和外地讲学,足迹遍及奉天、直隶、山西、山东、江苏、江西、湖南、湖北、浙江、福建、广东共十一个省。在华的时间也由原来的一年延长到了两年多。一九二一年七月十一日杜威从北京启程返回美国,胡适怀着"惜别的情感"到车站与老师话别。他在当天的日记中写道:"杜威先生这个人的人格真可做我们的模范!他生平不说一句不由衷的话,不说一句没有思索过的话。只此一端,我生平未见第二人可比他。"杜威走后,胡适在北大开了一门课:"杜威著作选读"。

胡适引进并大力鼓吹杜威的实验主义哲学,作为学术活动固然有"首倡"之功,但要说因此而扰乱了一部分知识分子和青年学生的思想,胡适恐怕也难辞其咎。鲁迅后来就曾把胡适称之为"特种学者",讥讽说"杜威教授有他的实验主义,白璧德教授有他的人文主义,从他们那里零零碎碎贩运回来一点的就变了中国的呵斥八极的学者。"虽然很挖苦,却也一针见血。

胡
适
逸
闻

把新潮流引进娘子关

娘子关是山西的东大门，过去也曾经是割断山西与外界联系的关口。

一九一九年十月初，胡适陪同他留学美国时的老师，实验主义哲学的掌门人杜威博士，进入了娘子关，来到省城太原的山西大学讲学。由于倡导"文学革命"，胡适在那时声名显赫，被北京大学校长蔡元培、文科学长陈独秀聘为北大教授，主讲《中国哲学史》等课程。他的到来，无疑给闭塞的三晋大地带进了新文化与新思维，犹如一股春风吹进了娘子关，催生了山西大学莘莘学子的新思想的萌芽。

当时全国只有三所国立大学，山西大学就是其中之一。山大还建有一个一千座位的大礼堂，这在国立大学中绝无仅有，令胡适颇感惊讶和羡慕。他觉得在这个大礼堂作讲演一定会很过瘾。

杜威博士首先作《品格之养成为教育无上之目的》讲演，胡适用他所提倡的"白话"加以顺畅流利的翻译，令在场的莘莘学子受益匪浅。

杜威讲完之后，由胡适接着讲演。学者、教授兼诗人的他自然不同于凡夫俗子，刚刚进了娘子关，关内关外的巨大差异激发了他的灵感，所以胡适给自己的讲演取了一个颇有吸引力的耐人寻味的题目：《娘子关外的新潮流》。胡适本人是新潮流的一个弄潮儿，他讲这个题目堪称最佳人选，驾轻就熟。此时正值五四运动爆发不久，娘子关外的北京、上海、天津等发达地区，新文化运动如火如荼，各种新思想的潮流相互激荡，汹涌澎湃。相比之下，娘子关内的山西包括省城太原依然是军人专横，社会黑暗，由于实行愚民政策，致使学界不兴，思想沉闷。胡适对山西的这些落后现象，进行了严肃而又深刻的批评，山西大学的年轻学生们听了无不受到很大的震动。

山西紧邻河北，太原离北京很近，可是差距却是这么悬殊！

难道娘子关果真能割断山西与外界的联系，就能锁住年轻人向外奋飞的心么？回答当然是一个铿锵有力的字：否。

山西大学的莘莘学子，听了杜威和胡适的讲演都极为兴奋，纷纷提出转学北大的要求。青年之愿不可违，青年之志不可夺。胡适回到北京后积极向校方交涉，北京大学同意从这一年起，山西大学预科毕业生可以免试转入北大本科，从而为直接进北大攻读打开了一条绿色通道。娘子关内的学生终于突破了"娘子关"这一瓶颈，走向了娘子关外广阔的天地，这应当感谢最初为他们铺路的胡适先生。

胡适后来在一九二一年五月十一日和严敬斋（庄）的一次谈话中说："我觉得我前年不曾多考察山西的实在情形，实是我对不住山西人的地方。我们对于山西，不该下消极的谩骂，应该给他一些建设的指点。现在山西第一要事在于人才。山西大学便是第一步要改良之事。我当为阎百川（锡山）一说。"

这里顺便提一下：胡适对"晋商"似乎有些看不起，曾说过这样一段话："旧的各种小说，如《金瓶梅》等淫书，都是山西商人保存下来的。山西商人看不懂正经的书，他们在外省发了财，只能买些小说淫书带回去，窖藏起来好多年。现在我们的小说，有许多都是他们保留下来的。"

惺惺惜惺惺

中国有句古话：惺惺惜惺惺。胡适除恩师杜威外，还接待过两位来华访问的外国友人，一位是英国著名哲学家罗素，一位是印度大诗人泰戈尔，两人都先后荣获过诺贝尔文学奖。

一九二〇年十月罗素来华访问时，先经过上海，后到北京讲学达半

年之久。北京有一班学生组织了"罗素学术研究会",请罗素莅会指导,擅长讲演的罗素回来后对胡适说:

"今天很失望……"

胡适问:"什么缘故?"

罗素摇摇头说:"一班青年问我许多问题,如'George Eliot 是什么?''真理是什么(What is truth)?'叫我如何回答?只好拿几句话作可能的应付。"

胡适笑道:"假如您听过我讲禅学,您便可以立刻赏他一个耳光,以作回答。"

按照胡适对"禅机"的解释,"真正的禅机,不过给你一点暗示。因为不说破,又要叫人疑,叫人自己去想。"也就是告诉罗素他不必正面回答学生们的问题,只给一点暗示叫他们自己去想好了。这就是禅学,这就是哲学,罗素对此颇以为然。

罗素对胡适的印象颇佳,评价也很高,在其所著《中国的问题》一书中说:"谈到中国现存的人物中,具有必要的才智者,就我亲自接触到的而论,我愿意举胡适博士为例。他具有广博的学识,充沛的精力,对于致力中国之改革,抱有无限的热望。他所写的白话文,鼓舞着中国进步分子底热情。他愿意吸收西方文化中的一切优点,但是他却不是西方文化盲目的崇拜者。"后来在《早期中国哲学》中,对胡适所著的《先秦名学史》进行了评述,对胡适本人的贡献给予了积极评价。罗素说:"当我们阅读由欧洲人翻译的中国哲学家的著述时,我们可以通过那些注释和评论发现这些翻译家们并未理解中国哲学的观念,错译的现象时有发生。对于不懂汉语而想了解中国哲学的人来说,这种情况是很令人失望的。但现在,胡适先生的出现使之得以改观。他对西方哲学的精通丝毫不逊于欧洲人,而英文写作的功力则可与许多美国教授相媲美,同时在移译中国古代典籍的精确性方面外国人更是无可望其项背。"罗素特别赞赏胡适"作为一个爱国者,他力求发现与西方相连的新思想的历史之源。他表明,在儒家学说尚为诸家之一的时代,那些此后被视为异端的哲学家形成了不少我们习惯于认作现代社会的观念，而这些观念就其哲学价值来说要远远超过那些正统传统所产生的东西。"

一九二四年四月泰戈尔首次来华访问，也是先到上海，后至北京。那时泰戈尔的作品在中国已有译本，谢冰心、徐志摩、林徽音等均受其影响，对泰戈尔崇拜备至。由徐志摩等人发起组织的"新月社"及后来派生的《新月》杂志、新月书店，都是根据泰戈尔的诗集《新月集》命名的。

泰戈尔在北京受到文化界的热烈欢迎。四月二十六日由"讲学社"主持在北海静心斋举行了欢迎会，梁启超、蒋梦麟、胡适、蒋百里、熊希龄等四十余人出席，徐志摩和林徽音更是像一对金童玉女一样跟随泰戈尔左右。胡适在中国是率先倡导白话新诗的诗人，又是北大的名教授，他和泰戈尔相见恨晚，虽然年龄相差较大，但彼此敬重。

五月八日这一天正好是泰戈尔的六十四岁生日，北京文化界特举行戏剧演出为这位印度诗翁祝寿。主持人胡适用英语致词，称赞泰戈尔是革命的诗哲。因为泰戈尔请梁启超给他取了一个"竺震旦"的中国名字，所以胡适又十分风趣地说道："今天一方面是祝寿贺老诗哲六十四岁的生日，一方面又是祝寿一位刚生下来不到一天的小孩的生日。"全场的人包括老诗哲在内都笑了，泰戈尔头一次领略到了胡适擅长讲演的风采。

不过，也有让他老人家扫兴和烦恼的事：五月十日泰戈尔在真光影戏院的讲演中，抨击"西方文明重量而轻质，其文明之基础薄弱已极，结果遂驱人类于歧途，致演成机械专制之惨剧。"泰戈尔诗歌创作的重要内容与主题之一是赞美和平的自然的生活，他当场朗诵了几首，以强化并补充以上论述。不料事与愿违，一些激进的年青人反对他的讲演，在会场上散发传单攻击泰戈尔"反对科学"，甚至"激颜厉色要送他走"。

针对这种情况，两天后安排泰戈尔在真光影戏院作第二次讲演时，特意让胡适做主席。胡适当仁不让，他向听众介绍泰戈尔，说泰戈尔人格高尚，富有人道主义精神和牺牲精神，我们对他都应该怀有敬意。一向主张"宽容"的胡适，认为主张不同就生出不容忍的态度，或者竟取不容忍的手段，无异是自己打自己的嘴巴，所以他劝告大家要尊重泰戈尔讲话的自由，不能做任何没有礼貌的举动。

泰戈尔有一次颇为不解地对胡适说："你听过我的讲演，也看过我的稿子。他们说我反对科学，我每次讲演不是总有几句话特别赞叹科学吗？"

胡适安慰他，劝他不要烦恼，不要失望。他对泰戈尔说："这全是分量轻重的问题，你的演讲往往富于诗意，往往侧重人的精神自由，听的人就往往不记得你说过赞美近代科学的话了。我们要对许多人说话，就无法避免一部分人的无心的误解或有意的曲解。'尽人而悦之'，是不可能的。"

泰戈尔用孟加拉国国语作诗作文，他的著作"全是用孟加拉（Bengali）方言写的，他的成就成为印度的一种最传诵的'文学语言'。"换句话说，使得孟加拉国国语成为了印度的一种最传诵的文学语言。所以泰戈尔最同情于中国的白话义学运动；反过来说，这也正是胡适欢迎泰戈尔、热情介绍泰戈尔的原因。

第三章

择偶之道

胡适在美国留学时，曾和法学助教卜葛特先生谈及婚姻问题。卜葛特告诉胡适按照西方国家的婚姻制度，"择偶殊非易事，费时、费力、费财，而意中人（The ideal woman）终不可遽得，久之终不得不勉强迁就（Compromise）而求其次也。"卜葛特还说美国"此邦女子智识程度殊不甚高，即以大学女生而论，其真能有高尚智识，谈辩时能启发心思者，真不可多得。"胡适则认为："若以'智识平等'为求偶之准则，则吾人终身鳏居无疑矣。实则择妇之道，除智识外，尚有多数问题，如身体之健康，容貌之不陋恶，性行之不乖戾，皆不可不注意，未可独重智识一方面也。智识上之伴侣，不可得之家庭，犹可得之于友朋。此吾所以不反对吾之婚事也。以吾所见此间人士家庭，其真能夫妇智识相匹者，虽大学名教师中亦不可多得。友辈中择偶，恒不喜其所谓'博士派'（Ph. D. Type）之女子，以其学问太多也。其'博士派'之女子，大抵年皆稍长，然亦未尝不可为贤妻良母耳。"

所谓"智识上之伴侣，不可得之家庭，犹可得之于友朋"者，莫过于韦莲司。

原来胡适去美国留学以后，就结识了碧眼金发的韦莲司（Edith Clifford Williams）。两人在一起时相谈甚欢，不在一起时书信往返，通过思想交流，感情迅速递增，韦莲司遂成为了胡适的异国红颜知己。韦莲司比胡适大五岁，她有思想，有学问，而且在当时美国社会中颇有些"异类"的样子，用胡适的话来说，"即在所谓最自由放任之美国亦足骇人听闻"。胡适来自中国，他同韦莲司小姐有着不同的文化背景，从两个人的实际交往来看，早期更多的是胡适受韦莲司的影响较多，甚至可以用"指导"二字来形容也不为过。这也是很自然的，因为韦莲司小姐毕竟是东道主，地地道道的美国人，而胡适是外来客，存在一个学

胡适逸闻

习和熟悉美国文化的问题，这方面韦莲司堪称是他的良师益友。胡适在写给韦莲司小姐的信中就说过：

"吾早就需要一位'舵手'，他能指明方向，使吾沿着正确之航线前进。然而，迄今为止，除足下之外，还没有人能给予吾如此之帮助，而这正是吾之所急需的。……"

又说："在我们交往之中，我一直是一个受益者。你的谈话总是刺激我认真的思考。'刺激'这个字不恰当，在此应该说是'启发'。我相信思想上的互相启发才是一种最有价值的友谊。"

胡适对韦莲司的倾慕、认同甚至服膺，从一个侧面反映出了胡适对美国文化的认同，这也是他逐渐成为"亲美派"人士的缘由之一。从这个角度看待和研究胡适与韦莲司的关系，比单纯用眼睛盯着他们两个人"卿卿我我"更有意义，虽然后者也是需要的一环。

青年男女之间是很容易从友谊演变、发展为爱情的，这中间不存在什么不可逾越的鸿沟。胡适和韦莲司亦如是，尽管他们来自不同国度，又属于不同的民族和人种。胡适在一首调寄《满庭芳》的词中就说过这样的话：

　　　　枝上红襟软语，
　　　　商量定，
　　　　掠地双飞。
　　　　何须待，
　　　　销魂杜宇，
　　　　劝我不如归？

有的论者把这几句词解读为胡适和韦莲司小姐已经发展到了谈婚论嫁的程度，要说这也不是没有可能，他们两人也不是没有突破"男女之大防"的机会和条件，但毕竟都未能成为事实。胡适"永远不把一个男人或一个女人视为可以玩弄的东西，并以之为达成自私或不纯洁目的的手段。"韦莲司则主张："只要性吸引的真谛被清楚地了解,看重它本来的价值,自觉地抛开它的实用性,自觉地将注意力转向这种交往中的较高层次的一方面。"她要胡适斩断情丝,悬崖勒马,应着重"高级"的情性之交,勿发发于色欲之诱。两人约定:"此后各专心致志于吾二人所择之事业,以全力为之,期于有成。"

他们这样说也可能有些冠冕堂皇。局外人探究其原因,有的认为是"礼教害人":冯顺弟一再要胡适早日归国与江冬秀完婚,像她这样的中国旧式农村妇女不可能接受一个碧眼金发的洋小姐做胡家的儿媳,而胡适又不愿亦难以违背母命。也有人认为是"种族主义害人":韦莲司小姐的母亲极力反对女儿同一位中国留学生发展这种关系。如果我们从胡适自身找原因,毋宁说他自定的双重标准,即"吾于家庭之事,则从东方人;于社会国家政治之见解,则从西方人",既误了自己,又误了别人。

"三十夜大月亮　念七岁老新郎"

胡适从美国留学回来后,应蔡元培聘请在北大任教。半年之后,即一九一七年寒假,便回到故乡绩溪与江冬秀完婚。

早在一九〇四年胡适离开绩溪去上海求学时,就由母亲做主,与比他大一岁的江冬秀订婚。江冬秀是旌德江村人,旌德离绩溪很近,这门婚约是由胡适一位执教私塾的本家叔父介绍的,江冬秀的母亲到胡家相亲时见过,十分满意。冯顺弟也想早些为儿子定下婚事,以了却做人母的一桩心愿,并告慰亡夫的在天之灵,所以便在送胡适到上海读书之际与江冬秀的母亲共同替儿女定了亲,并许以待胡适成年后完婚。那一年胡适才十四岁，少不更事，情窦未开；江冬秀缠着一双小小的脚，又认不了几个字，可以说是一位典型的农村姑娘。现在有些书里常常不无戏谑地称她为"小脚村姑"。

婚礼定在十二月三十日，旧历十一月十七日，胡适生日的那一天举行。他亲自撰写了大红喜联："三十夜大月亮　念七岁老新郎"（是年胡适虚岁二十七）。胡适毕竟是新派人物，他带头示范，"文明结婚"，一不请算命先生择定吉日，二不拜天地，三改旧日叩头为鞠躬，想要以此来改变一下乡间旧式的结婚陋习。但为了讨母亲喜欢，婚礼办得相当热闹，宾客来得很多。胡适身着西服革履，俨然是一位留学美国的洋博士、最高学府北京大学的海归教授。江冬秀也不像过去的新娘子那样一身通红，她穿的是胡适在北京为她定做的短褂和黑缎绣花裙子，这多少有些"咸与维新"的味道。伴娘是一位十五岁活泼健康的女孩——曹佩英，又叫诚英，她是胡适三嫂的妹妹，管胡适叫"糜哥"。鞭炮声噼噼啪啪。当胡适偕冬秀依照新式礼仪向老母三鞠躬时，冯顺弟乐得合不上嘴：多年来悬在她老人家心里的一块石头终于落地了！……

是夜新派教授与小脚村姑双双携手入洞房：生米煮成了熟饭。

岁末年初，胡适在家中住了将近一个月。照新式的说法，这是他和冬秀的蜜月。胡适高兴之际写了好几首《新婚杂诗》，其中有诗句云："十三年没见面的相思，于今完结。""灯前絮语，全不管天上月圆月缺。"

胡适一个人回到了北京，诸多朋友同事向他贺喜，胡适请了两次客以表答谢。半年之后把冬秀接来同住，一个新派教授和一位小脚村姑就这样过起日子来了，胡适在写给母亲的信中叙说道："自冬秀来后，不曾有一夜在半夜后就寝。冬秀说她奉了母命，不许我晏睡。我要坐迟了，她就像一个蚊虫来缠着我，讨厌得很！"这些话让外人听了真有些忍俊不禁。

他们夫妻两个人的距离之大，差异之悬殊，那是显而易见的，有些人恭维胡适"不背旧婚约，是一件最可佩服的事！"也有人将新派教授和小脚村姑的结合视为"民国史上的七大奇事"之一，但很多人认为他们两个很不般配，江冬秀远远配不上胡适之。还有传说陈独秀曾力劝胡适离婚，甚至拍桌骂胡适，但胡适终究不肯。胡适本人对这个"传说"予以否认，不过他在日记中记载了同商务印书馆老板高梦旦的一次谈话，很能说明他对这件婚事的态度。

高梦旦说："这是一件大牺牲。"

胡适说："我生平做的事，没有一件比这件事最讨便宜的了，有什么大牺牲？"

高梦旦问："何以最讨便宜？"

胡适回答道："当初我并不曾准备什么牺牲，我不过心里不忍伤几个人的心罢了。假如我那时忍心毁约，使这几个人终身痛苦，我的良心上的责备，必然比什么痛苦都难受。其实我家庭里并没有什么大过不去的地方。这已是占便宜了。最占便宜的，是社会上对于此事的过分赞许；这种精神上的反应，真是意外的便宜。我是不怕人骂的，我也不曾求人赞许，我不过行吾心之所安罢了，而竟得这种意外的过分报酬，岂不是最便宜的事吗？若此事可算牺牲，谁不肯牺牲呢？"

话虽如此说，但胡适在给族叔胡近仁的一封信中，却又透露出了难以言明的隐情："吾之就此婚事，全为吾母起见，故从不曾挑剔为难（若不为此，吾决不就此婚，此意但可为足下道，不足为外人言也）。今既婚矣，吾力求迁就，以博吾母欢心。吾之所以极力表示闺房之爱者，亦正欲令吾母欢喜耳。"胡适正是为了不伤别人的心从而使自己心安，才与江冬秀结为夫妇的，但在他的内心深处却埋下了不安分的种子。

胡适逸闻

山风吹不散我心头的人影

一九二三年夏天，胡适以"病假"为由从北京南下上海，跑到杭州西湖住了三个多月，其间和表妹曹诚英演绎了一段婚外的恋情：

> 多谢你能来，
> 慰我山中寂寞，
> 伴我看山看月，
> 过神仙生活。
>
> 一切都是和平的美，
> 一切都是慈祥的爱。

这样的诗情，这样的温馨，这样的甜蜜，都是诚英带给他的。由于是婚外的恋情，胡适不便明言，所以诗中多用暗喻的手法。

在烟霞洞里过着神仙般的生活，胡适陶醉是陶醉了，不过回到北京的家中却让结发之妻江冬秀逮着大闹了一场。气闷不过的他离家出走，跑到西山借宿友人处，写了一首题为《秘魔崖月夜》的诗：

> 依旧是月圆时，
> 依旧是空山，静夜；
> 我独自月下归来，
> 这凄凉如何能解！
> 翠微山上的一阵松涛，
> 惊破了空山的寂静。
> 山风吹乱了窗纸上的松痕，

吹不散我心头的人影。

啊啊！他心里割舍不下诚英，忘不了悬在西湖上空那一轮皎洁的明月，忘不了烟霞洞里那一段神仙般的生活。"坐也坐不下，/忘又忘不了。/刚忘了昨儿的梦，/又分明看见梦里那一笑。"离开了情人的日子胡适真是受尽煎熬。

在与表妹曹诚英移情别恋后，胡适本来有离婚的打算，无奈江冬秀以"先杀死儿子再自杀"相威胁，吓得我们的博士只得忍痛割弃了与表妹的浪漫而温馨的恋情。江冬秀那年已生有二子：长子祖望五岁，次子思杜二岁。当胡适提出离婚时，她抱着思杜，拖着祖望，一只手举着菜刀，大声对胡适说道：

"你要同我离婚，我母子三人就死在你面前！"

此事在朋友们中间几乎尽人皆知。徐志摩的一首诗道尽了胡适的无奈："隐处西楼已半春，/绸缪未许有情人。/非关木石无思意，/为恐东厢泼醋瓶。"那个"醋瓶"（江冬秀）可是不得了，"泼"将起来会大大坏了先生的名声，一向主张"宽容"的胡适不得不对之忍让三分，徐诗中那一个"恐"字活脱脱地表现出了胡适对自己的"小脚太太"无可奈何。

当年曹诚英不得不离开胡适后，胡适曾写诗劝她："及早相忘好，/莫教迷疑残梦，/误了君年少。"但诚英对胡适却是痴情不改，一再表示："糜哥，我爱你，刻骨的爱你。"胡适后来有一首诗《扔了？》，也许能体现他和她的这种难以割舍的感情：

烦恼竟难逃，——
还是爱他不爱？
两鬓疏疏白发，
担不了相思新债。

低声下气去求他，

求他扔了我。

他说，"我唱我的歌，

管你和也不和！"

　　胡适帮助曹诚英入南京东南大学农艺系就读，以后又由胡适推荐到
美国康乃尔大学农学院留学，并获遗传育种学士学位。据说她后来又谈
过两次恋爱，但都没有什么结果。学业有成的曹诚英终其一生未再嫁人，
也许从某种意义上说她是为心爱的"糜哥"而殉情。

　　曹诚英一直珍藏着胡适写给她的信。"文化大革命"开始以后，她
将这些书信连同她自己写的诗文和日记包成一大包，交给了住在杭州的
老诗人汪静之代为保存。汪静之年轻时也曾爱慕过曹诚英，两人多年来
保持着友谊，是诚英晚年颇为信赖的一位挚友。她对汪静之说："你们
可以看，等我死后，要把它烧掉，不要留下来！"一九六二年胡适在台
北逝世，一九七三年曹诚英病逝于上海，汪静之把那包东西付之一炬
了……

"不净观"和"老裁缝的故事"

　　继《中国哲学结胎的时代》之后，胡适又在北大哲学系开了一门课"中
古思想史"。哲学系的功课讲的都是很专门的问题，向来很少人听，如
陈寅恪、金岳霖、陈大齐诸位教授所授的课，每班不过十几个人。可是
胡适讲课却安排在一院的大教室，听讲的人不但挤满了课堂，窗外也站

满了人，许多都是外来"偷听"的。胡适讲课，哪怕是讲佛教思想在中国的影响，也不是作枯燥的"玄学"式的说教，而是用活泼的口才，穿插佛经里有趣的故事，或视现场气氛即兴讲几句笑话，让学生和听众听得津津有味，甚至爆发出哄堂的大笑。难怪苏雪林说："听胡先生的讲演，只有心灵上的愉快的感受，从来不感沉闷。"

胡适在学校讲课或作公众讲演受欢迎的例子俯拾即是，下面只举他应北平师范大学邀请作《中国禅学的发展》讲演的两个例子，就足以说明之所以特别吸引人的原因所在：深入浅出，通俗易懂，且不乏幽默与风趣。

例一：《中国禅学的发展》一共讲了四讲。胡适第一次开讲时，由校长李蒸和文学院院长黎锦熙陪同，来到了已经挤得满满的大讲堂。听著名的学者教授讲演，内容又是深奥的佛教经典，气氛不免有些严肃沉静，如像和尚们置身佛堂净地一样。

胡适的开场白却特别有意思，他说："李蒸校长、黎院长锦熙先生本来只约我讲一次的，今天，他们非要我多讲几次，把禅宗讲完不可。唉！今天我受了他们的重利盘剥了！"一句话引得全场大笑，气氛顿时活跃起来。接着，他又说道："黎锦熙先生要我为诸位讲禅宗，我先讲一个故事——"

故事的大意是这样的：一位老裁缝，积了一点钱，送他的儿子到伦敦上大学。一次，儿子来信，他不识字，只好请隔壁一位杀猪的屠户（屠夫）代他看信。屠户也识字不多，把信纸翻来覆去看了看，对他说：你儿子说，上次寄去的钱已花光了，请你务必赶快再寄二十镑去。裁缝问：还说了什么？屠户说，什么也没有了！裁缝回到家中，越想越生气。心想：我凭十个指头每天辛辛苦苦为人家缝制衣服，省吃节用，好不容易积下一点钱供他上大学，他竟然不知好歹，下命令似的，要我赶快寄二十英镑，连一句问候平安的话都没有！真是白养活了他！不寄，看他怎样！

正在生闷气的时候，一位牧师来请他做衣服，问他为什么生气。他详细讲了情况。牧师说，让我看看。牧师从头至尾看了一遍，对裁缝说：

你的儿子写得很好么！我讲给你听。信上说：爸爸，您近来身体好吗？您每天辛苦地干活，省吃俭用，很不容易赚一点钱，大部分都寄给我了，我心里很不安。只能特别用功，学好了，将来好好报答您。近来又选修了一门新课，需要买几本必需的参考书籍。另外，下月的膳食费也要支付了。因此，想请您设法寄点钱来，如果寄十镑来，我很感谢；如果是二十镑，就更感激不尽了！裁缝有点不相信，问：真是这样写的吗？牧师说：我哪能骗你！你想，几页纸，只写钱花完了，快寄二十镑几个字么？裁缝一想，对呀！——他一高兴，当天就给儿子寄去二十镑。

胡适接着说："同是一封信，两个人的说法不同就产生两种不同的效果。我今天来给诸位讲禅宗，就好比那位屠户看信一样；最好，还是请黎锦熙先生来当牧师，给你们再讲一遍吧！"

全场大笑起来。胡适的开场白也和他讲的故事一样，如果换一种深奥难懂、枯燥乏味的佛经哲理做开场白，恐怕就会是另一种效果了，那只会将听众变成昏昏欲睡的和尚，任凭讲演者把木鱼敲得震天响也唤不醒他们。

例二：在讲到禅宗五停心观以治贪心时，胡适这样解释其中之一的"不净观"说："当你看见一位非常漂亮年轻貌美的小姐，她的头发、眉毛、鼻子、眼睛……一举一动，无一处不吸引着你的注意力，让你神魂飘荡，真像张生见了崔莺莺，如醉如痴。可是，有了禅宗修养的人，他竟丝毫不为所动。是什么秘诀呢——其中一种，叫做'不净观'。就是他身不净、自身不净。比如说：那位漂亮小姐，从现在看，的确很美丽动人；但从她的过去和将来看，就会让你心灰意冷，不再'贪心'去爱她了。……就说她的将来吧，二十、三十，还很漂亮；到了四十、五十，身体发胖，不那么窈窕了。六十、七十，满脸皱纹，头发变黄变白，走路蹒跚，穿不了高跟鞋，成了名副其实的老太婆。然后，八十、九十，可能不到那时已经死了，就更糟糕了。装进棺材，埋在地下，渐渐尸首腐烂，蛆虫满身钻动，最后只剩下一架枯骨，一切都完了。——想到这些，纵然'如花美眷'，还有什么可爱呢？"

这时，坐在前排的女学生中，脸上不免露出了某些不安甚或忧郁的神色。胡适察觉到她们表情的这种细微变化，便微微笑着，用诙谐的口吻及时转变沉闷的不安的气氛。他劝告女学生们说：

"这几位漂亮的小姐们，请你们不要担心，没有男士会相信那些和尚们的混话的。不信，下课后，就会照旧收到你的男朋友寄来的粉红色的求爱信笺。放心吧，小姐们！"

胡适诙谐有趣而又不伤大雅的讲话，让全场听众包括那几个女学生大笑不止，从而对"不净观"的涵义了解得更清楚了。

学者和思想家同普通人的区别

"水必出山无可疑"，是胡适父亲胡传一首诗中的一句。其写作背景是：在列强入侵、企图瓜分中国的危难年代，年已四旬的胡传认为"中国之患在西北，而发端必始于东北"，故而只身北上，考查东北三省地理形势，以备外敌入侵时应战之需。胡适在一次讲演中，提到自己父亲的这一段经历，说："他在东三省吉林的时候，奉命办一件公事，连人带马都在大森林里迷了路，三天三夜都没有方法走出来。"这可是要命的事！长白山林海茫茫，迷失了路途恐怕就只有喂熊瞎子了。怎么办？胡传叫人爬上树去看，只见四周树木参天，无边无际；在地上寻找，根本就没有路，连牛羊走过的痕迹都没有。

怎么办？如果有手机，自然可以像驴友一样用它来与外界联系，可惜那时还没有这种现代化的通讯工具。用指南针或夜观北斗，可以知道方向所在，但朝着哪一个方向能走出去也是问题。反正都不好办。

胡传是读过书的人，曾经中过秀才。在窘迫之际，他忽然想起一本古书上说过在山林中迷了路，可以找水，水总是从高处往下流的，只要找到了水，循着水流的路径就可以出山了。这就叫"水必出山无可疑"。胡传脑子里顿时开了窍，立即叫随人四处找水。也不用到处瞎跑，竖起耳朵仔细听水声——哪里有水声哪里就会有流水。用这个办法果然找到了一条流水，胡传带着大家沿水流下行的方向，终于走出了茫茫林海，安全而返。

这个在茫茫林海中找水脱险的故事，给现在喜欢旅游甚至冒险的人一个启示：如果在山林中迷了路，不妨照此法一试，也许就能走出险境。不过，胡适用他父亲的这次经历，主要是阐述思维从起点、暗示、判断到证实的过程。这就是学者和思想家同普通人的区别，在胡适身上表现得尤为突出。

胡适订了几份报纸，上海出版的英文报纸《字林西报》每天送得最早，大约七点以前就送到家里来了。有一天早上，他起来时已近七点，《字林西报》还不曾送到。八点半，几份中文报纸都送到了，唯独《字林西报》未见踪影。

胡适是实证主义的信徒，平日无论考虑问题还是做什么事情，都习惯按照"思想步骤"即"过程"来进行，哪怕是对待一件小事亦是如此。当下他想为什么没有收到《字林西报》呢？逐层逐次一步步猜想，无非是三种可能：

一、送报的人遗漏了；

二、我的报费满期了，人家自然不再送报；

三、今日本无报。

一切重证据是胡适的重要思想和行为准则。他想第一种极少可能；第二种他并没有接到订费已经满期，需要续缴的通知；第三种昨天或今天是假期，《字林西报》系英国报纸，当会遵照英国"银行假期"无报的惯例。他仔细查了一下日历和大字典，"银行假期"在八月第一个月曜日，也就是昨天。于是"昨日放假，今日无报"可送的假设遂成立了，这最后一种假设战胜了前两种假设。

这一件小事本来到此为止了，胡适的"思想步骤"与"过程"可以说已经有了结果。可是开中午饭时，家中雇用的王妈忽然把《字林西报》送上楼来了！细问究竟，原来是送报的人今天隔着篱笆把报纸从外面抛了进来，正好落在篱笆旁边的一棵小树底下，胡家先生、太太、少爷、佣人谁都没有瞧见。以前的种种假设无非是胡乱瞎猜！

胡适是重证据的人，是只相信证据的人。看着王妈送上楼来的《字林西报》，他不由得心想：一个已证实的假设（即第三种"今日本无报"），又被更强有力的新证据推翻了！思维从起点、暗示、判断到证实的过程，至此方才按"步骤"真正走完。所以，他在当天的日记中特别"记此以自警"。

"一百个周作人"

胡适和周作人，同为自由主义知识分子，一个留美，一个留日；一个崇拜西洋文化，一个崇拜日本文化。两人在一起的时候相互切磋，不在一起的时候书信往返，寄托"两地相思"。彼此还有打油诗唱和，如"绝代人才一丘貉"、"邀客高斋吃苦茶"之类。

胡适称赞周作人能赏识真正的日本文化。一九二一年五月七日晚，陈惺农（启修）请来华访问的日本早稻田大学教授内个崎作三郎吃晚饭，胡适作陪。席间内个崎作三郎大谈"中日互助"，胡适就对他讲："日本当力求中国人懂得日本的文化。中国人在日本留过学的，先后何止十万人，但大多数是为得文凭去的，就是那最好的少数人，至多也不过想借径日本去求到西洋的文化。这十万人中，像周作人先生那样能赏识日本的真正文化，可有几人吗？这是中国（人）排日的一个真原因。中日亲善不是口头上可以做到的。若日本能使中国留日学生中有一百个周作人，排日的趋向，自然没有了！"胡适当时这么说的时候，大概没有想到"赏识日本的真正文化"的周作人后来当了汉奸，——也许"赏识日本的真正文化"正是周作人卖身投靠日本帝国主义者的一个原因。

日本文化同其他国家、其他民族的文化一样，有精华和糟粕之分。近代以"效忠天皇"为核心价值观的所谓日本"武士道"精神，其实是最野蛮、最黑暗、最无人道的军国主义文化，对内肆意镇压民众，对外疯狂侵略他国。事实证明周作人所真正赏识的日本文化，就是日本的军国主义文化，无怪乎当日本侵略者发动全面侵华战争之后，周作人拒绝了许多爱国文化人包括胡适在内劝其南下的一片诚心，向日本人卖身投靠，担任了伪华北政务委员会常务委员兼教育总署督办，从在"苦雨庵"中"关门敲木鱼念经"的一名"老僧"，变为拿起屠刀、口口声声叫嚷"强化治安"的可耻的汉奸。幸好只有一个周作人，如果有一百个周作人，其祸害必定会更大焉。

抗战胜利以后，国民政府以"通敌叛国，图谋反抗本国"的罪名，判处周作人有期徒刑十年，剥夺公民权十年。

有意思的是：当年胡适劝周作人南下抗日被周作人婉拒了，一九四八年底胡适从北平逃到南京，经上海准备赴美做寓公时，在上海的周作人曾托人向胡适致意，劝其留在大陆，胡适也没有接受。如果他们彼此都听从了朋友的劝告，两个人的命运必定会有所改写，一念之差往往铸成终身大错，原自以为是一根自由主义藤上的两朵花，最终却一个成了毒瓜，一个成了苦果。

"我做了一件略动感情的事"

谢楚桢是胡适在中国公学读书时的旧同学，一九二一年五月间他将自己做的一部《白话诗研究集》，拿来给率先用白话写新诗的胡适看。胡适看后觉得书里都是一些极不堪的诗，便直率地对谢楚桢说：

"这里面差不多没有一首可算是诗，单有白话算不得诗。"

谢楚桢颇有些不服气，后来又把《白话诗研究集》送给了结交的几个新名士，他们把他捧为"大诗人"，书居然也出版了。那时胡适正如日中天，名气大得不得了，谢楚桢在书出版之后缠着胡适要替他在报上著文介绍，胡适拒绝了。谢楚桢于是邀约了沈兼士、李煜瀛、孟寿椿、易家钺、孙几伊、陈大悲、罗敦伟、瞿世英、杨树达、郭梦良、陈顾远、徐六几共十二位名人，在报上登出了"介绍新出版的白话诗研究集"的大广告，吹捧此书"系谢楚桢先生苦心孤诣之作"，"诚为新文艺中别开生面之书"，"于新诗界大有贡献"，"凡有志研究新诗的人，当无不先睹为快"……

胡适对十二位"滥借名字"的"名人"很不满意，认为"社会既肯信任我们的话，我们应该因此更尊重社会的信任，决不该滥用我们的名字替滑头医生上匾，替烂污书籍作序题签，替无赖少年作辩护。"女高师学生苏梅在《女子周刊》上发表文章，对《白话诗研究集》提出了严厉批评，那几位护法的小名士便在《京报》上大骂苏梅。五月十三日的《京报》上还有一篇文章《呜呼苏梅》，用极丑的言语骂苏梅，作者署名"右"，许多人猜测这是易家钺的化名之作，易家钺因此而颇受攻击，北京《晨报》甚至取消了易家钺、罗敦伟两人的编辑职务。五月十九日《晨报》又登出彭一湖、李石曾、杨树达、戴修瓒、熊崇煦、蒋方震、黎锦熙、孙几伊八个人的"紧急启事"，替易家钺解脱干系，声称"近来外间有人误认《呜呼苏梅》一文系易君家钺所作，想因易君曾作同情与批评一文辗转误会所致。同人对于易君相知有素，恐社会不明真相，特为郑重声明。"一时间闹得沸沸扬扬。

胡适和高一涵看了八人的"紧急启事"后都很生气，尤其认为熊崇煦作为女高师的校长，更不应该作这事。他们两人当天就写了一则启事送登《晨报》，其中说：

"我们对于诸位先生郑重署名负责的启事，自然应该信任。但诸位先生的启事并不曾郑重举出证据，也不曾郑重说明你们何以能知道这篇文章不是易君所作的理由。我们觉得诸位先生既肯郑重作此种仗义之举，应该进一步把你们所根据的证据一一列举出来，并应该郑重证明那篇《呜呼苏梅》的文章究竟是何人所作。诸位先生若没有切实证据，就应该否认这种启事；熊先生是女高师的校长，他若没有切实证据，尤不应该登这种启事。我们为尊重诸位先生以后的署名启事起见，为公道起见，要求诸位先生亲笔署名的郑重答复。"

胡适较起真儿来了。

晚上朱谦之来找胡适，问能否不登他和高一涵两人的启事？胡适把自己的看法和理由告诉了朱谦之，朱谦之也就不劝他了，却又对胡适说：

"我是快要出家的人了，我后天临走时登一广告，说《呜呼苏梅》是我做的。"

胡适奉劝朱谦之道："不要如此，因为这虽是仗义，其实是虚伪。"

"阿弥陀佛！"朱谦之双手合十，不再说什么，便告辞走了。他在北大哲学门（系）读书时是胡适的学生，今年——也就是一九二一年——到杭州兜率寺修佛学。后来在厦门大学、中山大学任教，成为有名的历史学家、哲学家、东方学家。

朱谦之走后，《京报》主笔邵飘萍旋即打电话给胡适，说他完全负责任这篇《呜呼苏梅》的文章不是易家钺作的，请胡、高两君是否可以取消那个启事？

胡适问他："那篇文章究竟是谁做的？"

邵飘萍回答："不知道。"

胡适说："那末你不能完全负责。"

《晨报》主笔蒲伯英和八人启事签署者之一的彭一湖也打电话给胡适，说易家钺明天可以举出一个定使大家满意的证据来，问胡适能否把那个启事往后推迟一天刊登？胡适明白了他们的意思，便回答说：

"我的质问是对那八位先生而发的，并不为易君本人。那八位先生还须等到明天方才有证据，这就是我不能不质问的理由。我这个广告是不能延缓的，他们明天有证据尽管举出来。"

信奉实验主义哲学的胡适注重证据，无证不信，是他一贯的态度。这件事怎样收场在胡适的日记和文章中未见记载，不过我们可以从中看到胡适对有些事情是多么的较真儿，他自己在一九二一年五月十九日的日记中，也说"今天我做了一件略动感情的事"。

"对性爱的赞颂"

北京有一家戏园子叫同乐园，旧称天乐园，专演昆腔与弋阳腔两种戏。过去曾经轰动一时，但后来衰落了，不过由于票价便宜，所以看客也还不少。胡适平常不大爱看旧戏，一九二一年五月二十九日，午间他参加了留学美国就读的第一所大学——康乃尔大学同学会的聚餐，下午三点又一同到同乐园看戏。去了以后一看才知道，同乐园是不卖女座的，正厅只设长条单板，舞台设在北面，观众东西向座，看戏时需侧身向北，颇让人感觉得别扭。即使是包厢也只有单凳，凳面仅约三寸宽。

那一天演的剧目是《游园惊梦》《山门》《闯帐》。《游园惊梦》是《牡丹亭》中的两折，胡适最不爱读汤显祖的《牡丹亭》，认为它最能代表明代的才子佳人文学。今天是他第一次看舞台演出，《游园》极写女子怀春，《惊梦》写梦中男女相会时，花神放出"千红万紫"，使他（她）们"梦儿中有十分欢伴"。胡适认为这可以说是一种"glorification of sexual lore"（对性爱的赞颂）。这种写法虽是很粗浅的象征主义，但汤显祖时代的"爱情见解"实不过如此。

《山门》是明代思想的另一种代表，写鲁智深不能忍耐和尚的生活，胡适认为很有意思，见解很高。由此他想到后来的《思凡》全是从此脱胎出来的，《思凡》的小尼姑和《山门》的鲁智深，都是反抗那"非人的"寺院生活的精神的代表。胡适特别注意到《山门》中鲁智深唱的一曲《鹊踏枝》：怪那些泥塑的神像"有些装聋做哑，俺又怪眼睁睁，笑哈哈，两眼儿无情煞"，认为这一段唱词是《思凡》全曲的祖宗。

可不是么，请看小尼姑的几段唱：

小尼姑年方二八，

正青春，被师傅削了头发。

每日里，在佛殿上烧香换水，

见几个子弟游戏在山门下。

他把眼儿瞧着咱，

咱把眼儿觑着他。

他与咱，咱共他，

两下里多牵挂。

冤家，怎能够成就了姻缘，

死在阎王殿前由他。

把那碾来舂，锯来解，把磨来挨，

放在油锅里去炸，啊呀，由他！

则见那活人受罪，

哪曾见死鬼带枷？

啊呀，由他，

火烧眉毛且顾眼下。

（白）想我在此出家，非干别人之事吓！

夜深沉，独自卧，

起来时，独自坐。

有谁人，孤凄似我？

似这等，削发缘何？

恨只恨，说谎的僧和俗，

哪里有天下园林树木佛？

哪里有枝枝叶叶光明佛？

哪里有江湖两岸流沙佛？

哪里有八千四万弥陀佛？

从今去把钟鼓楼佛殿远离却，

下山去寻一个少哥哥，

凭他打我，骂我，说我，笑我，

一心不愿成佛，不念弥陀般若波罗！

（白）好了，被我逃下山来了！

（尾声）但愿生下一个小孩儿，

却不道是快活煞了我！

《山门》和《思凡》表达的上述思想与见解，同欧洲文艺复兴时期倡导"人文主义"或曰"人本主义"是一致的，都是主张人要过人的生活，人要有人的尊严和自由，也就是五四时期胡适等新派人物主张的个性解放。

来去自由比钱更重要

一九二一年七至九月，胡适应高梦旦邀请，到上海帮助筹划商务印书馆编译所改良事宜。商务接待的规格很高，专门租了公馆供胡适下榻，又备了高头大马车代步。胡适在上海住了四十五天，经过一番调查研究，为商务印书馆拟定了一份改良计划。

商务印书馆送给胡适一千元作为酬劳，但胡适没有要。一九二一年九月三日他在日记中写道：

"商务送我一千元，我不愿受，力劝梦旦收回，我只消五百元便可供这一个半月的费用了。我并不想做短工得钱。我不过一时高兴来看看，使我知道商务的内容，增长一点见识，那就是我的酬报了。我这一次并不把自己当作商务雇用的人看待，故可以来去自由。我若居心拿钱，便应该守他们的规矩了。"

第二天，胡适去访高梦旦，当面还给了他五百元。

这样做的好处是赢得了来去自由：高梦旦和商务印书馆原打算请胡适接任编译所所长，但胡适觉得自己的性情和训练都不宜做这件事，加之又不愿离开北大，"放弃自己的事，去办那完全为人的事"，因此没有答应。如果他接受了商务的钱，恐怕就不大好拒绝了。这也是胡适的聪明之处，把自由看得比钱更重要。

车中一日

那时从北京到上海乘火车要费时一天一夜，约近二十四小时。去的时候，七月十五日上午十时十五分从北京开车，胡适在车上遇着了刘厚生、徐振飞两位实业界人士，他们都是近代著名实业家张謇（季直）的得力助手。张謇是江苏南通人，清光绪二十年恩科殿试的头名状元。是年甲午之战中国惨败于日本，张謇痛感国弱民穷，决心以实业兴国并做出了巨大贡献，世人称赞他为中国近现代实业的先驱。

胡适在车上与刘厚生、徐振飞两位先生相谈甚欢。刘厚生（恒）经常往来于北京与上海之间，火车上的侍者和厨子都认得他，对他的要求凡能满足的都尽量满足。厨子专门为他做中国菜。七月正值盛夏，天气炎热，刘厚生就会叫侍者在停站时为他买西瓜解渴驱暑。

又甜又凉的沙瓤西瓜切开来了，刘厚生先用双手捧给胡大博士一块："胡先生，请尝一尝——"

胡适笑纳了，说实话他也正口渴难耐呢。又吃西瓜又吃中国菜，一路之上博士可没少沾实业家的光。

徐振飞，字新六，原是大学教员，后转入实业界，正在帮助张季直筹办一个大的航空公司。他刚从欧洲考察回来，知道胡适和蔡元培先生关系密切，就向胡适谈了谈蔡元培因组织中国学生赴法勤工俭学，而在法国遭遇到的种种困境。胡适听了心里好不难过。蔡元培和吴稚晖当初组织中国学生赴法勤工俭学，胡适本来就不大赞成；从赴法勤工俭学的中国学生中后来又走出了周恩来等一批共产党人，更是出乎胡适的意料。

胡适在车上意外地遇到了一位年轻人。前些时他来向胡适借钱，胡适觉得这青年尚有可取之处，就借给了他三十块银元，说好昨天送还。胡适去上海正需要用钱，昨天等了许久，直到上火车也没见他把钱还来。没想到在火车上却"狭路相逢"了，胡适冷冷地对他说道：

"凡事要讲信用，不应该辜负了我们以诚信待少年人的好意。"

胡适是闲不住的人，他在车上还写了一首诗，题为《一个哲学家》：

> 他自己不要国家，
> 但他劝我们须要爱国；
> 他自己不信政府，
> 但他要我们行国家社会主义。
>
> 他看中了一条到自由之路，
> 但他另给我们找一条路；
> 这条路他自己并不赞成，
> 但他说我们还不配到他的路上去。
>
> 他说救中国只须一万个好人，
> 但一二"打"也可以将就了，——
> 我们要敬告他：
> 这种迷梦，我们早已做够了！

我们不知道诗中的"哲学家"指的是谁，也可能泛指也可能具体有所指，但我们知道鼓吹"好人政府"最卖力的就是胡适自己。同车的刘厚生后来对胡适说："我看见你的《努力》了。你们的意思都很好，但你们要想好人出来做事干政治，决没有那么回事！——我二十年的经验，使我相信决没有那么回事！"

"我不能放弃我的言论的冲动"

　　高梦旦、王云五、张菊生和陈叔通是胡适老一辈的朋友，对胡适都很关心和爱护。他们在上海谈起胡适时，都不赞成胡适办报，认为胡适应该专心著书，这是上策；教书是中策；办报是下策。陈叔通还说胡适太平和了，不配办报。高梦旦来北京的时候，把他们几个人的上述意见转告给了胡适，胡适虽然对几位老年朋友的关心表示了感谢，但他心里对他们的忠告并不以为然。胡适说：

　　"当《每周评论》初办时，我并不曾热心加入。我做的文章很少，并且多是文学的文章。后来（陈）独秀被捕了，我方才接办下去，就不能不多做文字了。自从《每周评论》被封禁之后，我等了两年多，希望国内有人出来做这种事业，办一个公开的、正谊的好报。但是我始终失望了。现在政府不准我办报，我更不能不办了。"几位老一辈朋友"都很愁我要做'梁任公之续'"，不过"梁任公吃亏在于他放弃了他的言论事业去做（北洋政府的）总长。我可以打定主意不做官，但我不能放弃我的言论的冲动。"

　　"冲动"也者，是指他有话要说，有言论要发表，而办报是讲话、发表意见、诉诸公众的最直接也最快捷的方式。"我不能放弃我的言论的冲动"，正是胡适特别赞赏范仲淹《灵鸟赋》中"宁鸣而死，不默而生"这句话的根本原因，他把"宁鸣而死，不默而生"视作终生的信条和广为传布的格言。

　　所以，胡适对办报是很热中的，因为他不是把自己关在象牙之塔里面，两耳不闻天下事的纯粹的文人，而是深深卷进了尖锐复杂诡谲多变的政治斗争之中。除《每周评论》外，他还办过《努力》周报，这是一家注重谈论政治的刊物。一九三二年五月又和丁文江、蒋廷黻、傅斯年、翁文灏等创办了《独立评论》，专门谈论政治。后来台湾的政论性半月刊《自由中国》，胡适虽说只是挂名的"发行人"，但发刊词却出自他本人的手笔。正如鸟鸣有悦耳与否一样，胡适的"鸣"即他的言论也有正确或谬误之别，需要仔细加以辨别，既不能一概否定，也不能一概肯定。

"在大家不做事的时候做了一件事"

黄炎培是著名的教育家、实业家、政治家，以毕生精力奉献于中国的职业教育事业，作出了重要贡献，因而在国人心目中享有盛誉。一九二○年暑期，胡适应邀赴上海帮助商务印书馆拟定并实施改良计划，有一天索克思问他：

"黄炎培究竟做了什么事而得这样盛名？"

胡适一时回答不上来，仔细想了想才说："他在大家不做事的时候，做了一件事，故享盛名。"

后来胡适将这句话视为一条普遍适用的格言，适用于任何有成就、有名望的成功人士，包括他自己在内。"凡今日享一点名誉的人，都是在大家不做事的时候做了一件事的，我们不可不努力。"

由此他想到了陈景韩（冷血）。甲辰年间《时报》初出世时，陈冷血开创了"短评"这一新文体，的确称得上是报界的一件有着"革命"意义的举措。《时报》介绍新小说也是陈冷血提倡最为有力，他自己还不断写有短篇小说在报上发表。那时陈冷血怀着一腔热血，做了好几件有意义的事，活得很是精彩，在读者中间也赢得了好名声。

也是这次在上海，胡适应邀到宁波同乡会，和主人张孝安以及陈冷血、李松泉、两个葡萄牙人一起喝茶，照相，两个葡萄牙人还叫了两名妓女来凑热闹。原来他们是经常聚在一块嫖赌的人。胡适本不情愿，但碍于情面也只得同大家照了一张合影。饭后各自散去，胡适叫住陈冷血和他谈了许久。

"十年前你做的白话小说并不坏，"胡适劝陈冷血道。"应该继续做白话。"

陈冷血回答说："我现在每夜三点钟睡觉，每日十二点起来，已没有著作的时间了。"

见胡适有些失望的样子，陈冷血进一步解释说："日报不当做先锋，当依多数看报人的趋向做去。"用我们今天的话来说，就是报纸（包括其他舆论工具）不是引导读者向正确的方向走，而是迎合读者的世俗偏见乃至低级趣味。

胡适对此当然更不会苟同，他对陈冷血说："上海的日报很多，每日加起来有几十万字，改革的确不易。但主笔的评论是很容易改革的。"

重提陈冷血当年开创的"评论"，是为了唤起他当年的改革的热情。陈冷血沉默不语，胡适最后不得不对老朋友说了一句幽默而又伤感的话：

"不过冷血先生此时的血很不容易热了！"

盛名来自于在大家不做事的时候做了一件事，如像黄炎培先生。陈景韩也不是没做过好的事情，但后来却变成了一个世故极深、最不肯得罪人的时髦主笔了。所以还是毛泽东说的更精辟更有道理："一个人做点好事并不难，难的是一辈子做好事，不做坏事。"

"教育即是生活"

    胡适信奉杜威的实验主义教育理念:"教育即是生活"。一九二二年教育部在济南召开的第八届全国教育会联合会上,由他主持起草的"新学制方案"中,将"注重生活教育"、"谋个性之发展"、"适应社会进化之需要"作为教育的根本宗旨。而在这之前,一九二一年七月间他曾应邀去苏州讲演《小学教师的修养》,并参观了第一师范附属小学的暑期实施示教班的教学活动。

    首先,让他印象最深的一点是:"这班小学生对于教师真同家人朋友一样,即此一端已很难做到。"上课时,一个男教员先问学生们今天要做什么工课?小学生们七嘴八舌,有的说要唱歌,有的说要写字,有的说要做手工。教员叫他们举手表决,——也就是最初的基本的民主训练。结果主张先唱歌的占大多数,遂决议先唱歌,"少数服从多数"的思想因此在小学生们的头脑中萌芽。再表决唱歌以后干什么?多数要做手工,但有一两个人力持写字,最后决定做手工的做手工,写字的写字。这就是在尊重多数人意见的前提下也尊重少数,包容少数人。有一个力持写字的小学生竟动员了几个同学加入写字,说明小小年纪便很有活动能力,将来成年以后"竞选"大概不成问题。

    教唱歌的是位女教员,她先问同学们要唱多少时间?大家表决后决定唱二十分钟。再问唱什么歌?表决后决定先唱一支不表演的歌,再唱两支要表演的歌。每一支歌唱完以后,重唱与否及重唱的次数也要通过表决。

    做手工的那一班特别让胡适感到兴趣。小学生们自取材料,自定工种,做木工的做了两个小桌子,锯木比较费劲,有教员帮助,但画线与钉脚都是小学生们自己做。多数小学生更喜欢做泥塑,有一个八岁的小学生做了一只泥牛,对面坐的同学做了一只小牛,都还蛮像的,说明功夫不赖。有一位女生做了许多杯盘之类的小用具，胡适看了觉得缺少组合力。苏州是江南水乡，河汉交错，桥梁甚多。有一个小学生先做了一座有高脊的桥，一头有一株大树，桥上有一个人垂竿钓鱼，这几乎就是生活的写照了；竿粗如人身，却又有些夸张，也许在小孩子们的眼里这个世界本身就是夸张的。横的那一头也有一个人。桥下有几块小小的泥块。

胡适问道："这是什么？"

小学生回答说："水的波浪。"

啊啊，小学生的想象力竟有这么丰富！用"泥块"比做"水的波浪"，这不就是象征吗？看来人类从小在思维中就具有"象征主义"的因子哪。苏州第一师范附属小学的暑期实施示教班，给胡适留下了很深的印象，不过"教育即是生活"这句话却并不十分准确，换句话说这样讲不够科学。教育的本质乃是知识与技能的传递，而知识与技能是人类在实践中获得的，因为生活的需要才有了教育，教育的发展则提高了人类生活的质量，"教育"与"生活"是相辅相成的关系，两者似乎不应该直接画上等号。

"他是个处女"

一九二二年五月胡适等创办《努力》周报，胡适本人并写了《我们的政治主张》一文，发表在《努力》第二期上。此文是经过大家讨论的，列名为"提议人"的共有十六位，他们是：国立北京大学校长蔡元培，北京大学图书馆主任李大钊，北京大学哲学系主任陶孟和，北京大学教授朱经农、徐宝璜，北京大学教员王宠惠、罗文干、梁漱溟、张慰慈、高一涵，国立东南大学教育科主任陶知行，东南大学政法经济科主任王伯秋，前地质调查所所长丁文江，医学博士汤尔和，美国新银行团秘书王徵，胡适以北京大学教务长的身份殿后。

没想到这份名单却引起了研究系的不满。

五月十四日罗文干（字钧仁）来对胡适讲了事情的原委。原来今天早上林宗孟打电话请罗钧仁和王亮畴（字宠惠）吃饭，说有要事相商。罗钧仁到了以后，见梁任公（启超）、蒋百里都在座。林宗孟、梁任公对胡适等人发表的宣言大不高兴，说是有意排挤他们研究系的人。任公自持才高望重，有些倚老卖老地说：

"我一个人也可以发表宣言！"

林宗孟接着说道："适之我们不怪他，他是个处女，不愿意同我们做过妓女的往来。但蔡先生素来是兼收并蓄的，何以也排斥我们？"

所谓"处女"，是指未在政府里面做过官；所谓"妓女"是指在政府里面做过大官，如梁启超就在北洋政府里面先后担任过"司法总长"、"财政总长"的要职；所谓"兼收并蓄"是指蔡元培在民国政府成立初期当过教育总长，现在又是最高学府北京大学的校长，"官"与"学"通吃，所以林宗孟讽刺他为"兼收并蓄"。这些比喻显然既是幽默调侃又有挖苦的意味。

罗钧仁和王亮畴一再解释："你们看这十几位提议人，全都是大学的人，平常接触多，观念相近，自然容易凑合在一起。但断无排斥研究系的人的意思。"

研究系是民国初年脱胎于"宪法研究会"的一个政治派系，梁启超为其领袖人物，成员多是主张"君主立宪"的官僚士绅，依附袁世凯、段祺瑞北洋军阀政府，为之摇唇鼓舌，带有浓厚的"官方"色彩。胡适作为一个"处女"，自然不愿意同"妓女"接近。作为自由主义知识分子，他一生秉持"独立"的立场，无论在北洋军阀政府还是在国民党蒋介石统治时期，始终未曾在政府里面担任过官职。唯一的例外是抗日战争期间做过四年驻美大使，不过那是国家"战时征调"，胡适是在尽一个公民的义务。一九四八年蒋介石曾有意让胡适竞选并无实权的"总统"，蒋介石自己担任掌握实权的行政院长，由于国民党中常会并未通过此议，所以也就作罢了。如果胡适当时真的当上了名义上的"总统"，那他就不是"处女"了，甚至也不是普通的"妓女"，而是一个"老鸨"——尽管是名义上的"老鸨"了。

那时候有些文人，学者也好，教授也好，不知怎的总喜欢拿"妓女"来说事儿。除上面提到的林宗孟外，胡适和蒋梦麟对于北京教育界的黑暗龌龊，有下面一段谈话——

蒋梦麟说："北京的教育界像一个好女子，那些反对我们的，是要强奸我们；那些帮助我们的，是要和奸我们。"

胡适说："梦麟你错了，北京教育界是一个妓女，有钱好说话，无钱免开尊口。"

这样比喻是不是很有趣啊？——不过，这不是低级趣味，而是一针见血，道出了实情。

"我是一个不赞成儒教的人"

五四时期有一个响亮的口号："打倒孔家店！"倡导"文学革命"的胡适除率先尝试用白话文写新诗外，还写了一些评论文章，猛烈批判以"三纲五常"为核心内容的封建伦理道德，在社会上产生了相当大的影响。他的《中国哲学史大纲》（上卷），对先秦诸子的思想与学说一视同仁，将儒家以外的，甚至是反儒非儒的思想家，如墨子，与孔子并列。这在一九一九年的中国学术界，是一项不小的革命。

一九二一年七月九日，胡适到一声馆拜访日本学者小柳司气太。小柳司气太于明治二十七年从东京大学毕业后，从事汉学研究颇有成就，著有《宋学概论》一书，共有十九章，其中关于朱子的论述占了一半的篇幅：朱熹是"理学"即宋代版的儒家学说的代表性人物，后人尊称之为"朱子"。

胡适不懂日语，他和小柳司气太笔谈了一个多钟头。

小柳司气太崇尚儒教，他针对五四新文化运动，对胡适说："儒教为中国文化一大宗，其中有几多真理，一旦弃去，甚可痛惜。"

胡适解释道："我们只认儒教为一大宗，但不认他为唯一大宗。儒家固有真理，老（子）、庄（子）、墨翟（墨子）也有真理。"

小柳司气太送给东京斯文会出的一本杂志《斯文》。斯文会设在东京，是日本一个有基金的财团法人，其宗旨是："主张儒道，阐明东亚学术，以翼赞明治天皇教育敕语的旨趣，而发挥我国国体之精华。"斯文会成员有服部宇之吉、宇野哲人、狩野直喜、井上哲次郎等学者。小柳司气太邀请胡适加入他们的斯义会，胡适婉言拒绝了，他对小柳司气太说：

"我是一个不赞成儒教的人。"

"我是一个无神论者"

一九二二年四月七日，爱德华兹（Fdwards）来对胡适说，下星期二穆德在"青年会"演讲，请胡适届时去做主席。"青年会"是一个基督教徒的组织，经常聚在一起布道、做礼拜。胡适因为要去天津讲演，便以此为理由推托了，其实他根本就不想到"青年会"去主持基督教的演讲会。后来一想，还是把不去的真实原因老老实实告诉他们吧，否则这次推托了，下次来请又杜撰什么理由？不如干脆断绝了他们的念想，作一个了断。

于是，胡适就给爱德华兹（Fdwards）写了一封信，说道：

"……让我来主持星期二的会议，是不合适的。我想您是知道我对于基督教组织的态度的。两年前，在那次卧佛寺的会议上，我就当着在场许多基督徒的面，宣称过我是一个无神论者，从来无法接受基督教的上帝和灵魂不死的观念。我过去，而且现在，仍然反对改变所有改变宗教信仰者。因此，特来信请您原谅：我不能主持星期二的会议。我知道，您作为一名好的基督徒，把坦诚看得比礼貌更珍贵，故而，我开诚布公。我确信您会谅解的。"

六月二十四日，胡适又同几个外国朋友霍顿（Houghton）、恩布里（Embree）、柯乐文（Clark）大谈宗教问题。外面下着大雨，各人对宗教各有主张，他们高声谈论，夹着窗外的雨声如同交响乐一般。最后由胡适总结了三条：

一、不必向历史里去求事例来替宗教辩护，也不必向历史里去求事例来反对宗教。因为没有一个大宗教在历史上不曾立过大功、犯过大罪的。

二、现在人多把"基督教"与"近代文化"混作一件事：这是不合适的。即如协和医校，分析起来，百分之九十九是近代文化，百分之一是基督教。何必混作一件事？混作一事，所以反对的人要向历史里去寻教会摧残科学的事例来骂基督教了。

三、宗教是一件个人的事，谁也不能干涉谁的宗教。容忍的态度最好。

一九三五年七月十七日下午，"青年会"的胡佛（Hoover）带了一个英国青年伯斯（Burce）来访胡适。他们大谈宗教，但所谈皆不能自圆其说。比如伯斯（Burce）就说："今日多数思想家都不否认这宇宙背后有一个心灵"，胡适便笑了一笑，幽默地反驳道：

"如果宇宙背后有一个心灵，我们更不能解释世间一切罪恶残忍了。"

卢沟桥事变爆发后，胡适曾作为民间大使出访欧美，争取国际上对中国抗日的支持。一九三八年七月十五日在横渡大西洋，从纽约开往巴黎的轮船上，他曾和支持"牛津小组"运动的鲁茨主教（Bishop Roots）进行过深入的交谈。胡适对鲁茨主教着重说了三点：

一、我根本反对"牛津小组"的运动，因为其主旨是说"上帝总有一个安排（Cod alwasys has a plan）"。我是无神论者，绝不能认此意能成立。即如中国今日之被摧残屠杀，岂可说是上帝有安排！如上帝真有安排，我们应该认上帝为负屠杀摧残中国之责任的人了，我们就应该痛恨上帝了。

二、我不承认基督教运动在中国新运动中占多大势力。蒋介石先生确有点宗教信心，但宋家一群男女的基督教义不过是皮毛而已。不但现在，即在将来，基督教运动在中国实无发展可能。今日中国确有一个新宗教，其名为"民族主义"；其次则共产党的信仰亦可说是一个宗教。

三、至于说日本人亦有"牛津小组"的信徒，可为（中日）和平基础，此说更不可信。日本人的宗教，无论挂何招牌，其实只是一个忠君爱国的国教。其他宗教都莫妄想侵入！

尽管胡适上述所言不无谬误之处（如谓"共产党的信仰亦可说是一个宗教"），但总的看来，胡适作为一个无神论者的立场是一贯的。他也研究宗教，但他是把宗教当做一门学问，所著《中国哲学史》大纲及其他哲学论著就涉及佛教、基督教等诸多问题。他很赞同这样的观点："哲学皆与宗教有关，世界哲学系统，或为辩护某宗教而产出，或为反对某宗教而产出，其为有关正同。西洋印度自不必说，中国亦复如此。"所以，他请专治宗教史的江绍原在北大开设两科，一为宗教史，一为"宗教与哲学"。

偶然＋模仿＝历史

有一次，胡适和查尔斯·A·比尔德博士泛论历史，胡适提出一个历史见解说："历史上有许多事是起于偶然的，个人的嗜好，一时的错误，无意的碰巧，皆足以开一新局面。当其初起时，谁也不注意。以后愈走愈远，回视作始之时，几同隔世！"他举了中外一些事例为据。

一、如造字一事，西洋文字与中国文字同出于会意象形之字。其初起全是偶然的。西方之倾向字母，也是偶然的；然而几千年后，两大组的文字便绝不同了。

二、如显微镜的发明是偶然的。然而三百年来，科学受他多少影响。

三、又如缠足，起初不过是宫廷一二人的作始，贵族妇人从而效之，平民又从而效之，越学越小，遂成为当然的事了。

四、语言文字史的改革，最多明显的例。"之"字变为"他"，是怎样来的？多数的"们"字是怎样来的？英文中"I""J"的分开，"U""V"的分开是怎样来的？美国人把honour（荣誉）,labour（劳动）等字里的"u"都去了，是怎样来的？

五、英国人下午吃茶是怎样来的？

"总之，"胡适对查尔斯·A·比尔德博士说："其作始也简，其将毕也巨。可不是吗？"

查尔斯·A·比尔德博士击掌赞道："OK！根据你的这一番高论，我因而得出了一个公式：Accident + Imitaion = History。"

胡适点点头："偶然＋模仿＝历史。"

比尔德博士说："我很赞成胡先生的说法，史家往往求因果，其实去题甚远。有许多大变迁，与其归功于某种原因，如经济组织之类，远不如偶然与模仿说得更透彻。试问缠足能以经济组织来解释吗？'之'字变成'他'，能用经济来解释吗？"

胡适笑了，因为他又找到了一个知音。不过，"偶然＋模仿＝历史"说如果落在唯物主义史家手里，肯定要给他们扣上一顶"唯心史观"的大帽子，因为很多事情，许多大的变迁，特别是重大的社会变革，从发生、发展到在历史上消失，看似偶然，实则必然，也就是说偶然性中带有必然性，必然性通过获得的某一个"偶然"节点或在某一个"偶然"时段上爆发出来。从这个意义上说，反倒是"偶然＋模仿≠历史"。可惜胡适和查尔斯·A·比尔德博士都不懂得偶然与必然的内在辩证关系，他们的"偶然＋模仿＝历史"说也许可以解释某些表面现象的东西，却不能解释、更不能解决根本性的问题。

"君子不忧不惧"

冯家昇(伯平)专治《辽史》，用功甚勤。然忽得一心病，终日疑神疑鬼，以为四面皆有暗探在监视他一举一动。病情愈来愈重，几至怀疑一切人，——怀疑朋友，怀疑医生，每夜不敢在床上睡，自己在室内吊挂一个床单，爬上去睡。去年朋友们将他送进纽约州精神病学会医院，至今也未见有好转的迹象。

胡适翻阅《明儒学案》，用张江陵的名言作了一首小诗，写在此书的前页：

"愿将我身作草荐，供人溲溺供人卧。"
第一学道有得人，可怜这里无他座！

他想冯家昇的病是自我神经错乱所致吗？抑或是一桩学案呢？胡适当然不知道内情，但他相信心病还须心药医，于是便托王酝铨夫妇带一册《明儒学案》选注送给冯家昇。冯家昇写信来表示感谢，信中并说："我应该读这一类的修养书；若早读，也许不会来这里活受罪。"胡适给冯家昇回复一信，语重心长、借古喻今地对他说：

"'君子不忧不惧'。内省不疚，是向内功夫。还有身外功夫，即是明理，即是思考。内省不疚，既使真有暗探环境，何足忧惧？若更试作思考，既使你所忧惧，都是理所必无。……我们既能打倒宋明理学，若不能造出一些科学时代的不忧不惧气度，我们还是大失败的。"

胡适并不是要给冯家昇开治病方子，事实上他也做不到；他只是希望人们包括治学者都能有"科学时代的不忧不惧气度"，作现代"坦荡荡"的君子，而不是"常戚戚"的小人。为此就必须明理，必须学会思考。既会明理又能思考，既有向内功夫又有身外功夫，具有这样"气度"的"君子"有何忧哉？有何惧哉？一句话："君子"笃定"不忧不惧"。

"君子立论宜存心忠厚"

《努力周报》是一九二二年五月胡适和几个朋友自筹资金创办的，每人每月捐出固定收入的百分之五作为出版基金（当时大学教授的最高薪俸为每月二百八十元）。稿件全靠朋友出于友谊撰写和提供，刊物不发给作者稿酬，连发行部的人员也只尽义务不支薪水。

胡适作为主编为此甚感不安。所以，后来《努力周报》改为《努力月刊》，由上海商务印书馆承办时，胡适即向商务提出每月应有最低限度的编辑费。商务印书馆承办的杂志本无担任编辑费的先例，仅规定杂志"销数满两千部后，其两千部以外销出之数，发行人应以版税二成交付著作人。"商务的几位朋友很赞成胡适他们"奋斗牺牲的态度"，加之《努力周报》有销售八千部的底子，答应《努力月刊》以六千部的销数作为计算的基础，并以此项预支的版税作为编辑费。双方契约上还规定："以三年为限，期满清算；如著作人应得版税及广告费总数超过三年内预支之总数，应由发行人照数补送。"《周报》能销售八千并不等于《月刊》也能销售八千，如三年内销数不满八千，则著作人不须赔偿商务印书馆方面的损失。

这本来是一件好事，可是高一涵却在《晨报副刊》上发表《关于〈努力月刊〉的几句话》，指责商务印书馆"板起资本家的面孔，说：'给你们做文字的人三块钱至五块钱一千字'"。胡适为此严厉批评了高一涵，说："一个人要表示清高，就不惜把一切卖文的人都骂为'文丐'，这是什么道德？"在他看来，"拿尽心做的文字去卖三块钱至五块钱，不算是可耻的事。献寿文，作瞒心昧己的谀墓文，那是文丐。借文字敲竹杠，那是文丐。用抄窃敷衍的文字骗钱，那是文丐。迎合社会的恶劣心理，制造下流的读物，那是文丐。但拿不苟且而有价值的文字换得相当的报酬，那是一种正当的生活。我们如果有一点忠恕之心，不应该这样嘲骂他们。"

胡适特别向高一涵指出："君子立论，宜存心忠厚。凡不知其真实动机，而事迹有可取者，尚当嘉许其行为，而不当学理学家苛刻诛心的谬论，——何况我深知'商务'此番全出于好意的友谊，而你说的话太过火了，使我觉得很对'商务'不住。我又不愿把我们的契约无故披露在报纸上，以博一班神经过敏的人的谅解。……我说的话有不免太直切之处，但我对朋友的通信是从来不会作伪的，对你尤其不敢矫饰，想你能谅解。"

一个神经病患者

胡适是名人，登门找他的人很多，也很杂。

有一个形状可怕的人接二连三地不请自来，胡适看他像是发神经病的样子。早上来时，有话不敢说；午后又来，胡适就对他说：

"你有什么事，请老实告诉我吧！"

"……"那人还是不肯说。

经过胡适再三询问，他才睁着一双恍惚的死鱼般的眼睛说："我常常做梦——"

原来他这几年经常做一些荒唐之至的梦，并且把无稽的梦境当作了现实的预兆。他根据梦境恋爱上了一位女子，竟先把自己的妻子给休了。有几个轻薄少年欺负他朴实，故意戏弄他，使他深信那个女子对他有意……

胡适静静地听他述说着，又问："后来呢！"

那人神情颓丧地说："我只见了她两三次，近来她竟不肯见我了。"

胡适点拨他道："其实——依我看来，这女子并无意于你。"

这就是他发神经病的原因所在。可是无论胡适再三劝解，那个神经病患者竟听不懂，还要胡适帮忙玉成他的好事，圆他的梦境。这真是不可理喻！

胡适只得下逐客令了："对不起，我要备课了。"

"先生"与"皇帝"

一九二二年五月三十日胡适应溥仪之约，去故宫与这位已经逊位的末代皇帝见面。他在这一天的日记中对此作了详细的记载：

"……我们进宫门，经春华门，进养心殿。清帝在殿的东厢，外面装大玻璃，门口挂厚帘子；太监们掀起帘子，我进去。清帝已起立，我对他行鞠躬礼，他先在面前放了一张蓝缎垫子的大方凳子，请我坐，我就坐了。我称他'皇上'，他称我'先生'。他的样子很清秀，但单薄的很；他虽只十七岁，但眼睛的近视比我还厉害；穿蓝袍子，玄色背心。室中略有古玩陈设，靠窗摆着许多书，炕几上摆着今天的报十余种，大部分都是不好的报，中有《晨报》、英文《快报》。几上又摆着白情的《草儿》，亚东的《西游记》。他问起（康）白情，（俞）平伯；还问及《诗》杂志。他曾作旧诗，近来也试作新诗。他说他也赞成白话。他谈及他出洋留学的事，他说：'我们做错了许多事，到这个地位，还要糜费民国许多钱，我心里很不安。我本想谋独立生活，故曾要办皇室财产清理处。但许多老辈的人反对我，因为我一独立，他们就没有依靠了。'

他说有许多新书找不着。我请他以后如有找不着的书，可以告诉我。我谈了二十分钟，就出来了。"

爱新觉罗·溥仪，也就是清朝末代皇帝，逊位后闭居于紫禁城内，也就是过去谓之的"大内"。在政治上他的象征意义要大于实际的意义，所以胡适去皇宫会见溥仪在宫内外均引起了不小的轰动，京城一些报纸把这件事列为头条新闻铺陈渲染，一时间街头巷尾竞相谈论，捕风捉影不一而足。于是七月二十三日胡适又写了一篇题为《宣统与胡适》的文章，把事情经过重新叙述了一遍，并就某些传闻作了澄清：

"这是五十日前的事，一个人去见一个人，本也没有什么稀奇。清宫里这一位十七岁的少年，处的境地是很寂寞的，很可怜的；他在这寂窦之中，想寻一个比较也可算得是一个少年的人来谈谈，这也是人情上很平常的一件事。不料中国人脑筋里的帝王思想，还不曾洗刷干净。所以这一件本来很有人（情）味儿的事，到了新闻记者的笔下，便成了一条怪诞的新闻了。自从这事发生以来，只有《晨报》的记载（我未见），听说大致是不错的；《京津时报》的评论是平凡的；此外便都是猜谜的记载，轻薄的言论了。最可笑的是，到了最近半个月之内，还有人把这事当作一件'新闻'看，还捏造出'胡适为帝者师'、'胡适请求免跪拜'种种无根据的话。我没工夫去一一更正他们，只能把这事的真相写出来，叫人家知道这是一件很可以不必大惊小怪的事。"

如果事情到此为止，那么的确可以不必大惊小怪，甚至可以把它当作胡适写的一篇颇有人情味的白话小说来欣赏，尤其是他专门为此事有感而写的那四句诗："咬不开，槌不碎的核儿，／关不住核儿里的一点生意；／百尺的宫墙，千年的礼教，／锁不住一个少年的心！"让许多人读了都受到感动。然而随后发生的一件事，却不能不让人们对胡适产生了怀疑与不满。

一九二四年十月冯玉祥发动北京政变，并于十一月五日派国民革命军将清逊帝宣统即溥仪一行强逐出宫。那一天胡适住在西山，他闻讯后当晚即给身兼外交与财政两部部长的王正廷写去一信，表示抗议。

"……我是一个爱说公道话的人，今天我要向先生们组织的政府提出几句抗议的话。今日下午外间纷纷传说冯军包围清宫，逐出清帝；我初不信，后来打听，才知道是真事。我是不赞成清室保存帝号的，但清室的优待乃是一种国际的信义，条约的关系。条约可以修正，可以废止，但堂堂的民国，欺人之弱，乘人之丧，以强暴行之，这真是民国史上的一件最不名誉的事。"

在世人的心目中，胡适本是一位倡导新思想与新文化的新派代表人物，现在却像当年的康有为、梁启超一样由维新派领袖变成了保皇党！这不能不让世人非常骇异，因此批评谴责声浪随之而起。

胡适当然是要为自己辩护的，但他的辩解却是那么苍白无力，只能以"一个民国的要素在于容忍对方的言论自由"为由，声称"在一个民国里，我偶然说两句不中听、不时髦的话，并不算是替中华民国丢脸出丑。等到没有人敢说这种话时，你们懊悔就太迟了。"

不过"懊悔"太迟的恐怕是胡适本人，及至一九三一年"九一八"事变他方才觉得"东北情况严重"，感叹"如果当年冯玉祥不把溥仪驱逐出宫，今天北平不知怎样了。"在事实面前他终于承认："那时我反对把溥仪驱逐出去，我错了！"

"好人政府"的失败

胡适并不是一个把自己关在"象牙之塔"里面的纯粹的学者，早在二十世纪二十年代初期他就曾经鼓吹过"好政府主义"，主张由好人组成好人政府，由好人政府实行"好人政治"。然而，在对北洋政府未做根本性的改造之前，"好政府主义"不过是一种不切实际的空谈，何况在野是好人，入朝就变质的事例屡见不鲜。

著名法学家王宠惠（亮畴）是胡适心目中的好人之一，曾先后留学日本、德国，当过复旦大学教授，做过大理院院长。一九二二年九月，王亮畴由吴佩孚等军阀支持组织内阁，代行国务总理。此公有个绰号，叫做"办法"——不是治国有"办法"，理政有"办法"，而是到处蹭吃蹭喝有"办法"。

原来王亮畴性极吝啬，他在北京时已经做了很大的官了，但家中不用厨子，早饭只随便喝一点稀饭，午饭尤其是晚饭就必定到熟人家去吃。到了某一位朋友家，坐到六七点钟还不走，朋友碍于情面只好留他吃晚饭，王亮畴还要故意客气一番，说："还早呢，还是回去吃罢。"主人再留他，他就说："有啤酒吗？有酒我就在这里吃罢。"于是朋友只得又请吃饭又请喝啤酒。这是第一个"办法"。

有时主人虽然未曾开口留他吃饭，王亮畴也有王亮畴的办法。他的"办法"就是对主人说："有什么'办法'没有？我们出去吃馆子好不好？我来请你。"朋友哪好意思让这位登门造访的贵客破费呢，自然留他在家中吃饭了。这是第二个"办法"。

如果几个朋友当真出去吃馆子了，吃完之后大家都会抢着会钞（买单），只有王亮畴总是故意落后。这样既让别人付了钱，还不显得他"铁公鸡——一毛不拔"。这是第三个"办法"。

这样的次数一多，朋友们都看出了王亮畴的"诡计"，对他就不客气了，吃罢饭撂下筷子就走，一大桌子菜让王亮畴买单。这能让王亮畴为难吗？不，他还有第四个"办法"，故意拍一拍口袋，大声朝他们喊道："喂，你们走不成！今天我忘记带钱了！"

王亮畴用上述"办法"对付周诒春、蒋梦麟、顾少川。外交部长顾少川受害最多，几乎天天都要为王亮畴开一瓶香槟酒！

王亮畴代任国务总理后不久，他们一班朋友在顾少川家吃饭。有人提了一个建议："每周每人轮作一次主人，为定期的会餐，可以商议问题，交换意见。"大家都表示赞成，唯独王亮畴力言不必吃饭，他连着说了五六遍："何必吃饭！喝喝茶就够了。"周自齐每听王亮畴说一遍，他便用力拧罗钧仁一把。财政总长罗钧仁（文干）回家解开衣服一看，臂上有一大块被周自齐拧得青紫了……

王亮畴力言不必吃饭，实际上是不要去他家吃饭。蹭别人家的饭自然又当别论。

他代任国务总理仅仅七十三天，由于北洋军阀内部不和而倒台。张绍曾内阁成立后，王亮畴让外交总长黄郛聘请他做外交部顾问，每月干薪五百大洋。顾少川重任外交部长时查得此事，对罗钧仁说："我受到了严重的伤害。" 王亮畴一九二四年去欧洲，张绍曾托他给孙中山先生带去一封信，王亮畴竟索价三千元。张绍曾照付了——反正都是国库里的钱，刮自民脂民膏。

根据王亮畴以上种种，胡适终于有所醒悟，以为"可以解释前年'好人政府'的失败。"

尽心劝驾

一九二二年九月初，时任代国务总理兼教育总长的王亮畴，委托大理院院长罗钧仁代表他来敦劝胡适出任教育部次长，胡适没有同意。罗钧仁又拉着胡适一同去找蔡元培，他们谈了很久，最后决定由孑民先生和胡适动员汤尔和出来担任这一职务。如果汤尔和不愿意，就再想别的法子。

汤尔和是医学博士，曾任北京医专校长，陈独秀就是由他推荐给蔡元培出任北大文科学长的，而胡适又是由陈独秀向蔡元培推荐任北大文科教授。所以汤尔和、蔡元培、陈独秀、胡适可以说是一组"连环套"，彼此都是老朋友。

当天晚上九时半，蔡元培和胡适同去看汤尔和。他们谈了很久，汤尔和有出任的意思，但须得顾少川答应肯帮忙进行关税的事。胡适回到家时已经深夜十二点半了。

第二天早八时半到蔡元培住宅继续商议。汤尔和已拟好了一个呈文，建议由财政部、交通部和教育部联合呈请总统下达指令，将关税划拨为教育经费。汤尔和并表示："此令朝下，我夕出视事。"

胡适同蔡元培又一起去找罗钧仁。罗钧仁允诺去办，但王亮畴举出了几种理由，表示不能同意。胡适以为顾少川会明白一些，便在次日下午和罗钧仁去见顾少川，没想到顾少川也说关税的事无望，而且态度很是坚决。胡适怀疑其中有什么阴谋，但也不便深究，只将几次谈话的结果打电话告诉了汤尔和，汤尔和说既然如此他决定不干了。胡适表示同意，就在九月六日给罗钧仁写去一信，其中有几段言道：

"……尔和虽感谢各位敦劝的好意，但他说，望梅止渴已是难事，何况现在连画梅都没有，虽有肯牺牲的人，亦无补于事，故他决计不肯担任此事。"

"我们劝驾的事虽没有结果，但为此事跑了三天，也不能不算是尽心了。"

"我是主张奋斗的人；但'知其不可而为之'，究竟于事何补？"

胡适的这封信竟然发生了效力！第二天下午他到顾少川家参加茶会时，从汤尔和那里得知罗钧仁又去见蔡元培了，说指令可下，但尔和不得翻悔。蔡元培当即表示："我可以担保！"茶会完后蔡元培邀汤尔和、胡适、蒋梦麟、陶孟和到东兴楼吃饭，席间备有绍兴花雕助兴，这自然带着些庆贺汤尔和即将荣升的意思在内。

胡适在席上说不久要送一个议案给教育部，建议教育部率先把一切公文都改用白话，并加标点符号，给全国做个榜样。汤尔和出任教育部次长已成定局，胡适便把脸朝着他开玩笑道：

"这件事，你若肯行，我来帮你做一个月秘书，何如？"

汤尔和俨然是教育部次长的样子，说："你若来，我必办；你不来，我必批驳此案。"

蔡元培以主人的身份发话道："我们大家作证！"

汤尔和举起酒杯："我二十五年不喝绍兴酒了，今天干此一杯，以为契约！"

大家哈哈大笑了，胡适再次重申："真的，这件事倒是我肯干的。"

这一年九月二十三日汤尔和正式就任教育部次长，为兑现诺言，他准备第二天去参加国务会议时发表胡适为秘书。胡适听说后赶忙叫蒋梦麟前去阻止，因为北大开学在即，他实在太忙，不能去教育部帮办公文改白话的事。

一场笔墨官司

德国哲学家威铿所著《人生之意义与价值》，由余家菊根据英文本翻译成中文后，收入中华书局出版的"新文化丛书"。郁达夫将英文本和中文本对照着读了一读，发现有多处错误，便在一九二一年五月四日夜半写了一篇随笔，并在第二年八月二十五《创造》（季刊）第一卷第二期上以《夕阳楼日记》为题发表了。文章除指责余家菊译文中的几处错误外，郁达夫笔锋一转，竟写了这样一段话：

"我们中国的新闻杂志界的人物，都同清水粪坑里的蛆虫一样，身体虽然肥胖得很，胸中却一点儿学问也没有。有几个人将外国书坊的书目录来誊写几张，译来对去的瞎说一场，便算博学了。有几个人，跟了外国的新人物，跑来跑去的跑几次，把他们几个外国的粗浅的演说，糊糊涂涂的翻译翻译，便算新思想家了。……"

郁达夫没有说这些话是针对胡适讲的，别的人也拿不出确凿的证据，证明郁达夫这是在骂胡适。但胡适看了之后疑心作者是在骂他，因为这一年的五月份美国实验主义哲学家杜威来华讲学，胡适不仅为杜威讲学担任现场翻译，还接二连三地撰写文章作讲演，不遗余力地宣扬实验主义哲学。郁达夫文章中说的"跟了外国的新人物，跑来跑去的跑几次，把他们几个外国的粗浅的演说，糊糊涂涂的翻译翻译，便算新思想家了"，不是明摆着在骂胡适么？

胡适气恼不过，便写了一篇题为《骂人》的短文，刊登在他主编的《努力周报》第二十期"这一周"的"编辑余谈"里。郁达夫指责余家菊译文错误的同时，自己改译却又将"establish"误译为"建设"，因而胡适在短文中以仲裁者的身份批评道："说一句公道话：余先生固然也不免有错误，郁先生的改本却几乎句句是大错的"，有一句"竟是全不通了"。批评的矛头指向了郁达夫。胡适还用教训的口吻说道：

　　"译书是一件难事，骂人是一件大事。译书有错误，是狠难免的。自己不曾完全了解原书，便大胆翻译出来，固是有罪。但有些人是为糊口计，也有些人确是为介绍思想计：这两种人都可以原谅的。批评家随时指出他们的错误，那也是一种正当的责任。但译书的错误其实算不得十分大罪恶：拿错误的译书来出版，和拿浅薄无聊的创作来出版，同是一种不自觉的误人子弟。又何必彼此拿'清水粪坑里的蛆虫'来比喻呢？况且现在我们也都是初出学堂门的学生，彼此之间相去实在有限，有话好说，何必破口骂人？"

　　胡适那时在学界与文坛正如日中天，郁达夫挨了胡适的骂，不消说心里是异常的悲愤，给郭沫若写信说他要跳黄浦江。郭沫若、成仿吾都为郁达夫抱不平，成仿吾从田汉那里找到了威铿所著《人生之意义与价值》一书的德文初版，郭沫若根据德文初版，断定胡适的重译和原文隔了十万八千里，创造社的几员大将遂抓住胡适的误译向胡大博士发难，由此开始了由郁达夫引发的一场笔墨官司。

　　胡适事前大概没有料到自己的一篇短文，会招来创造社主要成员如此强烈的不满和协同一致的反击。左思右想之后他打算主动寻求和解，于是便在一九二三年五月十五日给郭沫若和郁达夫写了一封长信，而这封信涂抹得很厉害，足见其字斟句酌的程度。

　　胡适在信里表白自己是"最爱惜少年天才的人"，对郭沫若和郁达夫两位文学上的成绩，"虽然也常有不能完全表同情之点，却只有敬意，而毫无恶感。"他特别就《骂人》那一篇短文作了详细的解释：

　　"至于我的《骂人》一条短评，如果读者平心论之，应该可以看出

胡适逸闻

我在那一条里只有诤言，而无恶意。我的意思只是要说译书有错算不得大罪，而达夫骂人为粪蛆，则未免罚浮于罪。至于末段所谓'我们初出学堂门的人'，稍平心的读者应明白'我们'是包括我自己在内的，并不单指'你们'，尤其不是摆什么架子。"

这场笔墨官司闹得不小，除上面提到的几位主角外，张东荪、成仿吾、吴稚晖、陈西滢、徐志摩等人都参加了进去。从积极的一面来说，对推动文学翻译不无帮助，但毕竟暴露出了文人相轻、感情用事的毛病。

应该讲，胡适在上述长信中尽管也有"长者"教诲"少年同志"的意味，但总的来说态度还是相当诚恳的，像他那样有名的人物能主动屈尊道歉求和，也诚属不易，说明宰相肚子能撑船，确有绅士风度。郭沫若和郁达夫接受了胡适的道歉，后来胡适在上海时曾到民厚南里看望过郭沫若和郁达夫，郭沫若、郁达夫、成仿吾也到胡适的下榻处回拜，一场笔墨官司就这样结束了。

"方头真博士，小胖似儒医"

刘半农和胡适同岁，都是北大"卯字号"里的"小兔子"。他追随胡适用白话写新诗，是"五四"诗坛中的一位佼佼者。他的短诗《相隔一层纸》，用浅白的诗句和自然的韵节抒写人世间贫富的悬殊，堪称杜甫名句"朱门酒肉臭，路有冻死骨"的现代版。发表于一九二〇年四月一日《新青年》第七卷第五号的《敲冰》，是第一首白话长诗，在现代诗歌史上有其一定的地位。刘半农的抒情诗《教我如何不想她》脍炙人口，由赵元任谱曲后传唱至今。

胡适和刘半农在五四时期，都致力于国语与文字改革。他们共同向教育部提出了"请颁行新式标点符号议案"，并获准在全国实施。过去第三人称"他"男女共享，容易混淆，刘半农创造了一个专用于女性的"她"，得到大家认可，一直沿用了下来。

刘半农仅有中学毕业文凭，虽被蔡元培破格提拔为北京大学预科教授，但他自己总觉得比别人矮了半截。为了补救己之不足，一九二〇年曾到英国伦敦大学的大学院学习实验语音学，一九二一年转入法国巴黎大学学习，一九二五年获得法国国家文学博士学位。

在新诗界，胡适和刘半农基本上属于同一个写实主义诗派。当时郭沫若异军突起，其诗作以高昂的狂飙式的浪漫主义为艺术特色，震动了"五四"新文坛。恰巧一九二一年七月胡适应高梦旦的邀请，到上海帮助筹划商务印书馆编译所的改良计划，在八月九日晚高梦旦的一次宴请上有机会见到了郭沫若。在胡适同郭沫若握手的时候，何公敢在一旁说："你们两位新诗人第一次见面。"胡适接着说了一句："郭先生的诗才是真正的新诗，我的要算旧了，是不是啦？"

刘半农一向尊胡适为诗歌革命的倡导者与领军人物，认为应由胡适坐新诗界的第一把交椅。他在法国巴黎听说了上面这件事后，九月十五日便给胡适写信责问说：

"你何以不努力做诗？我老实警告你：你要把白话诗台的第一把交椅让给别人，这是你的自由；但白话诗从此不再进步，听着《凤凰涅槃》的郭沫若辈闹得稀糟百烂，你却不得不负些责任。"

刘半农对郭沫若显然很不服气，连带着对胡适也有了意见，不过他是从维护胡适的态度出发的。同时，他把自己在梦中所做的一首诗寄给了胡适，其中有四句是："我的心窝和你的，天与海般密切着；我的心弦和你的，风与水般协和着。"由此可见胡适和刘半农私交甚睦。

胡适称赞刘半农既有"拚命精神"又有"打油风趣"。刘半农作有《自题画像》一首，胡适在和诗中戏谓刘半农："方头真博士，小胖似儒医"；刘半农有诗句"妻有眉心一点麻"，胡适藉此作文章，在和诗中又写了一句：

"不嫌麻一点，偕老做夫妻。"

"我是不跑的"

　　一九二三年底胡适因病向北大告假一年，去南方休养。那时在北洋军阀政府统治下，北平政局动荡，教育界亦无宁日。胡适离开北京南下上海杭州，在社会上引起了一些人的疑问。首先是张国焘在《向导周报》上向胡适问道："目前怎么样呢？还是三十六计，跑为上计呢？还是坚持原来的主张呢？还是从此更有新的觉悟呢？"接着，邵力子先生怀着同张国焘一样的疑心，在上海《民国日报》上发表了一篇随感录，标题就是一大疑问：《胡适先生到底怎样？》……

　　既然社会上一些人喋喋不休地提出疑问，胡适就觉得有公开答复的必要了。他在协和医院里写了一篇短文，借用邵力子随感录的标题，发表在《努力周报》第三十六期上。文章除了讲了讲自己的病情和在协和医院诊断与治疗的情况外，着重申明了他的一贯的态度：

　　"'三十六计，跑为上计'，这种心理从不曾到过我的脑子里。中国的事所以糟到这步田地，这种卑劣的心理未尝不是一个大原因。我们看看租界上的许多说风凉话高谈主义的人，许多从这里那里'跑'来的伟人小政客，就可以晓得这种卑劣心理造的祸和种的孽了！

　　我是不跑的。生平不知趋附时髦，生平也不知躲避危险。封报馆，坐监牢，在负责任的舆论家的眼里，算不得危险。然而'跑'尤其是'跑'到租界里去唱高调，那是耻辱！那是我决不干的！"

　　作为一介书生，胡适上文可谓铮铮铁骨，句句掷地有声！不过有一点却让人不能不有所置疑：胡适文章主要是针对张国焘的，而一九二一年七月中共在上海成立时张国焘为十二位代表之一，这次会议最初又是在上海的租界里召开的，《向导周报》则是当时中共中央的机关刊物。胡适所讽刺的"'跑'到租界里去唱高调"、"说风凉话高谈主义"可能与此有关，这同他主张"多研究些问题，少谈些'主义'"，并与李大钊展开争论可谓一脉相承，——胡适自己说那场争论是他"和马克思主义者冲突的第一回合"。至于张国焘后来叛变共产党，"跑"到国民党军统做了特务，那是多年以后的事情，胡适也不能预卜先知。

做学问要常带着问题

一九二三年胡适在杭州南高峰下烟霞洞养病时，遇到在美国康乃尔大学留学时的一位同学，叫简又文。他是学神学的，住在上海青年会，来杭搜集关于太平天国的史料。据简又文说，他想写一部太平天国小史，这几年一直为此收集有关这方面的史料。每到一地，他都随身带着"参考书目"，其中竟有许多欧洲人的著作。胡适见旧同学中简又文还在做学问，做研究，心中很是欢喜，并由此生出了一大篇感慨：

"我屡次在公众演说内指出我们做学问的人，必须常常有一个——或几个——研究的问题，方能有长进。有了问题在脑中，我们自然要去搜集材料，材料也自然有个附丽的中心，学问自然一天天有进无退。没有研究的问题的人，便没有读书的真动机；即使他肯读书，因为材料无所附丽，至多也不过成一只两脚书橱！何况没有问题的人决不肯真读书呢！我常说，留学生回国之后，若没有研究的问题，便可说在知识学问方面他已死了……"

王云五是靠自学成才的，他学习十分勤奋，刻苦，涉猎也很广泛，每日平均必要读一百页的外国书。胡适称赞王云五"是一个完全自修成功的人才，读书最多，最博。家中藏西文书一万二千本，中文书也不少。"王云五自己也说他的好奇心竟是没有底的，但苦于没有系统。胡适依据自己做学问的经验，建议他"提出一个中心问题来做专门的研究（最好是历史的研究）"，这样就"自然会有一个系统出来。有一个研究问题做中心，则一切学问，一切材料都有所附丽。"这同他赞赏简又文的道理是一样的。王云五对胡适的意见极表赞成，决定做一部中学用的大《西洋历史》，以"平和的英雄"代替平常历史上的"战争的英雄"，以文化的进步代替国家朝代的兴亡，并参考威尔逊所著《美国史》的写法，本文极少而附注极多。胡适十分赞赏王云五的上述设想，并劝王云五即日动手。王云五踌躇满志，答应一个月之内拟出纲目给胡适看，一年为成书之期。

两个新诗人

在现代文学史上，胡适最早倡导用白话写新诗，他的《尝试集》又是最早出版的个人新诗集。大凡用白话写新诗者，不论何人何派，也不论成就大小，其实都是跟着胡适的脚印走，尽管后来有的人超过了他，跑在了"先行者"胡适的前面。徐志摩也不例外。"新月社"成立之后，胡适和徐志摩的关系更为密切，用梁实秋的话来说："胡先生当然是新月的领袖，事实上志摩是新月的灵魂。"

一九二三年夏胡适在杭州养病期间，徐志摩曾去看望过胡适，他们和几个朋友一起游西湖，观海潮，玩得真是不亦乐乎。胡适日记中记载云：

"下午一时，志摩自硖石来。我们闲谈甚久。"

"到湖心亭，看月。我在石板上仰卧看月，和志摩、经农闲谈。后来又到平湖秋月，人都睡了。我们抬出一张桌子，我和志摩躺在上面，我的头枕在他身上，月亮正从两棵大树之间照下来，我们唱诗高谈，到夜深始归。"

多么亲昵的场面！"我的头枕在他身上"，"月亮正从两棵大树之间照下来"……如果不是胡适和徐志摩两个大老爷们儿，如果换了一男一女，此情此景岂不是绝好的恋爱场面？

胡适和徐志摩的友谊由此可见非同一般。

徐志摩的日记中也有相关的记载，如："与适之谈，无所不至，谈书谈诗谈友情谈爱谈恋谈人生谈此谈彼，不觉夜之渐短。"

徐志摩是一个多情种子，与发妻张幼仪结而后离，又陷入与林徽音镜花水月的苦恋。胡适此次到杭州西湖烟霞洞，名曰"养病"实则与表妹曹诚英共尝"婚外恋"的苦果。他们两个人都有各自的难言之隐。当徐志摩看了胡适写的《烟霞杂诗》，便问胡适"尚有匿而不宣者否？"胡适红着脸回答说"有"。徐志摩因而断言："凡适之诗前有序后有跋者，皆可疑，皆将来本传索隐资料。"

胡适问徐志摩他与林徽音是否在"冒险"，徐志摩只得对曰"大约梦也"。

他们两个都是诗人，谈诗论诗自然成为重要内容。胡适主张"诗的原理"应以"明白"和"有力"为主要条件，徐志摩不尽以为然，他认为 massively（雄伟、庄严）才是一个要件。不过徐志摩当时不能自申其说，所以未能让胡适心服。"自申其说"云云乃是名教授大学者胡适博士的长项，而诗人徐志摩却未必能讲出多少道道出来。反之做诗是徐志摩的长项，被时人誉为"诗哲""诗豪"，胡适则如他自己所说"提倡有心，创作无力。"

一九三一年十一月十九日，才华横溢的一代"诗圣"徐志摩因飞机失事不幸遇难，年仅三十六岁。胡适写了《追悼志摩》《再忆志摩》两篇文章，表达自己对亡友的深切悼念之情：

"志摩走了，我们这个世界里被他带走了不少的云彩。他在我们这些朋友之中，真是一片最可爱的云彩，永远是温暖的颜色，永远是美的花样，永远是可爱。"

"……志摩是走了，但他投的影子会永远留在我们心里，他放的光亮也会永远留在人间。他不曾白来了一世。我们有了他做朋友，也可以安慰自己说不曾白来了一世。我们忘不了他和我们在那交会时互放的光亮！"

"桂花王"与《迟桂花》

金秋十月，正是桂花飘香的季节。

一九二三年十月间，那个时候胡适正和表妹曹诚英"婚外恋"，就一同去翁家山看过那里有名的"桂花王"。这位"王爷"本干是几株大干并生的，所以树身并不粗，但枝叶伸展开去，遮盖甚远。这棵"桂花王"树每年要生三担多桂花，真不愧"桂王"之称了。时值深秋，桂花犹自茂盛，全树灿黄，只有一枝上生出了两小枝丹桂。诚英首先看见了，兴奋地叫胡适等看，那位翁家山当地的朋友也说是奇事，他把两小枝丹桂折下来，送给了年轻的女学生曹诚英——胡适在日记中亲切地叫她"娟"。

无独有偶，一九三二年十月初，天气晴爽。郁达夫在西湖南高峰的深山里，一个人徘徊于樵径石垒间时，忽而一阵香气吹来，有点使人兴奋，似乎要触发性欲的样子。他顿然醒悟到桂花的香气亦何尝不暗而艳，于是顺口得诗一句，叫做"九月秋迟桂始花"。创作的灵感由此而来，一连几天他文思泉涌，完成了一篇杰作《迟桂花》，以翁家山为背景，既写了迟桂花的芬芳，又写了和迟桂花一样高洁的青年女性莲。《迟桂花》后来被鲁迅选入英译中国现代短篇小说集《草鞋脚》。

胡适和郁达夫是性情、气质完全不同的文人，郁达夫勇于自我暴露，是"摩拟的颓唐派，本质的清教徒"；胡适则是学者绅士，正人君子，往往将自己的隐情"匿而不宣"。所以，同样是看桂花，同样是写日记，情景和结果两样：胡适笔下不会出现"触发性欲"之类，他也不会把它写成小说。

"他若是女人一定死心塌地的爱他"

据说民国时期有四大美男子，汪精卫名列榜首，胡适也在其中。一九二三年胡适在杭州养病期间，同几位挚友去钱塘江观潮，据徐志摩在《观潮日记》中说："同行者有叔永、莎菲、经农、莎菲的先生（老师）Ellery。叔永介绍了汪精卫。一九一八年在南京船里曾见过他一面，他真是个美男子。可爱！适之说他若是女人一定死心塌地的爱他，他是男子……他也爱他。"

此处"他也爱他"，前一个"他"指胡适，后一个"他"指汪精卫。不过，这只是以貌取人，在新诗的问题上汪精卫和胡适却意见相左。胡适在杭州期间曾写了几首《烟霞洞杂诗》，其中一首"看山雾"的诗有新旧两种文本，类似旧体诗的七言绝句是：

我来正值黄梅雨，

日日楼头看山雾；

才看遮尽玉皇山，

回头已失楼前树！

另一种文本是用白话写的新诗：

我来正碰着黄梅雨，

天天在楼上看山雾。

刚才看白云遮没了玉皇山，

我回头已不见了楼前的一排大树！

两种版本孰优孰劣姑且不论，单说汪精卫看后给胡适写了一封信，说："你那首看山雾诗，我觉得极妙，我从前有相类的诗句，随便写在下面给你看看。"汪诗题名《晓烟》，系一首旧体诗：

槲叶深黄枫叶红，老松奇翠欲擎空。

朝来别有空濛意，都在苍烟万顷中。

初阳如月逗轻寒，咫尺林原成远看。

记得江南烟雨里，小姑鬟影落春澜。

胡适被汪精卫称赞为"极妙"的那首"看山雾"，一定是旧体七言绝句版本，因为他在信中表达了对新诗体的不同看法："到底是我没有读新诗体的习惯呢？还是新诗体不是诗，另是一种好玩的东西呢！抑或是两样都有呢！这些疑问，还是梗在我的心头。只是我还有一个见解，我以为花样是层出不穷的，新花样出来，旧花样仍然存在，谁也替不了谁，例如曲替不了词，词替不了诗，故此我和那绝对主张旧诗体仇视新诗体的人，固然不对，但是对于那绝对主张新体诗抹杀旧体诗的人，也觉得太过。"

汪精卫到旅馆里来看望胡适，两个美男子并没有谈诗，而是"谈政治甚久"。这也可以理解：汪精卫毕竟是政治人物，而非诗人。

在大分化里从容慢步

一九二三年在北大二十五周年纪念专刊上有一篇文章，题为《在中国近代思想史演进中的北大》，作者黄日葵。文章大意是说"五四"前学生方面有两大倾向：一是哲学文学方面，以《新潮》为代表；一是政治社会方面的，以《国民杂志》为代表。前者渐渐趋向于国故的整理，从事于根本的改造运动；后者渐渐趋向于实际的社会革命运动。前者隐然以胡适之为首领，后者隐然以陈独秀为首领。"五四"以后至一九二三年这一段时间，又有"足以支配一时代的大分化在北大孕育出来了"，一派是梁漱溟，一派是胡适之。前者是彻头彻尾的国粹的人生观，后者是欧化的人生观；前者是唯心论者，后者是唯物论者；前者是眷恋玄学的，后者是崇拜科学的。

胡适本人对此种种说法回应道："这种旁观的观察，——也可说是身历其境，身受其影响的人的观察，——是很有趣的。我在这两个大分化里，可惜都只有从容慢步，一方面不能有独秀那样狠干，一方面又没有漱溟那样蛮干！所以我是很惭愧的。"

他说自己"从容慢步"而不是"从容漫步"，一字之差正好说明了他在大分化中的精神状态。既不"狠干"也不"蛮干"，是胡适有别于陈独秀和梁漱溟的所在，他是把五四新文化运动当作"中国的文艺复兴"来看待的，而他所谓的"中国的文艺复兴"实际上是一种"超政治构想的文化运动和文学改良运动"。简言之：要"复兴"就不能"复古"，"超政治"就勿需"革命"，胡适的基本思想和立场就是如此。

"大刀阔斧"和"绣花针"

中国地有南方与北方之分，做学问也有"南学"与"北学"之别。清代经学家、文学家毛奇龄在《送潜丘阎徵君归淮安序》中云："世每言，北人之学如显处见月，虽大而未晰也；南方之学比之牖中之窥日，见其细而无不烛也。潜丘乃兼之。"胡适很赞赏对南北学的这种分析比较，并进一步概括为两句话："北学多似大刀阔斧，而南学多似绣花针。"它们是两种不同的治学方法，也是两种不同的治学风格。

如前所说，胡适在北大初期讲授中国哲学史时，一改前任教师繁琐、拖沓的缺点，丢开唐虞夏商，直接从周宣王以后讲起，并且用《诗经》来作说明，称西周后期是"诗人时代"，那些训世诗的作者是真正的思想家。讲义经过整理加工，以《中国哲学史大纲》（上卷）为书名，于一九一九年二月由上海商务印书馆出版，为"北京大学丛书"中的一本。

胡适还为清代治史学的大家章实斋（学城）作了一部年谱，一九二二年一月由上海商务印书馆出版，修订后又于一九三一年再版。这是个细活：胡适把章实斋的著作，凡是可以表示其思想主张的变迁沿革的都择要摘录，分年编入，而在摘录长篇时仅取一两段，有时一段之中仅取重要的精彩的几句。这都需要认真研读和精心挑选。与章同时代的学者如戴震、汪中、袁枚等人对章实斋的评价，胡适也都摘要抄出，加上自己的评判，一同编入年谱之中，开创了编写年谱的先例。胡适差不多费了半年功夫，才完成了八九万字的《章实斋年谱》。

胡适自己对比这两部学术著作时，说他写《中国哲学史大纲》（上卷）采用的是"开天辟地，大刀阔斧的砍去"，一刀砍去了三皇五帝，一斧砍去了唐虞夏商，"让后来的能者来做细致的功夫"；而《章实斋年谱》"虽是一时高兴之作，他却也给了我一点拿绣花针的训练"。也就是说："南学"与"北学"之长，胡适同样兼而有之。这是胡适成为现代学术界重要代表人物的原因之一。

执柯伐柯

冯友兰（芝生）有一个妹妹，叫冯叔兰，又名沅君，曾在北京女高师听过胡适的讲课。

冯沅君和陆侃如相识并堕入爱河，但两人都已在家乡与他人订有婚约。沅君的父亲不同意女儿弃约另嫁，冯沅君费了一番周折才将婚约解除。陆侃如也和原妻庄女士的关系作了了结，并由律师出具证明书。当时冯友兰和陈寅恪同在清华共事，冯友兰有意将妹妹介绍给陈寅恪，冯沅君知道胡适与陈寅恪相交甚笃，便写信向胡适先生表明心迹：

"芝生来信介绍陈寅恪给我，这种办法未免太荒谬，我决意谢绝。"

胡适一向主张男女婚姻自主，便出面调解，他亲自给冯友兰写了一封信，并让陆侃如持信直接登门交给冯友兰。为把好事做到底，胡适还请蔡元培与他一起为陆侃如、冯沅君做媒。好在陈寅恪和冯友兰都是熟人，不是朋友便是过去的学生，他们都不会驳胡适与蔡元培先生的面子。冯友兰为此事给胡适写过几封信：

"陆君侃如来，奉手示敬悉一切。陆君英年高才，与舍妹婚事，学生个人甚愿，但家慈于去年返回河南原籍，现不在家，已将先生及子师盛意由邮转达，俟得复信，当即可决定一切也。"（"子师"即蔡元培）

"侃如来信知与庄女士关系已断，并经律师证明，学生当即以与家慈婉商，家慈虽仍不免疑虑，但已允听舍妹自决。"

"此事告一段落，而先生执柯伐柯亦于是告厥成功矣。"

古语"执柯伐柯"指为人做媒。陆侃如和冯沅君结为伉俪，除了他俩执着求合外，也得力于胡适的从旁相助。

充当和事佬

在一九二五年五月发生的北京女师大事件中，胡适和陈西滢都反对北大宣布独立并与北洋政府脱离关系。陈西滢还在《现代评论》第三卷第五十七期上发表了一篇《闲话》，说什么女师大风潮系由"在北京教育界占最大势力的某籍某系的人在暗中鼓动"，污蔑女师大是"臭毛厕"，说"现在的女学生是都可以叫局"的。明眼人一看就明白："某籍"指浙江，"某系"指北大国文系，针对的都是周氏兄弟。这篇《闲话》首先招来了周作人的一顿痛骂，继而又遭到鲁迅逐句逐条的驳斥。在《并非闲话》一文中，鲁迅用他无比犀利的笔锋，揭露并指责陈西滢"自在黑幕中，偏说不知道；替暴君奔走，却以局外人自居；满肚子怀着鬼胎，而装出公允的笑脸；有谁明说出自己所观察的是非来的，他便用了'流言'

来作不负责任的武器。"

据有的研究者说：陈西滢其实没有讲过"现在的女学生是都可以叫局"那样下流的话，他只是跟别人议论过这句话。但不管怎么讲，这仇恨总是结下了，鲁迅以后经常拿现代评论派的"正人君子"们开刀，陈西滢根本不是鲁迅的对手。

胡适因到上海出席中英庚款顾问委员会，并随访问团到汉口、南京、杭州、天津等地考察，所以由陈西滢的《闲话》引发的这场争论他没有直接参加。临出国赴伦敦之前，一九二六年五月二十四日，他"怀抱着无限的友谊的好意，无限的希望"，给鲁迅、周作人和陈西滢写了一封劝和的信，恳切地说：

"你们三位都是我很敬爱的朋友；所以我感觉你们三位这八九个月的深仇也似的笔战是朋友中最可惋惜的事。我深知道你们三位都自信这回打的是一场正谊之战；所以我不愿意追溯这战争的原因与历史，更不愿评论此事的是非曲直。我最惋惜的是，当日各本良心的争论之中，不免都夹杂着一点对于对方动机上的猜疑；由这一点动机上的猜疑，发生了不少笔锋上的情感；由这些笔锋上的情感，更引起了层层猜疑，层层误解。猜疑愈深，误解更甚。结果便是友谊上的破裂，而当日各本良心之主张就渐渐变成了对骂的笔战。"

"敬爱的朋友们，让我们都学学大海。'大水冲了龙王庙，一家人不认得一家人。'他们的'石子'和秽水，尚且可以容忍；何况'我们'自家人的一点子误解，一点子小猜疑呢？"

"亲爱的朋友们，让我们从今以后，都向上走，都朝前走，不要回头踩那伤不了人的小石子，更不要回头来自相践踏。我们的公敌是在我们的前面；我们进步的方向是朝上走。"

以上就是胡适对这场争论的态度。他回避了鲁迅同陈西滢的实质性分歧，客观上起到了掩护陈西滢的作用，而他那一片劝和的诚心又无异于事后诸葛亮。

第四章

武汉讲演惹是非

一九二五年九月底十月初，胡适曾应邀去武汉讲演几次，每次听众都是满满的，从始至终绝少有人中途退场，受欢迎的程度可想而知。十月三日夜在武汉大学讲演时，天公不作美，大雨如注，胡适整整讲了一小时又四十五分钟，学生们既不乱也不散，仍聚精会神地聆听着，让胡适十分感动，一再说"听众是再好没有的了"，"湖北学界对我的态度，是很好的"。

据胡适在《南行杂记》中记载，讲演的题目有"读书"、"中国哲学史鸟瞰"、"谈谈《诗经》"、"道德教育"等等。虽然都是以往多次讲过的旧题目，但胡适藉此机会作了许多修正。"读书"是九月三十日在武大附中讲的，对象主要是中学生，胡适着重讲了"博而后能益精"、"致其知而后读"的道理，告诉学生们读书要做到口到、眼到、手到、心到，而心到的条件又是设备到、工夫到、方法到、学问到。"谈谈《诗经》"是九月二十九日对武大国文学会讲的，这一讲胡适自我感觉"最有成绩，能使听者皆大笑"。

胡适十月四日在银行公会还有一讲"谈谈政治"，讲演中第一次公布了他关于"协商的割据"的主张。正是这一主张受到了众多的批评和指责，联系到胡适鼓吹所谓"好人政治"与"联省自治"、反对将清逊帝溥仪逐出故宫、为广东陈炯明叛变叫好、否认帝国主义存在、参加北洋军阀操纵的"善后会议"等一系列行径，有的学生直斥他是"不识时事，违反中国现时一班被压迫人民需要，帮助军阀会议解决国事，主张军阀官僚、高等华人在中国逊克推多（dictator）和羡慕皇威，助桀为虐的人。"他来武大演讲"含有复辟运动的意味"。

胡适对青年人的批评，一是进行辩解，说他与今日之"当局"毫无关系，"疑我与'当局'有何关系，或疑我之参加善后会议是为'同乡'

113

捧场"是"大错了"（段祺瑞与胡适是安徽同乡，故有此语）。另一方面，他又以长者自居，对青年人的批评乃至指责摆出了不屑一顾的姿态："青年界对我的议论，乃是意中的事。生平不学时髦，不能跟人乱谈乱跑，尤不能谄事青年人，所以常遭人骂。但八年的挨骂已使我成了一个不怕骂的人；有时见人骂我，反使我感觉我还保留了一点招骂的骨气在自己人格里，还不算老朽。"

"孔夫子门前卖四书"

也是在武汉，湖北省主席何成濬和教育厅长黄建中，联名请胡适和李四光在湖北省立高中大礼堂给师生们讲演。胡适大名鼎鼎不用说，李四光是著名的地质学家，北大地质系教授，又是湖北籍人，所以他们的讲演特别受到欢迎，听众多达一千多人，十分踊跃。

黄建中首先致欢迎词。接着请两位客人讲话。胡适和李四光却互相谦让了起来，都请对方先讲。李四光使出了"杀手锏"，笑着对胡适说：

"我是湖北人，也算主人，当然请你这个百分之百的客人先讲啊！"

俗云"强龙斗不过地头蛇"，胡适不便再推辞了，于是从容不迫地站了起来，未曾开口讲话他那副潇洒儒雅的神态就慑服了全场所有的人。一阵热烈的掌声之后，胡适开始讲演了，内容主要是阐述"流水不腐，户枢不蠹"这个成语所包含的哲理，指导青年学生怎样读书长知识长学问。

"这两句话是合乎科学的。为什么'流水'才'不腐'，'户枢'才'不蠹'？我们今天应该用科学的眼光，科学的方法去分析、研究，得出一个科学的结论,而不要盲目地信从古人,或怀疑古人,读书应有这种精神。"

最后他笑着说："我当着李四光先生这位科学家讲科学，真有些像在孔老夫子门前卖'四书'一样。好了，——"，把手指着李四光，"现在就请孔夫子来给诸位讲科学吧！"

全场哄堂大笑了。李四光朝胡适拱拱手："不敢当，不敢当，胡先生才是当今中国的孔夫子呐！"

煤为什么那么贵？

胡适是一个关注国计民生的有心人，他曾经以煤为例，算过一笔细账：

"粤汉（铁路）未完成，川汉宁湘（铁路）未造，中国竟不成一个现代国家。今日之一点点交通事业，尚不能整顿，全给军人拿去筹饷发财，而国民受其大害。六河沟出的煤，原价甚低，而在北京每吨卖十七元，在汉口卖十八九元，在九江卖二十九元！为什么呢？因为军人扣了车辆，公司运煤皆须运动军人，方可得车；故正式运费之外，每吨须纳'车皮'五元五角，小费还不算，煤如何不贵呢？"

"岂但煤，一切必需物品都是这样。外国也有大荒年，也有水旱歉收的地方；只因为交通运输的便利，故全国全世界可以互相挹注，虽在灾荒之年，仍可以有全国大体一致的物价；决不像我们今日这样东边一省年成大熟，米谷卖不起钱，而救不了西边一省的大荒年，人吃人。"

胡适据此更加感觉到"大规模的建筑铁路的不可缓"。

胡适当年所指出的弊端，也许现在仍不能完全根除，但值得庆幸的是我国在铁路建设方面取得了划时代的进步，尤其是在高速铁路方面中国已处于世界领先地位。胡适地下有知，一定会倍加欣慰。

胡适逸闻

115

教会教育的难关

　　司徒雷登为燕京大学的发展做出了重要贡献。他四处募捐，在北京西郊建造了一所景色美丽而又面积宽阔的新校园，众多中西风格的楼舍错落有致。又不惜重金延请中外著名学者来燕京任教，提升燕京大学的知名度和学术地位。

　　一九二一年燕京大学打算改良国文部，司徒雷登校长有意请胡适去主持，但胡适因为舍不得离开北大没有同意，他推荐了周作人。周作人当时也答应了，然而不久他患了肋膜炎，此事遂搁置了一年之久。一九二二年三月四日上午，司徒雷登带着刘廷芳来到胡适家中重申前议。周作人也来了，胡适再次向司徒雷登和刘廷芳介绍周作人，他们谈得很满意。后来周作人做了燕大国文系的第一个新教授。

　　一九二五年胡适应邀在燕京大学教职员聚餐会上讲话，谈的题目是《今日教会教育的难关》。他提出了两个问题，或者说是两点希望与要求："第一，教会教育能不能集中一切财力人力来办极少数真正超等出色的学校，而不去办那许多中等下等的学校？第二，教会学校能不能抛弃传教而专办教育？"这两个问题尤其是第二条可能会让教会学校难以接受，所以胡适说他情愿"做一次魔鬼的辩护者，好让诸位尽来驳我。"

　　司徒雷登对胡适提出的第一个问题，显然具有共识。除建造新校园、聘请名教授两项外，一九二七年燕京大学与哈佛大学合作组成了著名的哈佛燕京学社。到二十世纪三十年代，燕京已发展成为中国学术水平最高的教会大学。胡适在《司徒雷登回忆录》的导言中对此称赞道：

　　"燕京大学之梦终于实现。我站在朋友和邻居的地位，带着非常关切的心情看这所大学逐渐发展；我可以说司徒博士创办大学的成功，主要是在于两方面。第一，他和他的同事的的确确是从'没有'的境地来计划，来建立一所规模完整的大学，而且是中国境内十三所基督教大学当中最大的一所，它的校园，也是世界最美大学校园中的一个。第二，他理想中的这一所大学越来越成为一个中国的大学，它在哈佛燕京学社的协助下，是基督教新教各大学中第一个有最完善的中国文化研究部门的大学。"

当然，对燕京大学及其他教会学校在中国的设立也可以作另外的解读：那是美帝国主义对中国的"文化侵略"，目的在于造就一批亲美派知识分子。

"有意栽花，当然要发"

吴健雄一九二三年考入苏州第二女子师范学校就读，期间胡适与杜威曾一道应邀来学校讲学，胡适讲演的题目是《摩登妇女》，内容为妇女应该如何在思想上走出旧的传统。喜爱看书的吴健雄已在《新青年》等杂志上读过胡适的文章，校长杨诲玉知道她对胡适非常仰慕，便让她来作现场记录。胡适的演讲令吴健雄眼界大开，"思绪潮涌，激动不已"，她像着了迷似的次日又追随到东吴大学再次聆听。吴健雄自己认为：一生中影响她最大的两个人，一个是父亲，另一个就是胡适先生。不过，胡适当年演讲的时候已是大名鼎鼎的北大教授，吴健雄作为一名女中学生，大概还没有机会走近他的身边。

一九二七年吴健雄以最佳成绩从苏州第二女子师范学校毕业，并获准保送升入东南大学（中央大学前身）。按当时规定，凡保送上大学的师范学生需要先在小学教书，服务一年，于是她进入上海私立中国公学，一面继续学习，一面在低年级（也称为"华童公学"）任教。胡适

胡适逸闻

117

一九二八年四月至一九三〇年五月担任中国公学校长，吴健雄入中公求学与服务正值胡适任校长期间，这样，她就有幸再次与素怀敬仰的胡适先生近距离接触，成为了胡适名副其实的学生。

胡适还兼任文理学院院长，每周讲课两小时，讲授中国思想与文化史。在"清朝三百年思想史"课程讲完之后进行了一次考试，胡适改完卷子兴奋地对马君武、杨鸿烈两位先生说：

"我从来没有看到一个学生，对清朝三百年思想史阐述得这么透彻，我打了一个一百分。"

马君武、杨鸿烈两位先生也说班上有个学生总得一百分。他们三人分别把这个学生的名字写了下来，拿出来一对，居然都是"吴健雄"！

吴健雄尽管文史基础扎实，但她并不打算沿着这条路走下去，而是立志要打破"女生不能上理工科"的世俗偏见。所以，一九三〇年她入中央大学攻读的是数学专业，后又被伦琴、贝克勒尔、居里夫妇、爱因斯坦等科学巨匠深深吸引，在第二学年申请转到了物理学系。一九三四年吴健雄以优异成绩完成了中大的学业，不久即赴美继续深造。功夫不负有心人，一九五七年吴健雄通过物理试验，证明了另两位华裔科学家杨振宁和李政道提出的"弱相互作用中宇称不守恒"理论，成为了一名站在"全世界最前列的女性实验物理学家"。

如果是胡适打分，他肯定要再次给吴健雄打一百分！——科学的一百分，人生的一百分，一个完美女性的一百分……

这时距离苏州第二女子师范学校的那次演讲已经过去了二十多年，但胡适和吴健雄回忆起来仍历历在目。

一九四三年二月吴健雄写信对胡适说："你的讲演最动人，最有力量。……我听到了你那次在苏州女中的演讲，受到的影响很深。后来的升学和出洋，都是从那一点出发的。虽然我是一个毫无成就的人，至少你给我的鼓励，使我满足我自己的求知欲，得到人生的真正快乐。"

这个时候胡适正在驻美大使任上，尽管公务繁忙，仍在五月十日给吴健雄回了一封发自肺腑的信件，说："那年我在苏州讲演之后，叶圣陶（那时在苏州一中做教员）曾写一篇小说，说一班教员听我演讲，当时的大兴奋，过后的讨论，讨论后的无结果的悲哀。……我并不因此悲观。我曾说，'无心插柳，尚可成荫；有意栽花，当然要发。'我一生到处撒花种子，即使绝大多数都撒在石头上了，其中有一粒撒在膏腴的土地里，长出了一个吴健雄，我也可以百分快慰了。"

北平香山慈幼院

北平香山慈幼院成立于一九二〇年，系由熊希龄（秉三）所创建的一所私立慈幼机构，免费收养孤贫男女儿童。院址由前清皇帝捐赠，并明确划定有界线。最初仅限于幼稚（儿）教育，嗣后逐渐发展有了初中、高中、幼稚师范、职业训练班及各种实习工场。

一九二一年十月九日香山慈幼院开周年纪念大会时，慈幼院尚处在草创阶段，但其意义和精神已开始显现。胡适和几位朋友当天曾去参观，并应熊希龄邀请在会上讲话。胡适在日记中对此有所记载：

"我被熊先生夫妇强邀去演说，我也觉得这事办的很好，故我说了几句赞美的话。大意谓熊先生办此事，目的在于使许多贫民子弟养成利用文明和帮助造文明的能力（院中有自治制度，有会议和法庭，有电话和工厂），这是很可效法的运动。今日我们在此得一个最深的感想：从前皇帝住的园子，现在变成我们的贫民子弟居住上学游戏的地方了！这很可代表这种运动的精神。"

一九三七年十二月熊希龄先生逝世后，北平香山慈幼院由其遗孀毛彦文女士继续主持。抗战期间在广西桂林开办香山慈幼院分院，抗战胜利后迁回北平原址。毛彦文由香山慈幼院董事会推举为院长，担任北京大学校长的胡适为董事会董事之一。

说起毛彦文女士和胡适的交往，其实早在一九二一年就开始了。那一年毛彦文考取了北京高等女子师范学校外文系，胡适的好朋友毛子水任该校外文系教授，而毛彦文和毛子水恰巧又是同乡，都是浙江省江山县人。因慕胡适的大名，毛彦文一再请求毛子水带她去一睹胡适的风采，毛子水答应了，见面时他对胡适介绍毛彦文说：

"她是毛彦文，我的侄女。"

毛彦文毕竟是年轻学生，禁不住脱口而出道："怎么你做起我的叔叔来了？我们又不同宗祠。"

胡适在一旁哈哈大笑了，对毛子水说："毛小姐当面否认你是她的叔叔，很天真。"

从此，毛彦文便和胡适有了交往。一九四七年十二月二十五日为纪念熊希龄先生逝世十周年，《华北日报》《大公报》《益世报》都出了特刊，胡适、林宰平、朱经农、沈从文等有纪念文章。毛彦文女士纪念先夫的文章曾请胡适斧正，胡适帮她作了一处删改。

某位党国元老在南京逝世后，政府明令国葬，因其籍贯是华北，所以归葬北平。他的夫人迷信风水，挑来挑去，看中了香山饭店附近这块宝地。香山饭店系由香山慈幼院兴建，归慈幼院所有，其经营收入是慈幼院得以生存和发展的重要经济支撑。那位夫人和毛彦文院长交涉，要将香山饭店折毁，改建成党国元老的墓地。毛彦文断然拒绝，因为她想"此例一开，演变所至，慈幼院将成公墓矣，当年先夫创建此院之初衷与愿望岂不成了泡影，何况还有那么多孤苦儿童岂不又要流落街头？"无奈党国元老生前位高权重，死后夫人享其余荫，在官场关系极多，当时的北平市长刘瑶章、市议会议长许惠东等都出面向毛彦文施加压力，甚至威胁说如不应允将呈请民国政府命令征用。毛彦文一筹莫展，只好召开董事会商讨应对之策。

胡适作为香山慈幼院董事会的董事也参加了会议。他赞成毛彦文院长的意见，香山饭店不能拆除改建为公墓。不过，胡适当过驻美大使，又生性容忍，善于协调各方面的关系，兼顾各方面的利益。所以，他在会上提出了一个方案：香山饭店原样不动，但在饭店内留出一个大房间，挂上那位已逝党国元老的大照片，其夫人及亲属均可在春秋两季前来祭奠，并由香山饭店提供食宿。这个提议在董事会获得了一致通过，党国元老的夫人也很满意，因为这样做实际上是为党国元老设立了一个永久性的灵堂。香山慈幼院的经济支柱——香山饭店，就这样保住了；那些孤苦的孩子们在慈幼院里能够继续得到抚养，受到教育。

"严肃地做个人，认真地做番事业"

胡适有一位英国朋友L·加纳特，一九二六年二月来上海时见到胡适，两人相谈甚欢。胡适为了让L·加纳特深入了解中国底层社会，有一天晚上带他去了杨兰春、桂姮两家妓家。后来L·加纳特从北京给胡适写来一信，敦劝胡适不要把有用的精力浪费在无用的嬉戏里。L·加纳特在信中说：

"……有一个阴影，你在上海只是消耗你自己的精力。你必须离开上海，远离政治。"

"在抵御西方文明的腐蚀性影响方面，中国还没有采取积极的措施，还无所行动，而你是能够做到这一点的少数几位中国人之一。我们已经制造一个'文明'的地狱，里面充塞着各种奇技淫巧和肉欲享受。我还没有见到，有什么力量可以防止中国重蹈西方之覆辙。"

这封信让胡适很受感动，觉得L·加纳特真是一位难得的朋友。然而他因为出席中英庚款顾问委员会在上海召开的会议，又陪同英方三位委员到南京、汉口、杭州、天津、北京等地访问，所以当时未曾给L·加纳特作详细答复。这一年七月胡适赴伦敦出席"中英庚款顾问委员会"全体委员会议，并转赴巴黎搜集敦煌史料，在欧停留至年底。期间他给L·加纳特写了一封长信，表示自己决心"要严肃地做个人，认真地做番事业。"他并且把L·加纳特的原信附在日记本里，"以记吾过，并记吾悔。"

在给L·加纳特写信之前的八月十四日，胡适还给妻子江冬秀写有一信，叙说自己"近来的心理"，表达了同样的意思："第一想把身体弄好。第二把一切坏习惯改掉。以后要严肃地做个人，认真地做一番事业。"

胡适在伦敦大英博物馆和巴黎国家图书馆搜集了一批失落于异国的敦煌古代写本，从而使禅宗史上一段鲜活的令人惊心动魄的斗争史实重见天日。"上穷碧落下黄泉，动手动脚找东西"这两句诗，正是他当时"踏破铁鞋无觅处，得来全靠笨功夫"的写照。他在努力实践着对妻子和朋友许下的诺言。

组织政党的由来及最终放弃

胡适一九二六年七月赴伦敦出席"中英庚款顾问委员会"时途经苏联，在莫斯科逗留数日。期间除参观革命博物馆，造访中山大学外，有一天在于右任下榻的寓中还同共产党人蔡和森辩论，从三点一直争论到九点。在开往德国的火车上，胡适回想与蔡和森的谈话，以及自己对苏俄的观察，遂产生了组织政党的意思。"我想，我应该出来作政治活动，以改革内政为主旨。可组一政党，名为'自由党'。充分的承认社会主义的主张，但不以阶级斗争为手段。共产党谓自由主义为资本主义之政治哲学，这是错的。历史上自由主义的倾向是逐渐扩充的。先有贵族阶级的争自由，次有资产阶级的争自由，今则为无产阶级的争自由。"主张"不以历史的'必然论'为哲学，而以'进化论'为哲学。"认为"资本主义之流弊，可以人力的制裁管理之。"他甚至把拟想中的"自由党"党纲都设计好了，主要有这么几条：

一、有计划的政治。

二、文官考试法的实行。

三、用有限制的外国投资来充分发展中国的交通与实业。

四、社会主义的社会政策。

这个纲领同他以后在多种场合所鼓吹的英国"工党当国，都倾向于社会主义的经济立法"、"英国本身在工党执政之下，也是更明显的推行经济制度的社会化"，基本上如出一辙。殊不知英国工党也好，美国的民主党也好，都是资产阶级政党，根本不可能代表工人阶级和劳动大众的利益。胡适一九二六年在莫斯科同蔡和森辩论时未能说服蔡和森，一九四五年八月抗战胜利后致信毛泽东时重弹老调，毛泽东根本未予理会。

对于组织政党一事，胡适后来完全放弃了，因为作为一个文人，他虽然热衷于政治，但并无政治领导才能和组织才能。一九四八年三四月间南京国民政府召开"国民大会"，蒋介石觉得只有"中国青年党"（简称"青年党"）和"民主社会党"（简称"民社党"）两个小党为之捧场，未免有些寒碜，特意请胡适出来组织一个政党，胡适婉言拒绝了，表示自己愿意以"在野"的身份，替政府"做面子"、"说公平话"。二十世纪五十年代雷震在台湾组织"反对党"，希望由胡适出来"领导"，胡适反复声明他"从来没有梦想到自己出来组织政党"。在致雷震的长信中，胡适一再强调："盼望胡适之出来组织政党，其痴心可比后唐明宗每夜焚香告天，愿天早生圣人以安中国！我平生绝不敢妄想我有政治能力可以领导一个政党。我从来没有能够叫自己相信我有在政治上拯救中国的魄力与精力。"

胡适这倒是说的老实话。

只是需要纠正一点：他不是"从来没有"而是曾经设想过组织"自由党"。

一个骗子

胡适一九二六年旅欧期间，有一次乘火车离开伦敦，准备到多佛后再坐船过英吉利海峡去德国。夜七时半出门，元龙一直把他送到车上。离开车的时间还早，胡适就和元龙谈天。不一会儿进来了一个人，径自坐在他们乘坐的房里，胡适因为不认识此人，所以未作理会。那人坐了一会儿，忽然主动同胡适攀谈起来：

"我是往柏林去的。"

"啊啊，我也是。"

"我刚才在车站上想换五镑钱，竟换不出来。"

"你到餐车上去问问看，也许有法子。若实在没有法子，我也许能换给你。"

那人下车去了。胡适很后悔刚才说自己可以换钱给他，便对元龙说："这里五英镑的钱常常有假，不可不防。"

元龙说："那个人像是上等人，大概不要紧。"

过一会儿元龙出去了，那人却又回到房里来。他手上拿着一张折叠起来的纸，耸耸肩膀又摇摇头，煞有介事地诉苦说：

"不行！跑了三个窗口都换不着。"

乘火车多少总要带些东西的，胡适见他的行李始终没有来，就更起了疑心，便问道："你的车票已在 Gook（餐车）上买了，要钱干什么？"

那人说："我欠了一个朋友三十五个先令，他在车站上等我还给他。"眨了眨狡黠的眼睛，"你能先借我两镑钱，等会在车上还你？"

胡适心想："不妙！他要骗钱了！"他怀疑那人手上拿着的那张折叠起来的纸不像是钞票，就"引蛇出洞"道："你把五镑票给我，我便换给你。"

那人急了，大声说："不是五镑，是十镑！"

胡适不想上当："算了罢，不换更省事。"

僵持了一会儿，那人终究沉不住气，又央求胡适道："借点钱给我，如何？"

"怎样？"

"借我两镑？"

胡适不说不借，也不说借，只说了一句："你把十镑票子给我，我可以勉强凑给你。"

这一着很厉害！那人不说换也不说不换，只是不肯拿出钱来。过一会儿他向车窗外面点头微笑，好像在和朋友打招呼似的，随即站起身来，开门下车去了，再也不见回来。

"此是伎俩很笨的骗子，"胡适心想。"但以后更须小心。出门作客如同考证古史，宁可过而疑之，不可过而信之！"

胡适逸闻

最满意的生日庆祝仪式

　　胡适三十五岁生日是在伦敦度过的，那天他在大英博物馆校读《忍和上道凡趣圣顿悟解脱宗修心要论》，是用三种伦敦本校读巴黎影印本。然后又抄《大乘北宗论》一卷，读七种卷子。大英博物馆光线很差，电灯又不明，对校书抄书的人来说最伤目力，胡适眼睛酸涨，仍校读了整整一天。

　　晚上应邀到一位老画师家里吃饭。回寓时在汽车上独坐了三刻钟，不知怎的竟百感交集起来，颇悔以往虚度了许多年月，不曾做点实在工夫。"自从去年九月底出京后，和我的'书城'分手太久了，真有点想念他。"胡适心里默默想道。"这一年多，东奔西走，竟不曾做一篇规规矩矩的作品。《老残游记》一序，《儿女英雄传》一序，《海上花列传》一序，《西洋近代文化》一书，如此而已！英国庚款事总算有点成绩。此外只是出来跑一趟，换了一点空气，得了一点新刺激，于我有点好处。"

　　想到这里，胡适忽然叹了一口气："然而忙的要死，倦的不得了，身体上始终没有休息。"

　　转念一想，他又安慰自己道："巴黎伦敦两地的读书，可算是今年的大成绩。今天过生日，终日在大英博物馆里校读敦煌的卷子，总算是一种最满意的庆祝仪式了。"

　　啊啊，原来他是这样过生日的：把校书读书当作了最满意的庆祝仪式！

　　而校书又是最难的事。第一要得最古本，愈古则脱误愈少，古本不可得，则须多求本子，排比对看，可得一最近"母本"的本子。今天他在大英博物馆校读《忍和上道凡趣圣顿悟解脱宗修心要论》时，"往往于劣本中得好解。劣本往往出于不通文字的人；因为他不通文义，故其错误处易见，而其不错误处最可宝贵。这也就是胡适尽管眼睛酸涨，仍乐此不疲的缘故了。

　　胡适的三十五岁生日过得很有意义，很有收获，他自己感到很满意，特意记在了日记里。

哭爱女素斐

　　远在万里之外的异国他乡，胡适有一天夜里忽然梦见了死去的爱女素斐：她满脸都是病容，正像一年半前在医院里垂危时的那副模样。

　　胡适惊醒了，发觉自己的眼泪已经流了一枕头。他心里非常难过，立即起来一边哭着一边写了一首诗：

> 梦中见你的面，
> 一忽儿就惊觉了。
> 觉来终不忍开眼，——
> 明知梦境不会重到了。
>
> 睁开眼来，
> 双眼迸堕。
> 一半想你，
> 一半怪我。
> 想你可怜，
> 想我罪过。

"留这只鸡等爸爸来，

爸爸今天要上山来了。"……

那天晚上我赶到时，

你已死去两三回了。……

病院里，那天晚上，

我刚说出"大夫"两个字，

你那一声怪叫，

至今还在我耳朵边直刺！

……

今天梦里的病容，

那晚上的一声怪叫，

素斐，不要叫我忘了，

永永留作人们苦痛的记号！

　　诗后胡适自注："十六年（即一九二七年）二月五日，梦中见女儿素斐，醒来悲痛，含泪作此诗。忍了一年半的眼泪，想不到却在三万里外哭她一场。"

　　素斐是胡适的爱女，据说胡适之所以给女儿取这个名字，和他内心倾慕陈衡哲女士有关：陈衡哲笔名"莎菲"，"素斐"则与"莎菲"读音相近。素斐生于一九二〇年八月十六日，未满五岁即夭折。胡适在她死的时候没有流眼泪，忍了一年半时间，终于在异国他乡梦见女儿醒来大哭了一场。在给江冬秀的信中，胡适自责道：

　　"我想我很对不住她。如果我早点请好的医生给她医治，也许不会死。我把她糟掉了，真有点罪过。我太不疼孩子了，太不留心他们的事，所以有这样的事。今天我哭她，也只是怪我自己对她不住。"

　　"整整一年不作诗了，谁知却是死了的女儿来破我的诗戒！"

接纳"新知识"

　　胡适当年在美国哥伦比亚大学研究院攻读哲学时，曾读到古希腊大哲学家苏格拉底临终之际吩咐弟子们说："我欠下某某一只鸡，尚未清还。我死了以后，第一件事是你们早些替我清还，以了却我的心愿。"胡适以为苏格拉底说的"某某"，一定是鸡鸭店的老板，也可能是苏格拉底的亲戚或邻居。以后胡适回到国内，在北大讲课时一直沿用这种说法，因为它"先入为主"也就对其深信不疑。

　　这次在访英期间，胡适无意中得到一本书，便在车上读了起来。书上记载苏格拉底说的"某某"，并不是什么鸡鸭店的老板，也不是他的亲戚或邻居，而是一位眼睛瞎了看不清东西的神祇。苏格拉底向这位神祇许过一次愿，——用一只鸡供神还愿。

　　原来如此!

　　胡适治学虚怀若谷，无日无时不在寻求新知识，而且一旦有新的事实，新的发现，他就毫不犹豫地接纳"新知"，把过去认识的"旧知"搁在一边。胡适从那以后再讲苏格拉底的还"某某"愿的故事，就不再说是指鸡鸭店老板或亲戚邻居了，根据新发现的事实说明"某某"是一位眼睛看不见的神祇。他还用自己从"信"到"疑"进而改正旧说这个例子，说明做学问须时时接纳"新知"的重要性。

"中国的文化很高，何故要革去他？"

在"中西方文化比较"的论战中，胡适从国内到国外，毫不讳言他"很不客气的指摘我们的东方文明，很热烈的颂扬西洋的近代文明。"一九二六年十一月他出席英国剑桥大学召开的"世界学生会"，在午宴的讲演中再一次贬损包括中国文化、印度文明为代表的东方文明，对西方近代文明作了高分贝的赞歌。然而，并不是所有听讲的人都赞同胡适的观点，有些人甚至当面向他提出质疑。

牛津工程学院詹金教授（Prof.Jenkin）问胡适："中国的文化很高，何故要革去他？"

锡兰学生会会长对胡适指出："东方文明是很高的，佛教并不排斥智识，如先生所言。"

有几个印度学生陪胡适走回公寓，在路上对胡适说他的主张不错，但他们作为印度学生却不能这样主张。

胡适问："为什么不说老实话呢？"

几个印度学生异口同声回答道："当然啦，你可以这样说，但我们印度学生若如此赞叹西洋文明，明天英国报纸便要利用这些话，作为我们承认英国统治的证据了。我们可不愿背这个黑锅。"那时在圣雄甘地领导下，正通过和平方式为印度脱离英国而独立进行斗争，这符合大多数印度人民包括印度学生的意愿。

听了这些话胡适本应有所警觉，有所醒悟，但却把它当成了耳旁风。他甚至认为印度学生"说的话不是良心话"。回到寓所后，正巧收到了杜威从美国寄来的一封信，内中提到两位印度学者在哲学大会上，"他们的谈话很有趣味，但在某种程度上，他们似乎是在为某种特殊的'东方'观念（一种更深的智慧）作辩护"，这给杜威"留下（了）装腔作势的印象"。杜威是胡适的老师，胡适是杜威实验主义哲学的忠实信徒和在中国的卖力传播者。杜威认为印度学者"装腔作势"为"东方观念"辩护，胡适则亦步亦趋，认为印度学生"说的不是良心话"，他们师生二人异地同声，隔空相应，倒是颇为一致的。

当了一回美国女孩的"玩偶"

荷洛德·雷格曼（Harold Riegelman）是美国有名的大律师，他和胡适是康乃尔大学的同学，在胡适任驻美大使期间，曾义务帮忙做中国大使馆的法律顾问。雷格曼有两个女儿，长女安·厄尔曼（Ann uuman），次女露易斯（Lois）。胡适一九二六年访欧回国时顺道去了一趟美国，完成哥伦比亚大学博士学位的正式手续。离开美国之前的一天晚上，他到老同学、老朋友荷洛德·雷格曼家里话别，并走进小孩卧室向雷格曼的两个女儿道声晚安。那时厄尔曼五岁，露易斯才三岁，姐妹俩同居一室，各睡一床，两床之间有一定距离。胡适先走到厄尔曼的床前，附下身去还没来得及说"goodnight"，小露易斯突然从被单里悄悄爬了出来，立在床边，一跃而起落在正弯着腰的胡适的背上。胡适猝不及防，像个玩偶似的被推倒在厄尔曼的床上，厄尔曼在他的底下，露易斯在他的上面，两个小女孩像做了开心的恶作剧似的格格格笑个不止，惹得雷格曼和他的夫人也大笑起来。

胡适当了一回两个美国小女孩的"玩偶"。

吃晚饭的时候，胡适对雷格曼夫妇夸赞他们的两个小女儿活泼可爱，生性真率，无拘无束，自幼养成了崇尚自由、尊重个性的"美国人性格"。他说：

"倘若有一个三岁一个五岁的中国小女孩，在早晨连同她们的玩偶被推到客厅的墙壁上，在晚上她们仍将安静的在同一个地方玩耍，而安静的吃过饭后，又将安静的上床睡觉，这简直就是不可思议的，……"

　　雷格曼听得出来，当胡适这么说的时候，并不包含褒贬的成分，只是在叙说一个富有哲学意味的观察。

　　从那以后，父亲的老朋友胡适就成了安·厄尔曼的粉丝。她在上中学时发愤研究胡适的生平和成就，一九三八年刚十七岁就写了一本《胡适小传》，分"生平"、"哲学"、"新文化运动"、"参考书目"四节。一个美国女中学生为中国大学者写传，难免没有一点错误，因为那时普通的美国民众对胡适尚无多少了解，如哥伦比亚大学一九三八年度的考试中有一道"胡适是谁"的试题，学生们的回答千奇百怪，有的说"胡适是华南的一种方言"，有的说"胡适是满洲的皇帝，他在一八九八年发动了改革。"比较起来，小小年纪的安·厄尔曼称得上是一个"胡适通"了，她写的《胡适小传》总的来说文字很流畅，叙事也很有条理，安·厄尔曼也因此成为替胡适立传的第一个美国籍的传记作者。胡适亲自用英文在安·厄尔曼的书稿前写了一段话：

　　"我们之所以为我们，我们所做的一切，我们所说的一切，都是永恒的，因为这些对于世界某一方面总会有影响，而这个影响又必在其他方面发生效果，如此辗转推进，在时间和空间上，永无穷尽。"

　　安·厄尔曼写的《胡适小传》的影印残本现存台北"胡适纪念馆"。

考证"赛乳会"

上海《时事新报》副刊《青光》上，有一篇江柳声作的《记伦敦妇女赛乳会》。开首写道："伦敦妇女界近忽发起一赛乳会，争奇斗胜，旖旎风光，实开千古未闻之新纪元。其事曾见该国之妆饰周报。于蒙旅英留学之张克嘉君转译录之，以实《青光》。可为世界女子束乳者，作一当头棒也。"然后就"发原之起点"，"开会之盛况"，"会后之提议"，依次作了详细报道。其中"精彩"一段云：

"……待彼一声号令，诸会员所披之纱，均不约而同齐去，全场美女出浴图之景色顿现。玉雪可爱，粉身并显，而奇峰特出之乳形顿异。有大有小，有扁有尖，有长圆而作下垂者，有扁圆而作紧裹者，离奇怪异，各式俱备。"

胡适经常对报刊上的不实报道提出批评。他刚从英国访问回来，对伦敦妇女的情况有所了解，认为《记伦敦妇女赛乳会》这篇报道所述绝对不是事实，完全出于伪造。为此他给《青光》主笔写去一信，并要求发表。一贯热衷于考证的胡适，举了报道中几个十分可笑的例子：

一、"铃声珰珰，琴声琤琮，曼丽福郎女郎……入场登主席席位矣。"记者不知道这摇铃开会是咱们自己的习惯，决不会在伦敦的一个大旅馆中出现的。

二、"口号录下"："打倒束乳主义"、"拥护英国赛乳会"、"赛乳会万岁"。唱口号闭会也是我们贵国的文明习惯，还不曾流行到半开化的英伦三岛。

以上两条如果还有待商榷的话，那么胡适举出的第三条就颇有说服力了：

三、第一名锦标为琼斯塔蔓伯爵夫人，以乳部四十五磅、周围三十方寸当选。"这未免太滑稽了。主笔先生，请你想想，四十五磅牛肉有多大一堆？四十五磅的人肉堆在一个妇女的胸前，是个什么样子？况且两个乳部怎样用秤称、而知为四十五磅重？是否割下来过秤、再装上去？况且'周围三十方寸'是怎么量法？试假定一块人肉长五寸，阔六寸，面积为三十方寸，请问，这小块人肉如何能有四十五磅重？"

在提出了以上一连串让记者无法回答的质问后，胡适表明了自己严正的态度，说道：

"这种胡说，不应该打倒吗？"

胡适的这封信让《青光》主笔哑口无言，他们唯一能做的就是既不复信，也不刊登胡适的信函。不过这也难不倒胡适，胡适后来把信转给《晶报》作材料了。

"这样腰肢我无有"

著名东晋田园诗人陶渊明，系浔阳柴桑人，今江西九江西南有一个地方叫栗里，相传就是陶渊明的故里。此处离庐山很近，故陶渊明有"采菊东篱下，悠然见南山"的名句流传至今。

一九二八年四月间，胡适曾携儿子祖望，和高梦旦、昆三等从上海乘船到九江，上庐山畅游。庐山是著名的游览胜地，又是国民政府的"夏都"，每到盛夏季节蒋介石等党国要人都会离开有"火炉"之称的首都南京，跑到庐山上来避暑、办公。庐山的历史遗址、著名景点也很多，历朝历代许多文人墨客都在庐山留下了他们的足迹。

胡适等乘坐轿子，特地去寻访了庐山脚下陶渊明的故里——栗里。胡适在轿中翻看宋周必大《庐山后录》，上面记载着："访栗里，求醉石，土人直云，此去有陶公祠，无栗里也。"《桑乔疏》也说"去柴桑桥一里许有渊明的醉石"。旧《庐山志》说："醉石谷中有五柳馆、归去来馆"，名称显然皆从陶渊明《五柳先生传》和《归去来兮辞》脱胎而来。但胡适实地查看，"醉石"也好，"陶公祠"也好，"五柳馆、归去来馆"也好，都已经不复存在了，只在来的道上见一石碑，书有"柴桑桥"三个大字，说明这里确系陶渊明故里——古名浔阳柴桑。《五柳先生传》实际上就是陶渊明为自己写的一篇小传，或者说是他的自画像："宅边有五棵柳，因以为号焉"，居此虽"环睹萧然，不蔽风日。短褐穿结，箪瓢屡空"，但"常著文章自娱"，"忘怀得失"……

《庐山后录》里有一首前人题诗，引发了胡适的感触：

> 五字高吟酒一瓢，庐山千古想风标。
> 至今门外青青柳，不为东风肯折腰？

四月正是庐山一带春光大好的时节，嫩绿的柳枝在春风中摇曳。胡适忽然从前人题诗中得一感想：陶渊明因不愿在官场上折腰而"自免去职"，归隐田间，为什么他又偏爱最会折腰的柳树呢？甚至自称是"五柳先生"呢？疑问催生了灵感，灵感产生了诗篇，胡适遂"戏用此意"写了《陶渊明同他的五柳》：

> 当年有个陶渊明，不惜性命只贪酒。
> 骨硬不肯深折腰，弃官回来空两手。
> 瓮中无米琴无弦，老妻娇儿赤脚走。
> 先生吟诗自嘲讽，笑指篱边五棵柳：
> "看他风里尽低昂：这样腰肢我无有。"

胡适说这是一首"戏作"，但"这样腰肢我无有"既是对陶渊明的赞颂，也可视为胡适对自己的勉励。

对政府的三个要求

　　一九二八年胡适从欧洲访问回来以后，应几位朋友邀请去了一趟南京。五月十八日出席全国教育会议，第二天中午又与朱经农、张奚若、钱端升一起赴国民政府的午宴。宴会比较简单：每人只有一盘菜、一盘面包、一杯饮料，而且不设座位，大家都站着吃，所以吃得很快。胡适他们因为到得晚了，午宴已近尾声，被安排在了一根大柱子的旁边，只吃了个半饱。

　　那时谭延闿（祖庵）担任国民政府的主席，他在午宴上发表了长篇演说。其他出席午宴的党政要员尚有张之江、何应钦、于右任、李烈钧等人。来宾们公推许崇清致答谢词，不料朱经农却捉弄人，让许崇清宣布请胡适讲几句话。鼓掌声顿时四起。胡适只好即席讲话了，大意是说：

　　"谭先生希望我们来做建设事业，这个担子我们不敢放弃。这次全国教育会议上我们有四百件提案，其中大半都可以说是为国家谋建设的方案。但这些方案的实行须要有三个条件，所以我们对政府有三个要求——"

　　胡适说到这里故意停顿了一下，为的是吊足大家的胃口。这是讲演的技巧之一："欲知后事如何，且听下回分解。"大家洗耳恭听下文，只见胡适提高了一些声调说道：

　　"第一，给我们钱。第二，给我们和平。第三，给我们一点点自由。"

　　国民政府委员宋渊源等胡适讲完以后，立即发言说："胡适之先生要求的三件，和平与自由都是总理遗嘱中有的！钱虽没有，只须采用我前天提议的国货银行的办法，就有钱建设了！"

　　胡适对宋渊源讲的话很不满意，心想："这样的浑人真替国民政府丢丑！"

　　因为在午宴上实在没有吃饱，散席后胡适又赶到秦淮河，在蔡元培及其夫人的家宴上，放开肚子大吃大喝了一通。

他对政府提的那三个要求，各报在发表时都将第三个"给我们一点点和平"，删去了"一点点"三个字，胡适认为"这失了我的原意"。究竟他的"原意"是什么却没有作进一步解释，我们不知道是他自己对"和平"的要求不高，只有"一点点"呢？还是他对国民政府的期望值不高，能给"一点点和平"就阿弥陀佛了？……

"你本来就是反革命！……"

国民政府一九二七年四月十八日在南京建都后，六月改原教育部为大学院，由蔡元培出任院长，吴稚晖、胡适等人为委员。大学院是全国最高学术教育行政机关，另外仿照德国教育体制设立若干大学区。北平为一个大区，统称北平大学，原先的北大降格为下辖的一所分院。

一九二八年六月十五日在大学院召开的全国教育会议上，蔡元培提出北大改名为中华大学，并请决定任命李石曾为校长。胡适对李石曾一向印象恶劣，他发言说北京大学之名不宜废掉，李石曾派别观念太深，不宜担任校长。吴稚晖意见则与胡适相左，断言北大之名宜废，李石曾"天与之，人归之"，"除了石曾之外，还有谁人能去做中华大学校长？"别的委员们也各抒己见，争执不决。胡适转而求其次，主张"维持国府原案，蔡先生仍为校长，由石曾先生代理。"吴稚晖指责胡适"要用蔡先生去牵制李先生"，说这种行为是"蜀洛相争"。胡适忍不住了，辩白道蜀洛相争是没有的事。

吴稚晖直跳起来，说："没有！怎样没有？他们不曾通缉易寅村先生、李石曾先生和我们吗？"

他重提当年北大两派斗争的历史：一九二五年在"女师大"事件中，李石曾力主北大独立，与北洋政府脱离关系，而胡适投了反对票。旧事重提，让胡适心中很是恼火。他对吴稚晖说："没有的事！我们几个熟人之中，人格上总信得过，不是他们干的事。"

吴稚晖干脆离开座次，跳起来朝胡适大声嚷道："你本来就是反革命！……"

胡适气愤不过，会后向蔡元培院长提出要辞去大学院教育委员会委员职务。不仅如此，第二天他还给吴稚晖写了一封信，连讽刺带挖苦地诘问道：

"昨日会议席上，先生曾明对我说，'你就是反革命'。我不愿置辩，因为我并不很懂得'反革命'三个字是什么样的罪名。我是一个糊涂人，到今天还不很明白，今日所谓'革命'是怎样一回事，所以也就不很明白'反革命'是怎样一回事。今天从南京回来，就去寻前几个月公布的《反革命治罪条例》，想做一点临时抱佛脚的工夫；不料寻来寻去，这件法令总避不见面。我没有法子，只好来求先生；倘万一先生有空闲时间，务请先生顾念一点旧交情，指示我犯的是《治罪条例》第几条，使我好早点准备，免得懵懵懂懂地把吃饭家伙送掉了无法找回来。这是性命交关的事，故敢麻烦先生，千万请先生原谅。"

这次尽管互相闹得很不愉快，但并未从根本上动摇胡适和吴稚晖的关系。他们毕竟是一路人，属于同一个营垒，彼此以"党国"为重，不计前嫌。

南京紫霞洞求签

五月二十日是星期天，全国教育会议休会，胡适和蔡元培先生的夫人，以及杨杏佛、朱经农、杨端升、张奚若、高君珊、周仲奇、周子敬、陈剑脩等外出游览，先到第一农场，后由杨杏佛提议，去紫霞洞求签。这些人都是文化教育界的精英人士，并不迷信于求的签文、签诗好不好，灵不灵，只不过是求一求，乐一乐，忙中偷闲，放松一下心情而已。

他们一行人到了紫霞洞，坐下来吃茶谈天，唯独陈剑脩因为婚姻出了问题，有些闷闷不乐的样子。于是大家一致决定先替陈剑脩求一神签，胡适是个热心人，便取过签筒来抽出一签，是第十七签。陈剑脩接过来一看，跳起来说：

"不灵！不灵！别人抽的不算！"

他自己走过去，抽出一签。这一签大概是灵了，因为陈剑脩没有再说"不灵！"的话。大家凑过去想看看签上到底写了什么？不知是谁把它藏了起来，拿回去当纪念品。

随后众人一一求签。杨杏佛抽得第九签："时运大通之象"，签诗是这么四句：

拨开云雾睹青天，况是中天月正圆。

匹马通衢无阻碍，佳声美誉得争传。

这后面两句胡适误记为"斜照一鞭归去也，路人争道马如飞。"之所以记错了，一则是因为那一天杨杏佛是骑马来的，二则是胡适的记忆出了差错。后来他对此有所说明。

轮到胡适的时候，他抽到的是第十二签："安贫守正之象"，四句签诗是：

恶食粗衣且认真，逢桥下马莫辞频。

流行坎坷寻常事，何必区区诌鬼神。

有一家报纸以《紫霞洞求签记》为题，报道了这次活动。其中胡适代号为"庚先生"，文章是这么写的："庚先生去年归国，在上海做了一年的野鸡教员（即在中国公学任教——引者注），足迹不到南京。这回初次到新都来观光（一九二八年国民政府建都南京，相对于旧都北京而言，南京是新都——引者注），便有一家促狭的报纸，说他奉'要人电召'而来，今天在这里还要受山鬼的揶揄，真是活该！"最末一段是："听说庚先生第二天就搭车走了，临行时还把紫霞洞的签诗贴在他的日记里，并且发了一个大誓。誓词的内容，待探明报告。"——小报往往用这种手法来吊读者的胃口。

而对于这次在紫霞洞求签一事，胡适自己除了将签诗附在日记中以外，还说了下面一段话：

"……大家都各求一签，大都无甚意义。独有我的一签的签诗奇怪之至。文字也很通顺。我这番来南京，真所谓'诌鬼神'也！"

他这样说是因为他有郁闷：就在这次全国教育会议上，吴稚晖当场骂他是"反革命"，并且由于大学改制问题，胡适和他素来敬仰的蔡元培先生产生了一些过节。

为先人撰写碑文

　　胡适老家是安徽绩溪上庄,那里群山环抱,常溪河自西向南潺潺流过,有两句诗"其山清以旷,其水环以幽"就是对它最好的写照。祖父胡奎熙做茶叶生意,父亲胡传考中秀才,后入仕途。一九二八年正月底,胡适的妻子江冬秀回绩溪上庄,替胡适为祖父母及父母造坟,她每天上山督工选料,出了许多力,吃了不少苦,但直到六月初尚未完工。坟墓的图样是程士范帮助绘制的。坟前有墓碑,胡适请擅长书法的郑孝胥题碑,曰:

　　　　胡公奎熙及其妻程夫人之墓。
　　　　胡公传及其继配冯夫人之墓。

　　胡适的生母冯顺弟系胡传四十八岁时续娶之妻,故而碑题"继配冯夫人"。程士范绘制的图样上,为胡适预留了一块纪念碑。胡适本来不打算另立墓碑了,江冬秀几次来信催要,一定叫胡适把碑文写好,以便她在家时刻好收功,免得将来再托人办理,增加许多麻烦。胡适觉得江冬秀说得有道理,就遵照她的嘱咐,写了一篇纪念性的碑文:

　　　　先人有训,"循理之正,谨乎庸言,勉乎庸行。"
　　　　唯吾先人,实践斯言。不怍于人,不愧于天。
　　　　群山逶迤,溪水清漪。唯吾先人,永息于斯。

另外还加了两行小字——

　　　　两世先茔,于今始就。

谁成此功，吾妇冬秀。

　　一九二八年六月四日，胡适将自己写好的碑文从上海给妻子寄了去。碑文虽短，却也完成了他的一桩心愿，表达了对先人的崇敬与怀念，也记载了妻子江冬秀的一份功劳。

提倡公墓

　　安徽绩溪是胡适的桑梓之地。旧时徽州人迷信风水：富有人家不惜耗费重金建一坟墓，花费足够贫困人家盖一座平房；中等收入之家也不会简陋从事，必选聘堪舆家觅定墓地，择吉日安葬，否则停枢经年累月者也不鲜见。人人抱着"一若扦得牛眠，立时可以致富做官"的期望，因而徽州一带山冈平地，垒垒堆冢触目皆是，好似美玉之肤弄得千疮百孔。作为新文化和新思想倡导者的胡适，对此痛心疾首，直言道：

　　"徽州是风水之学的中心，所以坟墓也特别讲究。徽州的好山水都被泥人木偶和死人分占完了。究竟我们徽州人受了风水多少好处呢？我们平心想想，不应该及早觉悟吗？不应该决心忏悔吗？"

　　胡适和胡运中、汪孟邹、程（铁）华、程士范等绩溪名宿一起，力图改革家乡的陋习，在绩溪新辟一处"止原公墓"，胡适并为此专门写了一篇文章《公墓启》予以鼓吹。

　　文章一开头胡适便说："最文明的葬法是用电火把尸首烧成灰，装进一个小盒子，然后下葬。这个办法，既洁净，又不占地方，又容易保存。但我们在这个时代，多数人还做不到这种最文明的葬法，只好在土葬上想出比较方便的公墓办法。"

胡适接着详细讲了公墓怎样建立及其种种好处："公墓的办法是选定公共墓地，做好坟墓，由私家备价分葬，每棺只许点一定的地。这个办法有几层好处：

第一、可免去私家寻地做坟的困难；

第二、可以立时安葬，免得停丧不葬；

第三、可以破除风水的迷信；

第四、可以省地；

第五、可以省费；

第六、可以稍稍讲究建筑的壮丽，墓树的培养，而不必由私人独立担负重大的费用；

第七、看守照应可由公家担任，可不愁损坏了无人过问。"

胡适在文章的最后，"盼望明白事理的同乡都能热心赞助这件美事"。《婺源通讯》刊登了胡适的这篇文章，《公墓启》风行一时，成为移风易俗的范文。胡适则说这是他"无心插柳柳成荫"。

"只有高兴，绝不懊丧"

一九二九年一月初，胡适赴杭州出席中华教育文化基金董事会第三次年会。会后一位朋友给他寄来一份小报《金钢钻》，上面有一篇题为《胡适之扫兴而回》的短文，作者署名"英俊"。文章说：

"胡适之博士往昔对于收回庚子赔款运动颇为卖力，故得历任委员，其公费闻每月有千金之巨，胡博士生活上能稍稍舒适者，赖此故耳。最近庚子赔款委员会改为文化基金委员会，在杭州开会，胡博士欣然而往。在会中充任记录，态度非常从容。嗣因颜惠庆等旧董事已表示辞职，本人亦系旧董事之一，自应抱同一态度，遂亦联带辞职。讵各董事对文化基金委员会早有成算，故胡博士等六人辞职书一经提出即议决照准，另推新董事继任。这一来胡博士正如青天霹雳，懊丧异常，在杭盘桓一夕，即扫兴而回。今后胡博士生活上恐将大受影响矣。"

胡适看罢，禁不住哈哈大笑了。世人往往鄙夷小报无聊，无聊小报捕风捉影，造谣惑众，这是小报惯用的伎俩，也是他们赖以吃饭的看家本领。胡适提起笔来，当即给《金钢钻》报社写去一信，用事实予以驳斥，以正视听：

"主笔先生：

今天承一位不署名的朋友寄赠我一份五六九号的《金钢钻》，内中有一条《胡适之扫兴而回》的新闻，我读了忍不住要大笑。

这位'英俊'先生很关切我的'今后生活'，我很感谢。可惜他不曾打听打听，文化基金会的委员全是名誉的，不支俸给，也不支公费。只有到会时可支旅费。所以我的辞职决不会每月损失'千金之巨'，千万请'英俊'先生不要替我担忧。

至于他说我'历任委员'，也是错的。我做基金会董事，是民国十六年（一九二七）夏间开始的。惭愧得很，杭州的会还是我第一次到会哩！

至于他说'本人亦系旧董事之一，亦联带辞职'，也是错的。我是旧董事，却也是十七年（一九二八）任命的新董事。新董事是我去年向大学院辞过几次而没有辞掉的。今年辞的是旧董事，这回到会便是为辞职去的。所以辞掉之后，只有高兴，绝不'懊丧'。"

"英俊"先生究竟是何许人无考。

梦旦丈六十贺词

因为高梦旦年岁比胡适大许多，待人又亲切忠厚，所以胡适尊称高梦旦为"梦旦丈"。

高梦旦早年自号"崇有"，取自晋人裴頠《崇有论》，意谓崇尚实事，痛恨清谈。他晚年提出了几件改革的建议，用"都是小问题，并且不难办到"作为标题。胡适十分赞赏高梦旦的这种精神，这种志趣，认为："他一生做的事，三十年编纂小学教科书，三十年提倡他的十三个月的历法，三十年提倡简笔字，提倡电报的改革，提倡度量衡的改革，都是他认为不难做到的小问题。"这和胡适自己一贯提倡的"一点一滴的改良"、"一点一滴的进步"是一致的，所以胡适又说："他的赏识我，也是因为我一生只提出一两个小问题，锲而不舍的做去，不敢好高骛远，不敢轻谈根本改革，够得上做他的一个小同志。"

胡适在日记中还写了这样一段话："梦旦先生一生最得意的文字，只是几个小小的提议，如'周历'，如检字法，如'对于电报局的希望'中的取消译费及邮局转电等等提议，都是不费力而有大用的改革。他的电报一文开篇引何应钦的话'只是几个很小的问题，而且立刻可以办到'做'标语'。此言很可以表示梦旦的实验主义。世界的进步都靠这一点一滴的修正，故我说这是圣人之言也。"

胡适把高梦旦崇尚实事提升到哲学的高度，用他信奉的实验主义解释并说明高梦旦关注容易解决的小问题，以及产生的实际效果。这与其说他够得上做高梦旦的一个小同志，不如说他要引梦旦先生为同志——实验主义的志同道合者。

一九二九年三月高梦旦六十大寿，胡适作了一首词《好事近》以表祝贺：

"很小的问题，可以立时办到。"

　　圣人立言救世，话不多不少。

　　游山吃肉不输人，六十不知老。

　　这样新鲜世界，多活几年好。

　　过了一些时候，有一天高梦旦对胡适说："你那首贺词，第五句要改一改。"

　　胡适问："'游山吃肉不输人'难道不好么？"

　　高梦旦说："近来人家多请我吃肉，实在干不了。这一句最好能稍稍改动，略带说我一生崇拜科学的意思吗？"

　　胡适明白了他的想法，便从"梦旦"原是在茫茫长夜里想望晨光的到来，就本着这个意思将"游山吃肉不输人"改为了"一生梦想大光明"。高梦旦很是满意。

"光华事件"

　　一九二九年胡适在《新月》杂志上接连发表政论，批评国民党当局钳制思想言论自由，践踏基本人权。罗隆基也在《新月》上发表文章，反对国民党实行一党专政。他们秉持相同的自由主义立场说话，恰如两个坐在同一条"新月"板凳上的难兄难弟，分别受到了国民党当局的惩处：胡适被迫辞去了中国公学校长职务，罗隆基则被当局逮捕。因罗隆基时任上海光华大学教授，人们将他的被捕称之为因《新月》而引发的"光华事件"。

当时张群任上海特别市市长，宋子文任财政部长，他们都是国民党政府里面的重要人物。蔡元培是早年加入同盟会的元老，是国民党中央监察委员，时任中央研究院院长，讲话也有相当的分量。胡适利用他同这些国民党上层人物的关系，在第一时间即刻展开营救，使得罗隆基未入狱即保释，免除了囚禁刑讯之苦。

然而案子并没有了结。国民党政府教育部电令光华大学："罗隆基言论谬妄，迭次公然诋諆本党，似未便任其继续任职，仰即撤换。"光华大学校长张寿镛将教育部电令抄了一份给罗隆基，并叫人劝他以后不要去学校上课了，光华仍按月给他二百四十元薪俸。

胡适知道后对张寿镛说："承先生把我当作畏友，我老实说，先生这个办法是错的。你最好装作不看见，不知道他来上课。你若禁止他，用什么法子？叫警察？调兵？用学生？"

张寿镛说："我一定装作不知道。"

张寿镛去南京拜谒了蒋介石。蒋介石不大了解罗隆基，便问："这人究竟怎么样？"张寿镛答道："一个书生，想作文章出点风头，而其心无他。"蒋介石又问："可以引为同调吗？"张寿镛连说："可以，可以！"

张寿镛从南京回到上海后，向胡适讲了讲晋见蒋介石的情况。胡适听了张寿镛转述的他与蒋介石的那几句对话，忍不住要笑了，对张寿镛说："话不是这样说的。这不是同调的问题，是政府能否容忍'异己'的问题。"张寿镛听不懂胡适说的这些话。胡适请他把呈文正式抄一份给罗隆基，同时叫罗隆基体面辞职，"说明反对原则，而不欲叫光华为难。"

由《新月》而引发的"光华事件"，最后惊动了党国领袖蒋介石，胡适因祸得福，通过陈布雷与蒋介石搭上了关系。

胡适逸闻

"原件退还"

胡适留学美国期间，曾在哥伦比亚大学师从实验主义哲学家杜威，蒋梦麟则是杜威执教哥伦比亚大学师范学院时的学生。蔡元培执长北大时，曾聘请蒋梦麟任总务长，胡适一度代理教务长。蒋梦麟以后到南京当了国民政府的第一任教育部长。胡适在上海担任中国公学校长期间，由于《人权与约法》等文章以及批评孙中山"知难行易"招致了国民党当局的严重不满，教育部奉令对胡适加以警告，并由部长蒋梦麟签署第一二八二号《令中国公学》训令。胡适不服，他不仅将教育部训令原封不动地退给了教育部长蒋梦麟，还挑出了其中含糊笼统之处，并改正了几个错字。

> 梦麟部长先生：
>
> 十月四日的"该校长言论不合，奉令警告"的部令，已读过了。
>
> 这件事完全是我胡适个人的事，我做了三篇文字，用的是我自己的姓名，与中国公学何干？你为什么"令中国公学"？该令殊属不合，故将原件退还。
>
> 又该令文中引了六件公文，其中我的罪名殊不一致，我看了完全不懂得此令用意所在。究竟我是为了言论"悖谬"应受警告呢？还是仅仅为了言论"不合"呢？还是为了"头脑之顽旧""思想没有进境"呢？还是为了"放言空论"呢？还是为了"语侵个人"呢？（既为"空论"，则不得为"语侵个人"；既为"语侵个人"，则不得为"空论"。）若云"误解党义"，则应指出误解哪一点；若云"语侵个人"，则应指出我

的文字得罪了什么人。

贵部下次来文，千万明白指示。若下次来文仍是
这样含糊笼统，则不得谓为"警告"，更不得谓为"纠
正"，我只好依旧退还贵部。

又该令文所引文件中有别字二处，又误称我为"国
立学校之校长"一处，皆应校改。

胡适之所以敢这么做，一来是表示不惧高压的骨气，二来是显示自
己作为"白话文学"倡导者咬文嚼字的功夫，第三恐怕也是因为蒋梦麟
与他同出杜威门下，又一起在北大共过事，他知道蒋梦麟只不过是奉令
行事，公文照转，不会把他怎么样。

一九三〇年十二月蒋梦麟辞去教育部长职务，并于次年一月正式出
任北京大学校长。胡适辞去中国公学校长后从上海回到北京，重返离别
三年无时不在"牵记"与"留恋"的北大，并担任了文学院院长。两个
老朋友又在一起共事了。

苏州女：抬轿和刺绣

苏州古称姑苏，同杭州并称"人间天堂"，素以美女和刺绣闻名。

一九二九年七月三日，胡适带着江冬秀和两个儿子，连同丁庶为夫
妇及其儿子，一行七人去游苏州太平山。在最高处"万笏朝天"的岩石
上观太湖盛景，是他们此行的目的，但要爬上去谈何容易？幸好太平山
下的轿子是有名的，轿夫除了多为青壮年男劳力外，还有妇女抬轿。这

恐怕才是太平山轿子远近闻名的真正原因，——别的名山如泰山、庐山、峨嵋山等虽然也有轿子，但未听说有妇女当轿夫的，因为抬轿子犹如负重登山，是一项繁重的体力劳动，有的男人都吃不消。

胡适他们大小七人，雇了五顶轿子，轿夫共十一名，其中妇女六人，占了多一半。她们的气力一点儿也不比男轿夫差，一路上山个个都挺着身子抬轿，并且抢着要抬。抬轿的价钱也很便宜：上山来回一趟只要一块钱，平均每个轿夫只得二角五分！春秋旅游旺季，游人很多，抬轿的价钱翻了一倍，但轿夫每人所得也只有半元而已。胡适过去（一九一七年）曾经写过一首《人力车夫》，诗中车夫年仅十六，所以："客告车夫，'你年纪太小，我不坐你车。我坐你车，我心惨凄'。"今天坐在轿子上，亲眼见到轿夫如此辛苦，收入又如此微薄，胡适心中不禁万分感慨：

"真是岂有此理！"

说实话，胡适很为这些负重上山的轿夫们感到不平。不过，他不知道轿夫抬轿是否男女同工同酬，若不是，则是需要改革的社会问题了；信奉实验主义的胡适一贯主张一点一滴的改良，太平山下抬轿就是一"点"一"滴"。

苏绣是闻名于世的。胡适来太平山时路过乡村，见家家门口都有妇女在刺绣，绣的是大件礼裙。女人们低头做这种细活，据说好手一年可以得到八九十元的工钱。七月是盛夏，若在春秋两季来太平山的游客多时，这些刺绣的妇女们便是候补的轿夫，丢下手中的细活去干重体力劳动。"身处天堂中，实则卖苦力"，这就是当地乡村妇女们年复一年的生活。

怎么办呢？一点一滴的改良终难使她们从刺绣兼抬轿的苦况中摆脱出来。

"寒山寺"之一解

胡适在苏州还去了寒山寺。

寒山寺以唐·张继的一首诗《枫桥夜泊》而享盛誉，去苏州的人无不前去一游，都想领略一下诗中的意境。据说这首诗在日本最受欢迎，它有些类似于《万叶集》中的短歌，人人能唱，胡适在东京访问时就听日本人唱过《枫桥夜泊》。

胡适觉得这首古诗的意境最近于印象主义，他用新式标点，使这一特点变得更加明显和突出：

月落，乌啼，霜满天。
江村渔火，对愁眠。
姑苏城外寒山寺，
夜半钟声到客船。

历来解释寒山寺因寒山而得名。据《太平广记》五十五，寒山子在大历中隐居天台山，而非姑苏城外的寒山。我们知道，张继系唐大历诗人，中过进士，当过检校祠部员外郎（系一官职）。既然他写《枫桥夜泊》时寒山本人不在寒山寺而在天台山，那么寒山寺就不会是因寒山而得名了，胡适认为"寒山寺"只是说"姑苏城外寒山里的一个不知何名的寺名"；《枫桥夜泊》写的是"半夜里发出的钟声（传）到客船上来"。《枫桥夜泊》一诗当作如此解读。"江枫渔火"据俞曲园校本应为"江村渔火"。如果寺在枫桥，船又停泊于枫桥，若有钟声必近在耳旁，弄得不好与噪音无二，远不如从远处若隐若现的山寺里传出来的钟声浑厚而又悠扬，有如天籁之音一般使人陶醉在梦境之中，因而感人之深非前一种解释可比。

当然，这只是胡适的一家之言。

不拘一格，重用人才

一九二九年胡适和顾颉刚相继到苏州中学讲演，时在苏州中学任教的钱穆得以同他们相识。胡适名气太大，钱穆起初大概还不敢高攀，他只将自己著的《先秦诸子系年》稿本请顾颉刚指教。顾颉刚阅后对钱穆说："君似不宜长在中学教国文，宜在大学中教历史。"后来钱穆果然由顾颉刚推荐，于一九三〇年秋到燕京大学做了国文系的讲师，这一年他正好三十六岁。

顾颉刚是胡适的高足，两人见面的机会很多，学术上多有切磋。胡适在苏州中学讲演时对钱穆的印象也不错，加之顾颉刚为其鼓吹，所以也就把钱穆纳入了他的学术视野之内。自学成才的钱穆也真是争气得很，在这一年的《燕京学报》第七期上推出《刘向刘歆父子年谱》，对康有为的《新学伪经考》大胆提出驳正，从而一炮打响，成为学术界升起的一颗明星。

胡适看过这篇文章后，对钱穆的学术水准及学术勇气颇为赞赏，认为"《钱谱》为一大著作，见解与体例都好。"一九三一年夏钱穆未被燕京大学续聘，他临离开北平之前去向胡适辞行，不巧胡适不在。次日即致胡适一函，除表示"昨来城拜谒未得晤教，深以为怅"外，特请胡适为他的《先秦诸子系年》介绍出版并写序：

"先生终赐卒读，并世治诸子，精考核，非先生无以定吾书。倘蒙赐以一序，并为介绍北平学术机关为之刊印，当不仅为穆一人之私幸也。"

请名人写序和介绍出版是文坛的通例，一般来讲作者总是请声望比自己高、学问比自己大的长者贤者，为自己的著作写序以为推荐。在钱穆眼里，胡适就是这样的一位长者贤者。其实胡适只比钱穆大四岁。

胡适这时担任北大文学院长。钱穆虽无大学学历却有大学问，虽仅为燕京大学讲师，却有惊世文章令学界瞩目。胡适本人是"海归"教授，拥有的博士头衔至少一打以上，但他重学历而不唯学历，根据"不拘一格用人才"的原则，聘任钱穆为北京大学副教授。钱穆被燕大解聘之后，意外得到了北大的聘书，而且由讲师升为副教授，自然喜出望外，对胡适满怀感激之心。

　　季羡林在清华大学读书时，受陈寅恪先生的影响，种下了研究梵文和巴利文的种子。在德国留学十年期间，先后师从讲授印度学的瓦尔德施密特教授和西克教授。第二次世界大战结束后，陈寅恪把季羡林推荐给了时任北京大学校长的胡适。胡适不拘一格，重用人才，聘请季羡林为北大教授兼东方语言文学系主任。那一年季羡林仅三十多岁，一步迈入中国最高学府又获最高学衔，可以说胡适对他有知遇之恩，季羡林自己则抓住了一次难得的机遇：

　　"我从小就读胡适的书，从我这一方面来讲，我们算是神交已久。从年龄上来看，我们是相差一个辈分。当他在北大教书最辉煌的时期，我还在读中学，无缘见他，也无缘听他的课。上大学时，我上的是清华大学，所以始终没有一面之缘。我在德国呆了十年之后，由于我的恩师陈寅恪先生的推荐，当时北大校长正是胡适，代理校长是傅斯年，文学院长是汤用彤，他们接受了我，我才能到北大来任教。作为全国最高学府的北大，门限是非常高的，学生进北大不容易，教师就更难。而我一进北大，只当了一两个星期的副教授——这是北大的规定，拿到外国学位的回国留学生只能担任副教授，为期数年——立即被提为正教授兼东方语言文学系主任。当时我只有三十几岁。因此，我毕生感激他们几位先生对我有知遇之恩。"

"我可没有那厚脸皮"

在现代文学史上，最有资格获得诺贝尔文学奖金的当数胡适和鲁迅，而且理由十分充足：胡适率先倡导"文学革命"，某些人称誉他是"中国文艺复兴之父"；鲁迅是中国革命文学的旗手，以作品向世界展示了中国现代文学的创作实绩，尤其他的短篇小说更是世界文学上一个突兀的高峰。的确都有人提出过应将诺贝尔文学奖授予他们，不过两人最终都与诺贝尔文学奖擦肩而过。

瑞典探险家Sven Hedin（斯文·赫定），是瑞典国家学会（即瑞典皇家学会）十八位会员中的一位。一九二七年他在上海时，曾通过刘半农，郑重地提出推举鲁迅为诺贝尔文学奖金的获得人。刘半农请台静农给鲁迅先生写信，转告了这个意思。鲁迅委婉地回绝了，他在给台静农的回信中说："请你转致半农先生，我感谢他的好意，为我，为中国。但我很抱歉，我不愿意如此。"原因鲁迅自己也说得很明白："诺贝尔赏金，梁启超自然不配，我也不配，要拿这钱，还欠努力。……我眼前所见的依然黑暗，有些疲倦，有些颓唐，此后能否创作，尚在不可知之数。倘这事成功而从此不再动笔，对不起人；倘再写，也许变了翰林文字，一无可观了。还是照旧的没有名誉而穷之为好罢。"

还是这位钟爱中国文学的Sven Hedin（斯文·赫定）先生，一九二九年二月底的一天，同胡适、陈万里、杨宪武以及美国驻华公使一起，乘火车从北平到上海。Sven Hedin（斯文·赫定）又当面向胡适提出，可以推举胡适为诺贝尔文学奖的候选人。"他希望提出我的名字，但希望我把我的著作译成英文。"胡适在日记中这么写道。

如果换了当今文坛上的那些个"诺奖迷"，肯定乐得屁颠儿屁颠儿的了，他们十之八九会找关系，走门子，求爷爷告奶奶似的四处央求外国人，把自家高粱地里长出来的杂草"翻译"成金香玉，把自己胡乱"码"

出来的土坯房"翻译"成白金汉宫,并以此"走向世界"。但是胡适却不为 Sven Hedin(斯文·赫定)的建议所动,他说:

"此事我有我的意见。如果他们因为我提倡文学革命有功而选举我,我不推辞;如果他们希望我因希冀奖金而翻译我的著作,我可没有那厚脸皮。我是不配称文学家的。"

被"遗忘"了的"胡评"

众所周知,鲁迅、郭沫若、茅盾、巴金、老舍、曹禺,是现代文学史上六位语言艺术大师。按照以往从意识形态和政治立场来划分,鲁、郭、茅属于左翼,巴、老、曹属于进步作家,胡适则是右翼资产阶级的代表。然而当初他们都"统一"在"新文学"的旗帜之下,所谓"左翼"、"右翼"是五四新文化运动之后逐渐演变、分化出来的,胡适在新文化运动中的首倡地位不应否定。

当年胡适对鲁迅、郭沫若、茅盾还有曹禺的一些看法,并未涉及意识形态和政治立场,主要是从作品本身着眼的。

鲁迅:"爱而知其恶,恶而知其美,方是持平。鲁迅自有他的长处,如他的早年文学作品,如他的小说史研究,皆是上等工作。"

郭沫若:"沫若在日本九州学医,但他颇有文学的兴趣。他的新诗颇有才气,但思想不大清楚,工力也不好。"

茅盾:"夜读沈雁冰先生的小说《虹》,此书作者自说要为近十年中的壮剧留一纪录。前半殊不恶;后半写梅女士到上海后的演变,似稍突兀,不能叫人满意。此书未写完,不宜骤出版。

作者的见地似仍不甚高。

读《虹》后，更读他的旧作《幻灭》。此篇浅薄幼稚，令人大失望。"

"读沈雁冰的小说，《动摇》与《追求》。《动摇》结构稍好，《追求》甚劣。"

曹禺："……今夜读了，觉得《日出》很好，《雷雨》实不成个东西。《雷雨》的自序的态度很不好。

《雷雨》显系受了 Ibsen 、O'Neil（易卜生、欧尼尔）诸人的影响，其中人物皆是外国人物，没有一个是真的中国人，其事也不是中国事。

《日出》是一大进步，其中人物稍近情理，也稍有力量。然不近情理处也还不少。如'小东西'，金八早要淫她了，而她卖到下处，却总因为'太小'，接不着客，岂非矛盾？《日出》写胡四、顾八奶奶都太不近情理。"

胡适的这些评说，由于众所周知的原因，多年来被人为地"遗忘"了。现在从他的日记和书信中翻检出来，或许对读者和研究者们有一定的参考价值。

第五章

看望友人老母

如前所说，胡适和朱经农原是中国公学读书时的同学，后又先后赴美留学。一九一七年七月胡适回国任北大文科教授，朱经农仍在美国半工半读。他在国内的七旬老母生活困难，胡适便从自己薪津中拿出一部分予以接济，这让朱氏母子甚为感动。

朱经农一九二一年回国在北京大学教育系担任教授，后又南下上海为商务印书馆编辑中、小学教科书。对于教育事业的共同关注与实践，使胡适和朱经农的友谊愈益深厚。

一九三○年十月二十日，胡适在北平去看望朱经农的母亲。此时朱母年已八十，病在床上，胡适见她老人家很是瘦削，但说话尚清楚，虽然有时也不免要讲些疯话。

朱母见胡适来看她，很是高兴，对胡适说："我是为了想你发疯的。"

胡适握着老人家瘦削的手，一再地安慰她。"你安心养病，我很快要从上海回北平来了，以后一定常常来看你。"

朱母说："这敢情好，我别无指望，只望可以常常见你一面。"

胡适听老人家这么说，心里颇为感动，他还没想好怎么回答，朱母却又接着说了："我的脑筋还可以恢复。你若肯教我，我还可以做点东西出来。"

"好，好！"胡适都答应了。

朱经农的胞兄朱我农这一年的年底病逝，临危时胡适曾去医院探视，并到朱家慰问我农、经农年迈的母亲。他在十二月七日的日记中写道："今天经农没有信来，傍晚我到我农家，始知我农今早七点死了。见到他八十岁老母，不胜感伤。"

胡适逸闻

159

"还有一个，梅兰芳"

梅兰芳一九三〇年赴美访问演出，有一个班子帮助他筹划、组织、宣传，其中有齐如山、张彭春等戏曲戏剧家，胡适虽不是这个班子的正式成员，但他为梅兰芳赴美演出也提供了不少帮助。

首先，出面邀请梅兰芳赴美演出的"华美协进社"，就是由杜威、胡适、张伯苓等中美学者发起组织的，担任总导演和总顾问的张彭春和胡适又是留美时的同学，同为实验主义哲学家杜威的弟子。负责筹划和组织的齐如山和胡适早就认识了，齐如山大概也是梅兰芳和胡适相识的中介：在《挽胡适之先生》一文中，齐如山曾说"在民国初年，他（胡适）常到舍下，且偶与梅兰芳同吃便饭，畅谈一切。"

胡适是北大著名教授，又是从美国留学回来的博士，堪称"美国通"，梅兰芳赴美演出岂有不请教胡大博士的道理？诸如美国的风土人情，美国人的艺术爱好，美国剧场的规模与设施，美国人究竟能否接受中国的京剧，哪些剧目喜欢看，哪些剧目又不喜欢看？……诸如此类，梅兰芳实在心中无底，于是便专程从北平到上海拜访胡适，就赴美演出的种种事宜进行咨询和商议。那时胡适访欧回来住在上海，据他一九二八年十二月十六日的日记，有"梅兰芳来谈"的记载，虽然没有写明具体内容，但正值梅兰芳紧张筹备赴美演出的关键时刻，谈话的内容显然与此有关。

为了准备赴美演出，梅兰芳一连几夜，专门为几位替他出谋划策的朋友演出拿手的剧目。用现在的话来说就是"审查"：剧目的安排、角色的搭配、哪几出戏可在美国演唱，哪几出戏不适宜在美国演唱。胡适自然在应邀之列，他平常不大喜欢看京剧，这一回可是大饱眼福（梅兰芳扮相俊美），也大饱耳福（梅兰芳嗓音典雅甜润）了。难怪他喜不自胜地说：

"他（梅兰芳）每晚很卖气力的唱两出戏，招待我们几个人去听，给他选戏。那时一连看了好多夜。梅兰芳卸妆之后，很谦虚，也很可爱。"

梅兰芳启程赴美时，胡适曾到码头送行。他还用英文写了一篇推介文章，题为《梅兰芳和中国戏剧》，刊载于旧金山欧内斯·K·莫编纂的《梅兰芳太平洋沿岸演出》专刊。文章多次称赞梅兰芳"是一位受过中国旧戏剧最彻底训练的艺术家"，"是个勤奋好学的学生，一向显示要学习的强烈愿望。"特别是梅兰芳周围的一些朋友，近年来为他"创作不少以他为主角的皮黄剧目"，如《千金一笑》《木兰从军》等，从而"他的一些新剧使研究戏剧发展的人士感到兴趣。"

梅兰芳的访美演出大获成功。中国的京剧艺术从此走向世界，和苏联的斯坦尼斯拉夫斯基、德国的布莱希特，并称为世界戏剧艺术的三大体系。梅兰芳本人成为京剧四大名旦之首，几乎家喻户晓。一九三〇年八月二十四日，吴经熊从美国哈佛大学回来，对胡适说美国只知道中国有三个人：蒋介石、宋子文、胡适之。胡适听罢笑道：

"还有一个，梅兰芳。"

第一次坐飞机

一九三〇年中国航空公司成立后不久，为了扩大影响，邀请几位名人乘他们的飞机在上海上空游览。也就是起宣传广告的作用。

受到邀请的名人有三：一位是前清的进士王人文，时年六十八岁，曾经做过川滇宣抚使；一位是岑春煊，近七十岁了，中过举人，二次革命时参予领导护法运动；一位是大名鼎鼎的胡适，"文学革命"的倡导者，彼时正担任上海"中国公学"校长。

胡适那一年虚岁四十，在受邀的三人之中年纪最轻，但名气最大。王人文和岑春煊毕竟都是老掉牙的旧人物了，而胡适却如日中天，无论事业名望都正处在春风得意马蹄疾的黄金时期。不过，他还没有坐过飞机。虽然几度出国，但到美国留学乘的是轮船，去欧洲访问是先坐火车后乘船。

接到中国航空公司的邀请，他很高兴地去了机场。

到了机场一看不免有些泄气：飞机很小，只有三个座位。难怪只邀请三个人了！

胡适心里有些怕，——这么个小飞机，玩意儿似的，能行吗？有没有危险啊？

"撤退"当然不可能。也丢不起那个脸面。

岑春煊第一个上了飞机。第二个是王人文——他老人家是让机场的人抬上去的，乖乖！

胡适心想两个六十多近七十岁的遗老都有胆子上去了，自己正当壮年，难道就无此胆量？

他硬了硬头皮，随后上了飞机，在座位上坐下来。一边想着要把做学问的"十字箴言"用在这回乘机飞行上，权当是践行"实验主义"哲学的一次试验："大胆的假设"能够飞上天，"小心的求证"可以落到地。

飞机在淞沪上空飞了一圈就降落了。胡适第一次坐飞机平安无事。

然而有朋友事后对他说："你错了！他们两位是到了年纪的人，已无所谓。你还年轻，犯不上冒险！"

胡适笑了笑，没有说话。

从实验主义哲学的观点看来，一切有意识的行为都含有思想的作用，思想乃是应付环境的工具。胡适何尝不是如此？

主持世界名著编译委员会

中华文化教育基金会一九三〇年七月在南京召开第六次年会时，决定设立编译委员会，由胡适任委员长（也有人称之为主任委员）。当时胡适制定了一个庞大的计划，其中一项是参照《哈佛丛书》的标准，选择在世界文化史上曾发生过重大影响的科学、哲学、文学等名著，聘请能手陆续翻译出版。人选分甲、乙两组，甲组有丁文江、赵元任、陈寅恪、傅斯年、陈西滢、闻一多、梁实秋，都是留学英美、精通英文的能手，有几个还是"新月"系里的小兄弟。

莎士比亚作品的翻译是其中重要的项目，最初决定由梁实秋、闻一多、徐志摩、叶公超、陈西滢分别承担，计划用五年至十年的时间完成一部莎氏全集的定本。胡适一九三〇年十二月二十三日在致梁实秋的信中，就此事提出了具体的步骤与设想：

"编译事，我现在已正式任事了，……顷与 Richards 谈过，在上海时也与志摩谈过，拟请一多与你，与通伯、志摩、公超五人商酌翻译 Shakespeare 全集的事，期以五年十年，要成一部莎氏集定本。此意请与一多一商。

最要的是决定用何种文体翻译莎翁。我主张先由一多、志摩试译韵文体，另由你和通伯试译散文体。试验之后，我们才可以决定，或决定全用散文，或决定用两种文体。

报酬的事当用最高报酬。此项书销路当不坏，也许还可以将来的版权保留。"

胡适考虑得很周到，把几位朋友的积极性都调动起来了，他们摩拳擦掌，跃跃欲试。在给梁实秋的复信中，胡适十分高兴地说："莎翁集事，你和一多即动手翻译，好极了。公超也想试译，并且想试试一种 verse 体。志摩刚来，稍稍定居后，大概也可以动手试译一种。"

但后来由于种种原因，其他四个人都没有动手，全部莎士比亚作品的翻译就由梁实秋一个人独自承担了。这是一件极繁难的任务，也可以说是一项重大的文化建设工程。在梁实秋翻译的过程中，胡适不仅寄予厚望而且给以关注。有一次，商务印书馆对梁实秋译的《奥赛罗》提出了三四点小疑问，写信给胡适想请译者复核一遍，胡适当即把译稿送梁实秋，并附上原函。他自己还特别叮嘱了梁实秋一句："此系学问上的商榷，想你不至介意。"

一生致力于英国文学研究的梁实秋，没有辜负"胡大哥"的重托与期望，他用长达三十七年的时间独立翻译了莎士比亚的全部剧作，及莎士比亚的诗作三卷。遗憾的是全部剧作未翻译完及出版，胡适就作古了，梁实秋怀着十分感激的心情缅怀道："领导我、鼓励我、支持我，使我能于断断续续三十年间完成莎士比亚全集的翻译者，有三个人：胡先生、我的父亲、我的妻子。"

"我是想做工"

无独有偶，就在胡适主持中华文化教育基金会编译委员会工作的第二年，即一九三一年的冬天，师从法国史学权威马第策、并获巴黎大学文科博士学位的黎东方，和他谈起了一套法文名著《人类进化史》，多达一百巨册，系由巴黎复兴书店出版。胡适听后很高兴，从中挑选了十册叫黎东方翻译成中文，纳入编译计划之中。他对黎东方说：

"译完了这十册，再把其余的九十册统统译出来，就更好。"

作为编译委员会的委员长，胡适可以分配、调用中华文化教育基金会为编译工作提供的资金。他让基金会的职员在每个月的第一天，便把二百五十块袁大头（银元）送到黎东方家，作为预付的稿酬。这在当时是一笔相当可观的报酬。待每一册译完交稿时，再按每千字二十元的标准与译者结算。黎东方用了一年的时间，译完了两册，即《从氏族到帝王》和《希腊城邦》。第三册《罗马政治机制》只译了一半便被迫中止了，因为他因支援东北抗日义勇军而得罪了北平的军政当局，不得不南下广州在中山大学教书糊口。而译完的那两册，由编译委员会将译稿交给上海商务印书馆，不料在"八一三"日军轰炸闸北时译稿又"失踪"了。《人类进化史》以后由别人翻译了若干册。

光阴似箭，日月如梭，转眼几十年过去了。在这期间，黎东方曾和傅斯年、李济等共同发起成立了中国史学会，他本人并有"细说体系列史书"问世，二十世纪五六十年代在美国和台湾的一些大学讲授中国文化。一九六二年二月二十三日，黎东方到台北南港"中央研究院"所在地看望胡适，他先在"中研院"图书馆参观了馆藏的珍本预展，其中有几十册《人类进化史》，黎东方不胜感慨地对图书馆兰主任说：

"我真对不起胡先生。倘若我一直不做别的事，而专心翻译这一套书，从民国二十年到今天，已经有了整整三十个年头，虽不能译完这一套书，也至少译了三四十册，不比干任何别的更有意义么？"

兰主任说："对啊！何不跟胡先生谈谈，旧事重提？"

黎东方摇了摇头，意思是如今人老珠黄，已力不从心了。他这次来南港，非为别事，乃是专门为了向胡适送上一本近著《细说清朝》（"细说体系列史书"之一）。前些时胡适的秘书王志维告诉他，胡适先生已经预约定购了这本书，黎东方既感动又觉得惭愧，认为自己应主动送胡适先生一本并请予指教才是，所以在见面之后，他首先向胡适表示歉意：

"我应该赠送您一部，不该劳您破费的。"

胡适笑着对黎东方说："你送我一部，更好。我留下你签名送我的，把预约的那一部转送中央研究院。"

几十年的老朋友倾心交谈起来。

胡适问黎东方："我忘了你的年龄。你是民国人吧？"

黎东方答道："也老了，是清朝的人呢，光绪三十三年生。"（黎一九〇七年出生于江苏东台县，原籍河南正阳）。

胡适说："你还年轻，比我小八岁。我羡慕你。你可以随意工作，还可以工作很多年。我是想做工，而医生不许我做。"一边说一边"唉——唉——"地长叹了好几声。

这次谈话的第二天胡适便与世长辞了，而黎东方一直活到了一九九八年，享年九十一岁。

审校译书："我有意挫折他"

世界丛书社组织一些人翻译外国著作，请胡适审校部分译稿。胡适校阅仔细，认真，提出意见供译者参考、修正。下面举两个例子——

莫泊桑的《一个生命》（Maupassant's Une Vie）是由袁弼翻译的，他是一个年少气盛的人，以为译书很容易，所以不肯下苦功夫，曾全文翻译过笛卡尔的《方法谈》（Descartes's Descourse on Method），胡适看后对他说几乎全都译错了，袁弼不服，胡适整整花了四个钟头的时间，一一指出其错误，袁弼这才心服口服。这次胡适看过一遍袁弼《一个生命》的译稿，仍觉得不满意，便叫他拿回去，单译第十章送来，如可用则再译下去。袁弼已经领教过胡适的严肃认真，又钦佩胡适的学识，当即便答应拿回去，遵照胡适的意见，用心仔细重译第十章。过了些时袁弼把重译的第十章送来了，胡适看过后觉得虽然仍有错误，但比之旧译有了大的进步，所以便将译稿还给袁弼，叫袁弼按照他的意见再进行修正。这里要补充一句：胡适是有意"难为"一下袁弼的，正如他自己所说："此种少年人，为社会的盲目害的趾高气扬，故我有意挫折他，使他就范围，使他慢慢成一个人才。"

还有一个叫董时的译者，毕业于美国康乃耳，现在哥伦比亚大学。他翻译了英德的《美国普通学校体制的演变》（Indd's The Euolution of American Common School System），但书中凡是难译的地方他都删去了，而且多用中国的套语译书，如"separation"译为"分离"，即可却译为"泾渭判然"，说明董时不知道翻译界已经进步了，而他还在沿用十年前的译书法。胡适将译稿看了一遍，仔细校出第二章的错误，退还给了董时。不过他知道董时家贫好学，治心理学成绩尚好，所以在回信中答应先借点钱给董时，以后董时译书偿还。这也是帮助年轻译者的一种办法。

《别赋》《留恋》：情诗乎？

胡适有一首诗，题为《别赋》：

> 我们蜜也似的相爱，
> 心里很满足了。
> 一想到，一提及"离别"，
> 我们便偎着脸哭了。
>
> 那回——三月二十八，——

167

出门的日子都定了。
他们来给我送行，
忽然听说我病了。

其实是我们哭了两夜，
眼睛都肿成核桃了；
我若不躲在暗房里，
定要被他们嘲笑了。

又挨了一个半月，
我终于走了。
这回我们不曾哭，
然而也尽够受了。

第一天——别说是睡，——
我坐也坐不住了。
我若不是怕人笑，
早已搭倒车回去了！

第二天——稍吃点饭，
第三晚竟能睡了。
三个月之后，
便不觉得别离的苦味了。

半年之后，
习惯完全征服了相思了。
"我现在是自由人了！
不再做情痴了！"

乍一看这首诗像是情诗。胡适有个侄子叫思永，他就认为《别赋》是情诗，而胡适自己在《我的年谱》（一九二三）中对此诗的写作缘由及其内涵却是这么说的："北京的反动政府实在使我们很难忍受了"，所以蔡元培辞去北大校长，胡适告假南下；"我的一年假期，以十二月十七日为始。去年在君（丁文江）们劝我'告假'时，我总舍不得走开；后来告假之后，颇有意永远脱离教育生活，永远作著书的事业。在病院时，我曾试以此意作一诗，题为《别赋》。此诗发表后，思永们以为是情诗，（徐）志摩（任）叔永亦知是指（北京）大学说的。"

还有一首《三年不见他》：

> 三年不见他，
> 就自信能把他忘了。
> 今天又看见他，
> 这久冷的心又发狂了。
>
> 我终夜不成眠，
> 萦想着他的愁、病、衰老。
> 刚闭上了一双倦眼，
> 又只见他庄严曼妙。
>
> 我欢喜醒来，
> 眼里还噙着两滴欢喜的泪。
> 我忍不住笑出声来：
> "你总是这样叫人牵记！"

乍一看也像是情诗，而且最初的题目又叫《留恋》。一些读者疑惑诗中的"他"指的是什么人呢？胡适自己后来在一则短跋中（写于一九六〇年四月十二日），破解了这个谜：

"……我想读这诗的人一定猜不出诗里的'他'是谁；又因为在那个时候，——在写诗的时候，我不愿把原来的意思说出来，说出来也许没有人相信。在章希吕替我抄的诗稿上，这首诗有几次涂改的题目：原题是《留恋》，涂去后改写的是《纪念北大》，第三次改的是《十八年一月重到北大》。最后改的题目是《三年不见他》。此诗后面有一条自注：'我十五年六月离开北京，由西伯利亚到欧洲；十六年一月从英国到美国；十六年五月回国，在上海租屋暂住。十八年一月十九日，我第一次回到北平，住了两个月，又回上海。直到十九年十二月初才把全家搬回北平。'这条小注是我自己的字，大概是二十多年前写的。北大的旧同事，老同学，也许能够了解我在三十一年前写这首诗的心理。"

原来胡适因病于一九二二年底请假一年，其所担任的北大教务长一职由顾孟余接任。次年夏天他到杭州西湖养病。以后胡适赴欧美考察，回到国内又在上海居留达三年半之久，其间曾担任中国公学校长。这一段经历说明：胡适事实上已经离开了他的发祥之地——北京大学。一九二九年十月胡适在上海被迫辞去了中国公学校长的职位，遂产生了重回北平、执教北大的念头。《三年不见他》写的就是他对北大的留恋之情。

由此看来，《别赋》和《留恋》（即《三年不见他》）写的都不是通常意义上的男女别离之难，相思之苦，留恋之深，一句话写的不是爱情，而是浓浓的、割舍不断的北大情结，只不过他采用了拟人化的手法，将"北大"比作了"恋人"而已。这种手法在诗歌创作中常见。自古至今诗无达诂，虽说人人都可以有自己的理解与感受，但了解了作诗的背景、缘由及诗的真实内容以后，我们当然还是应当尊重作者本人的意见，切不可无端猜测，妄加曲解才是。

"新诗到此时可算是成立了"

  胡适任北大文学院长不久，一九三一年初即南下出席中华文化基金董事会第五次常会。返回时走海路，一月二十四日先从上海乘"奉天丸"北上青岛。这是一艘四千吨级的日本的轮船，设备很好，胡适在船上无事，除了补补瞌睡，他就翻开新出版的《诗刊》第一号来仔细阅读：读书是他的一大享受，尤其是读诗。

  《诗刊》一九三一年一月二十日创刊于上海，即胡适上船的前四天。编辑之一徐志摩声称："我们这少数天生爱好与希望认识诗的朋友，想斗胆在功利气息最浓重的地方和时日，结起一个小小的诗坛。"主要撰稿人除志摩外，还有邵洵美、孙大雨、饶孟侃、方令孺、陈梦家、方玮德、卞之琳、梁宗岱等新进诗人。这是一个以新月派成员为主的文学季刊，以发表新诗创作为主，间有诗评和译诗。胡适是"文学革命"尤其白话新诗的倡导者，又是公认的新月派的领袖，对自家兄弟们办的《诗刊》自然格外关注。于是他在船上就认真而又饶有兴趣地读起来了……

  上面有一首徐志摩的四百行的长诗《爱的灵感》，胡适说这是徐志摩"近年的第一长诗，也是他的一篇杰作。"胡适以自己朗读时的音节为标准，用笔对徐诗校改了几处。在这一天的日记中，胡适就此说道："此诗承他美意，献给我，我无以为报，只能修改几个字谢谢他。"而修改的这几个字，"似有可补益原作之处"。

  闻一多在《诗刊》第一号发表了一首《奇迹》。胡适读后认为作者"很用气力，成绩也很好。"到了青岛后第一次和闻一多深谈，便"深爱其人"。

  陈梦家是胡适没有见过的青年诗人，《诗刊》第一号上有他的三首诗：《狮子》《西行歌》《悔与回（一）》。关于陈梦家，胡适作了不少评论："读《陈梦家的诗集》，这里面有许多好诗，小诗有很好的，长诗如《都市的颂歌》也算是很成功之作。此君我未见过，但知道他很年青，有此大成绩，令人生大乐观。"同时也指出："梦家的诗颇有一些不很能明白的句子，但大体上看似有绝高的天才。他的爽快流利处有时胜似志摩。"

除上述三人外，《诗刊》第一号还有孙大雨的《诀绝》《回答》《老话》，朱湘的《美丽》，饶孟侃的《弃儿》，方玮德的《风暴》《悔与回（二）》，邵洵美的《绚美的梦》，梁镇的《晚歌》，俞大纲的《她那颗小小的心》，沈祖年的《瓶花》，李惟健的《祈祷》，梁实秋的评论《新诗的格调及其他》。

在船上读完了《诗刊》第一号，胡适感到很欣慰，觉得自己当年倡导白话新诗并没有白费力气。他在日记中带有总结性地写了下面一段文字：

"新诗到此时可算是成立了。我读了这几位新作者的诗，心里十分高兴，祝福他们的成功无限！他们此时的成绩已超过我十四年前的最大期望了。我辟此荒地，自己不能努力种植，自己很惭愧。这几年来，一班新诗人努力种植，遂成灿烂的园地，我这个当年垦荒者来这里徘徊玩赏，看他们的收获就如同我自己收获丰盈一样，心里直高兴出来。"

"奉天丸"在海上徐徐前行。而在胡适的眼前，却不是一望无际的海面，而是诗花盛开的大花园……

破解宫中一哑谜

一九三一年下半年，从故宫博物院里传出一个令人费解的谜团，说宫中发现了许多九字牌，上面写的都是"庭前垂柳珍重待春风"九个字。这是什么含义呢？不少人猜想是过去皇帝召幸的牌子：按清宫内的规制，皇帝老子每夜让哪个妃嫔侍寝，太监都会托举一大盘子，里面放着妃嫔们姓氏封号的牌子，皇帝随意一翻，翻到谁就是谁。太监立刻便跑去通知被选上的某位妃嫔，梳洗打扮，当晚由太监们抬到皇帝的龙床上去。因为有侠女吕四娘为报父仇，乘临幸时暗杀雍正皇帝之说，所以为防备临幸的妃嫔暗藏利器，故雍正之后又加了一条，召幸的妃嫔必须光着身子，外罩长袍，由太监抬进去，"裸体入御"。"庭前垂柳"大概指的是妃嫔或宫女，"待春风"指等待皇帝召幸，这对她们来说是天大的喜事，所以必须十分"珍重"这一难得的机会。

这样解释似乎也通。

胡适是爱看书的人，史书、野史、笔记、闲书什么都看。这一天，他翻看江阴金武祥的《粟香四笔》卷六，眼睛忽然让其中一条吸引住了，那上面记载着：

"道光朝，宫中作九九消寒图，成庙书'庭前垂柳珍重待春风'九字，字各九画，每日书一笔，至八十一日始毕，宫人皆效为之。"

啊啊，原来是这么回事儿！

胡适犹不放心，他将"庭前垂柳珍重待春风"九个字，一个字一个字地逐一写了一遍，果然每个字都是九笔（按繁体字计算）。每天写一笔，九九八十一，写这九个字不多不少正需要八十一天。道光皇帝闲着没事，弄这个把戏玩玩，宫中太监、宫女们竞相效仿，无怪乎有那么多的九字牌留在宫中了……

九字牌的哑谜就这样让胡适在不经意间解开了。传扬出去，社会上众口一词盛赞胡适学识渊博，其实这是他在上厕所时翻看闲书捡来的瓜落儿。不过从另一方面也可以证明胡适是有心人，像他这样有眼力的人不会放过任何有价值的东西。

"换个世界给你看"？

对民国历史有所了解的人，大概对冯玉祥这个人物不会陌生。他是行伍出身，一九二四年在直奉战争中发动北京政变，并将清朝末代皇帝溥仪逐出故宫。一九二八年爆发中原大战，冯玉祥和阎锡山联手对阵蒋介石，以后冯玉祥又与蒋介石结拜为把兄弟。"倒戈将军"之名即由此而来。"九·一八事变"后冯玉祥力主抵抗日本侵略，一九三三年与中共合作组织察哈尔民众抗日同盟军。抗日战争期间任国民政府军事委员会副委员长，但在委员长蒋介石独揽大权的情况下，冯玉祥并无多少实权，因而也就没有施展身手的机会，难有什么大的作为。

冯玉祥还有"基督将军"、"布衣将军"之称，素来对穷苦老百姓存怜悯与同情之心。一九三一年十一月十五日，他写了一首题为《苦同胞》的白话诗：

> 苦同胞！不拉车，不能饱。
> 苦拉车，牛马跑。
> 得肺病，活不了。
>
> 苦同胞，怎么好？
> 君不见，委员们，被鱼翅燕窝吃病了！
> 社会如此好不好？

这首诗还有一个题目：《自题画的人力车夫》。

十一月二十九日夜，胡适为燕召亭题冯玉祥的诗和画，写了一首和诗，题为《怎么好？》，显然是在回答冯诗中提出的问题：

174

一

怎么好？我问你。不怕天，不怕地，
只怕贫穷人短气，作牛作马给人骑。

二

怎么好？有办法：赛先生，活菩萨，
叫以太给咱送信，叫电气给咱打杂。

三

怎么好，并不难，信科学，总好办。
打倒贫穷打倒天，换个世界给你看。

　　这就是胡适开出的药方。赛先生即科学，和德先生（民主）同为
五四时期叫得最热烈也最响亮的两个口号，"欢迎德先生！欢迎赛先生！"
那时几乎成了国人尤其知识界的口头禅。科学当然重要，但如果没有民
主，科学也难于发展得起来。民主与科学对一个国家来说，如鸟之双翼，
车之双轮，缺一不可。既没有民主又没有科学，军阀混战，专制独裁，
社会分裂为水火两重天，就一定会出现穷人"得肺病，活不了"，而委
员们"被鱼翅燕窝吃病了"的情况。冯玉祥将军提出了"社会好不好"
的大问题，而胡适的答卷却不一定能够"换个世界给你看"，因为其中
蕴含的思想与主张，同他前一年抛出的《我们走那条路》基本上是一致的：
打倒贫穷、疾病、愚昧、贪污、扰乱"五大仇敌"，却不触及造成中国
贫穷落后的根本原因——帝国主义的侵略和封建主义的桎梏。

"长了不少见识"

众所周知，胡适是拥蒋反共的，他尤其不赞成中国共产党用武装的革命反对武装的反革命。但在他的日记中却有一则记载，从中可以看出共产党领导的红军何以能战胜蒋介石军事"围剿"的原因，不失为相当有价值的材料——尽管它是从"反面"提供的。

那是一九三一年七月二十日，胡适和王文伯、何亚农、张慰慈游西山时，曾访问过住在西山脚下的王金钰先生。王辞官归隐后，一家住此已有五年，园林房舍都很清浩。主人和访客从上午谈到天黑，足足谈了八九个钟头。何以故？是因为王金钰新近从江西回来，谈到有关"剿匪"的情况，使胡适他们"长了不少见识"。

江西井冈山是革命老根据地，所谓"剿匪"指的就是国民党蒋介石对苏区"朱毛红军"进行的军事"围剿"。由于毛泽东领导有力，指挥有方，采取机动灵活的游击战术，紧紧依靠人民群众，因而接连挫败了蒋介石发动的第一、二、三次围剿。王金钰说：一九三一年春"围剿共产军"，战线长一千多里，国军最大的困难是："一、全不知敌人在哪里，而敌人知官军行动最详；二、给养的输送最难，军行一百五十里，给养输送来回得七日，又处处需兵保护，稍一不慎，给养全绝；三、大军所到之处，全无匪踪；而队伍稍散开，就立刻遭袭击。敌人采'蜜蜂采花'的战术，总是用两三万人包围二三千人；从没有能抵抗三点钟的军队。一处解决之后，立即用同样方法包围第二个目的地。"王金钰离开江西以后，"蒋介石下令严促诸（路）军（队）进攻，红军用此法解决官军，一星期之中，从公秉藩到胡祖玉，全军皆被残破。"

王金钰认为：第三次"围剿""蒋介石亲自出师，最为下策。此次他又严促诸军分三路进攻，而三路皆大败。"

王金钰本是率军"围剿"苏区的一名官员，但与蒋意见不合。他向胡适等坦承，当日他之所以不肯进攻，只是希望用军队整理地方，一面造成人民避难的区域，一面培植人民自卫的能力。曾文正公所谓"用官不如用绅，用兵不如用民"，在他看来至今还是至论。"对这个问题没有别的法子，只有努力整顿吏治，用军队来做人民的保障。"但据江西省政府说，江西八十一县，只有六个好县长；何成濬说湖北六十九县，只有三个好县长。如此怎能取得"围剿"胜利？

听了王金钰的一番长谈，胡适觉得他思想沉静，能见大处，虽胸怀澹泊，却不是不想立功名的人。归来的路上，他对同行的王文伯诸人说："我爱上这个人了！"

胡适爱上谁不干我们的鸟事，我们感兴趣的是从他的转述中，明白了共产党和红军之所以能够战胜国民党蒋介石军事"围剿"的根本原因，那就是人心所向，红军知道自己是在为穷苦劳动人民翻身解放而打仗。这些可都不是曾文正公的"至论"所解决得了的问题。

"真实的洋钱"与"空头的支票"

大约是一九三二年前后，美国有一位著名的传教士艾培到北平来，专门找胡适讨论哲学与宗教问题。他对胡适说："胡先生，听说你是一个实验主义者，我要同你谈谈实验主义。"

胡适客气地笑了一下："好吧。"

艾培先生举起左手，说道："这边一种信仰，认为人生等于一只狗一只猫，没有希望，没有前途，没有天堂地狱，没有将来的生命：这是悲观主义的信仰。"

胡适静静地听着,一边在脑子里思考。艾培先生又举起右手,继续说:"这边的一种信仰,有天堂,有上帝,有将来,有死后的生命:这种信仰叫人乐观,叫人往前进,用实验主义的批判,一定放弃那边的悲观信仰,而接受这边的乐观信仰。"

听完了艾培先生的一番高论,胡适的考虑也成熟了。他没有举左手右手,而是比喻说:"我这里有一块洋钱,另外有一张百万美金支票。艾培先生,你知道我胡适决没有一百万美金,支票是空头的。以一百万美金和一块洋钱相比,支票可以说是代表乐观的。请问你是接受一块洋钱,还是接受一百万美金的支票呢?"

艾培先生回答道:"我当然接受一块洋钱。"

差不多二十年后,胡适在台湾省立师范学院作《杜威哲学》的演讲时,提到了他和艾培先生的这一次对话。他说:"由这个例证看来,严格的实验主义,总是用科学实验室的方法,先归纳观念的意思,把观念的真假确定之后,再来考虑那偶然发生的某种希望是真的还是假的。如果滥用实验方法,便是放弃真实的洋钱,而取空头的支票了。"

挑赛珍珠的刺儿

一九三三年六月底七月初,胡适乘船经日本去美国,参加太平洋国际学会召开的会议。中途在檀香山受到"来思"(Leis)的欢迎——即将一串花环套在来客的脖子上,胡适的颈上套了七八串花环,可见受欢迎的程度。不过胡适认为这种欢迎仪式只能在四季都有鲜花的地方才可以风行,别的地方比如严寒地带就只有 No.No 了。

离开檀香山，胡适继续乘船往美国本土进发。在船上用英文打字机准备讲演稿，疲倦时就读一读珀尔·布克（Mrs.Buck）女士的小说《良田》（Good Earth）。珀尔·布克即中国读者熟悉的赛珍珠，《良田》又一中文译名《大地》。这是一部描写旧中国农村生活的长篇小说，曾先后获美国普利策小说奖和诺贝尔文学奖。赛珍珠本人在中国长期生活过，几近四十年之久。

胡适之所以读珀尔·布克女士的小说《良田》，是由同船的迪林翰（Mrs.Dillingham）女士引起的。两人闲谈时她问胡适："你对这本小说有何感想？"

胡适老实告诉她："还不曾读过。"

迪林翰女士认真地建议说："你到美国，必定处处有人问你对此书的意见。你还是让我送你一本，在船上读了它。"

"谢谢，我抽时间拜读。"

迪林翰女士果如其言送了一本《良田》给胡适，胡适便认真地读了起来。

读完之后，胡适对这部小说的总体评价是四个字："实不甚佳"。

他挑出的毛病——即小说的缺点与错误——主要是赛珍珠描写失实，有些地方不近情理，与时代背景不和：

"她写中国农家生活，甚多不可靠之处。如第一回写王龙的结婚实太简单，写其妻生第一子时尤不近事实。写她逃荒从安徽某地到江苏某地，火车上走了约一百英里，住了下来；其地有'大学'两处，此何处耶！

王龙逃荒回去，囊中有钱了，在路上用金子买一只牛，我读了忍不住大笑！（此回买牛，凡三次提起金子）。

王龙的大儿子已受城市的学校教育了，而仍然要他的妻子裹小脚，亦是可怪。此书写的是革命以后，而王龙的女儿与媳妇都裹小脚！（第一回已写剃头店劝王龙剪辫子了，是此书开始即在革命以后；其时王龙尚未结婚。到他死时，应该是民国三四十年了。）"

仁者见仁，智者见智。看来胡适还是读得很仔细的，至于他的看法正确与否，不妨作为一家之言参考。

收养孩子

一九三四年二月间，胡适到南京出席中央研究院中基会常会，在京沪两地穿梭，会见了许多政客和老朋友，可叙述的事情很多。这里只提一件小事。

上海妇孺医院有一个新生的女婴，是好人家的孩子，因这家人急要男孩，所以把女婴换了一个男孩抱回家去。蔡元培的夫人和妇孺医院姓葛的女医生，都想给这个女婴找一好人家来收养。蔡夫人劝杨宗白夫人收养，杨夫人说她体弱不愿意。那天胡适来看望蔡元培先生，正巧也在座，于是蔡夫人便转过脸去对胡适说：

"适之愿不愿收养这个女婴？你的爱女素斐夭折了，你们夫妇膝下只有两个小小子，正缺个女孩。"

胡适想了一想，回答道："只要高君珊女士肯替我带她回北平，我可以要。"

蔡元培和胡适那两天都在上海，乘他们谈话的时候，蔡夫人打电话叫葛医生把女婴抱了来让胡适看看。胡适很是佩服她们的热心，又见女婴果然乖巧可爱，当场就认了女婴做女儿。并和蔡夫人和葛医生商定：暂时仍留在医院抚养，将来有便再带她回家——这自然是指胡适在北平的家。

后来那家换回的男孩死了，女婴的亲生父母仍将女婴带回家中自己养育。胡适收养女婴没有成为事实，但他的一番心意是尽到了。

建刹养僧不如开山造林

北京西接燕山山脉，有一段名曰秀峰山，山上有一座秀峰寺，是明朝交南和尚智深创立的，民国时期由林行规先生购得，改名为鹫峰山庄。林先生在山庄种树造林，修建道路，山色遂为之一新，成为一处游览胜地。尤其值得称道的是，林行规还捐地捐款，由地质调查所在山上设立地震研究室。地质调查所系由丁文江（在君）任所长，他和胡适是最要好的朋友，两人共同向蔡元培提出建议并得到蔡先生同意，北大与地质调查所合作，造就地质科学人才。

一九三四年四月，春意正浓，桃李杏花及玉兰次第盛开。胡适带着老婆孩子，连同罗尔纲、章希吕，应林行规夫妇之邀于十五日去鹫峰山庄游玩。一路绽放的山花招蜂引蝶，更吸引游客们的眼球。山庄建在秀峰山顶，高一千三百多尺，胡适直上山顶还不觉得多么吃力。站在山顶上眺望四处，峰峦起伏，山下则是开阔的田野，白阳河从此处流过，只可惜北京一带干旱少雨，河里无水，看见的只是一带白沙。胡适心中不禁暗自感慨：

"建刹养僧，真不如开山造林，为福一方。"

林行规夫妇今天邀请的客人比较多，准备的饭菜不够因爬山而倍感饥饿的人填饱肚子。胡适只吃了个半饱，加之又乏又累，所以就在寺内小憩，打算下午四点告别主人回城。

这不是胡适第一次游秀峰寺，造访鹫峰山庄。前年他和丁文江就来过，还在林行规先生收集的山上新旧各碑的拓本上各题了一首诗，但都没有留底稿。今天林先生又把拓本拿出来让胡适欣赏，胡适看见自己在上面的题诗，就叫罗尔纲连同丁文江的题诗抄了一份带回家去。

胡适的题诗是：

谁创此者释子深，谁中兴此法家林。

五百年中事翻复，惟有山水无古今。

我游此地独心喜，佛若有灵亦应尔。

建刹养僧修四禅，不如开山造林福百里。

诗末还有一行小注："读秀峰寺新旧碑记，敬题小诗呈 斐成先生"。

丁文江的题诗是：

不妨忙里且偷闲，千亩林园两座山。

筑室峰头三百尺，爱从高处看人间。

绝壁悬崖别有天，俗尘飞不到岩边。

故都胜事夸三海，那抵山中一勺泉。

诗末小注："小诗两绝，请适之代写，呈 鹫峰主人老友斐成"。

丁诗中的"故都三海"指北平城内的北海、中海和南海。现中海和南海统称为中南海，为中枢重地，不对游人开放。

"吾作字时甚敬"

一九三四年五月有位署名"寿生"的北大旁听生，在胡适主编的《独立评论》上发表了《我们要有信心》一文，针对胡适的文章《信心与反省》，责怪胡适把中国文化"抑"得太过火了，他认为中国改进不如日本迅速的原因，在于我们的固有文化太丰富了，中华民族不但特能容纳外来文化还能使之精进……作者的观点虽然与胡适相悖，但胡适自谓是"最爱惜少年天才的人"，一向重视并善于发现并提携青年，所以将"寿生"的文章发表在了刊物上，并且自己继续写了再论和三论《信心与反省》与之展开辩论。

俗话说：不打不成交。这样一来"寿生"反倒有机会走近大名鼎鼎的胡适了。原来他本名申尚贤，是贵州人，年龄二十三岁，在北大旁听是为考进北大作预备。他为《独立评论》写了几篇文章，胡适说："我收了三篇，署名'寿生'。我看了他的第一篇文字，就知道他有文字的天才；上星期他又送一篇来，果大有进步。"在谈到《独立》的"三可爱"时，胡适除肯定了刊物说"平实话"、"不肯迁就低级趣味"、"不肯滥用一个名词"，堪称"一个没有麻醉性与刺激性与消遣性刊物"外，还特别提到"从投稿里，我时时发现可爱的纯洁青年，……去年发现一个萨小昭，今年发现一个申寿生，都很可爱。"

不过，"寿生"的来稿字迹潦草，很难辨认。有一天他来看望胡适，胡适劝导他道："写稿子要写清楚，不可潦草。你的稿子很难读；若不是我用心看，几乎看不下去。"假若没有"用心"看，也许这篇稿子就会被扔进字纸篓里去了，如像一些编辑惯常做的那样。这从一个侧面证明胡适认真负责、不嫌麻烦的工作态度，不能不让"寿生"深为感动。另一方面说明投稿的人也应该为刊物编者设想，字要写得让人家容易辨认，否则对人对己都不好。事情虽小，关系甚大，因此胡适又语重心长地对申尚贤说：

"过去程明道曾说，'吾作字时甚敬，非欲字好，即此是学。'此言甚有理。"

程明道即程颢，宋代儒学家、理学家、教育家。胡适用明道先生的话教育申寿生，而他自己写字从不马虎潦草，正如黎东方在《适之先生二三事》中所说："我谈到他的字，称赞他的字秀雅，似乎是瘦金体的加肥、加力。他说：'我一生吃亏，只会用毛笔写正楷，不会写草字，而且反对写草字。草字叫人家看不懂，叫人家浪费时间去猜，又常常猜错，

胡适逸闻

对不起人家。我写正楷，最受检字工人欢迎。'"

这，不是也给青年人树立了一个榜样吗？

"承认我不大，方可有救"

北京大学从"京师大学堂"演变而来，是中国的最高学府，一些北大的师生多多少少有些"大北大主义"，并以此自傲得很。前美国总统克林顿访华时在北大发表演讲，将北大比做美国的哈佛大学，国外报纸上有文说克林顿这样讲是故意讨好北大精英，企图培植美国在华的"第五纵队"。

这个问题太大，三言两语说不清楚。这里只讲讲胡适当年对北大的"大"是怎么看待的。

一九三一年九月十四日北大举行开学典礼，校长蒋梦麟、理学院长刘树杞、法学院长周炳琳都先后致辞。文学院长胡适在讲话中说："北大前此只有虚名，以后全看我们能否做到一点实际。以前'大'，只是矮人国里出头，以后须十分努力。"

胡适特别提到"有人曾说我们要做到学术上的独立"，对此他强调说："此事谈何容易？别说理科法科，即文科中的中国学，我们此时还落人后。陈援庵先生曾对我说，'汉学正统此时在西京呢？还在巴黎？'我们相对叹气，盼望十年之后可以在北京了！"（陈援庵即辅仁大学校长陈桓）

事实的确如此，胡适治中国哲学史，还要利用到伦敦出席中英庚款顾问委员会全体委员会议的机会，跑到大英博物馆和巴黎国家图书馆查阅、抄写被英、法"两个强盗"掠夺去的敦煌经卷；汤用彤教授治《汉魏两晋南北朝佛教史》，还要从胡适那里借阅这些抄回来的资料。关于"汉学"的许多珍贵资料（包括文献和实物）并不在我们中国自己手里，而是落在了西方列强和日本人的手里，这叫我们怎么"大"得起来呢？所以胡适最后说：

"今日必须承认我不'大'，方可有救。"

不过，胡适一九三六年代表北大参加美国哈佛大学成立三百周年纪念庆典时却另有一番说词。当时世界各主要大学都应邀派代表莅会，哈佛大学校长在庆典前一天招待来宾，宾客依次入席的顺序系按各大学成立时间的先后。北大创办于一八九八年，在世界各主要大学中是"小弟弟"，所以胡适排在了第五百九十几位，差不多接近末尾了。所幸次日在正式庆典上，胡适是六位应邀致词的嘉宾之一，面子总算是找补回了一些。胡适的讲话也挺有意思，居然扳着指头算起了"历史"账：

"如果以中国古代创办大学的年份算，最早的大学创办于汉武帝时代，为公元前一二四年，迄今两千多年，那么中国大学的代表，不但要排行第一，而且是超级的第一。"

美国主人和各国代表都哄堂大笑了！

的确，胡适的这一番"大话"也只能当作笑语听。学术中心设在哪里，和一个国家的是否强盛有密切关系。"中心"也罢，"大"也罢，这些虚名都求不来，唯有全民族团结一心，脚踏实地，提高国家的综合实力，中国才能实现真正的"强"，北大才能实现真正的"大"，比哈佛还要"大"——也就是胡适当年盼望的"汉学正统"要"在北京"。

为陆小曼画作题诗

如果说女人红杏出墙，陆小曼便是其中有名的一个。

她本是大家闺秀，又聪明，又美丽，不但英、法文都很好，还会画画。一九二〇年陆小曼与王赓结婚。王赓文武全才：从"文"一面来说是梁启超的学生；从"武" 一面来说毕业于美国西点军校，回国后供职于外交部，在巴黎和会期间曾担任中国代表团上校武官。陆小曼婚后又结识了著名诗人徐志摩，双双坠入了爱河，甚至有人"考证"出了徐、陆二人突破男女之大防即所谓"苟合"的具体时间：哪年哪月哪日哪夜，就好像秘密安装了摄像头或钻在床底下偷听到了似的——反正信不信由你。

胡适认识陆小曼其实比徐志摩要早一些，不过由于同表妹曹诚英婚外恋让"小脚太太"大闹了一场，有些惧内的胡大博士不敢再度造次，所以他和陆小曼女士虽是朋友却未见有绯闻传布，即使有也无真凭实据可证。

一九二六年陆小曼和徐志摩突破重重阻力，正式结为合法的夫妇。胡适是他们婚姻的唯一促成人，他本来要主持徐、陆二人的婚礼，但因去英国伦敦参加"中英庚款顾问委员会"全体委员会议，并在欧洲滞留半年多之久，故而把婚礼主持人让给了梁启超。梁任公在婚礼上把同是自己学生的徐志摩骂了个狗血喷头。不过，徐志摩挨骂归挨骂，他确实是深深挚爱着陆小曼的，可以《爱眉小札》为证。

陆小曼和徐志摩结婚后定居在上海。徐志摩经常往来于上海、北平两地之间，有一次他到北平，带来了陆小曼画的一幅山水画，请朋友们在画上题诗 。胡大哥自然是必选、首选之人，于是胡适就在上面题了这样一首诗：

> 画山要看山，画马要看马。
> 闭门造云岚，终算不得画。

> 小曼聪明人，莫走这条路。
>
> 拼得死功夫，自成真意趣。

又题了一小段跋语，云："小曼学画不久，就作这山水大幅，功力可不小！我是不懂画的，但我对于这一道却有一点很固执的意见，写成韵语，博小曼一笑。"

按照胡适的意思，题诗中的"终算不得画"一句应该是"终算不得法"。也就是说陆小曼还没有掌握作画应该遵循的一些基本法则，因而也就欠缺了属于她自己的真正的意趣。闭门造车终究是无济于事的，艺术创作包括绘画须要"拼得死功夫"，这不失为胡适的至理名言。

胡适在任北大文学院院长时，为吸引国内一流的专家学者，曾创立了"研究教授"一职，待遇比一般教授要高四分之一。"新月派"著名诗人徐志摩是胡适的挚友，也被胡适聘为首批"研究教授"之一，在北大开了两门课：英国诗歌与翻译。其实徐志摩虽说诗写得好但却并非研究型的学者，他教书也只是玩票。

那时徐志摩已经和陆小曼女士结婚，定居在上海。陆小曼挥霍惯了，到上海后又染上了吸食鸦片的恶习，徐志摩尽管写诗高产还办新月书店，收入不菲，但仍不够开销。他到北大来教书，就是为了多挣一份钱，让"美眉"——他对太太陆小曼的爱称——过得更滋润一些。诗人在北平与上海两地之间来回穿梭，飞来飞去，这样就埋下了祸根。

徐志摩来北平期间暂时住在胡适家里。他对英国女作家曼殊菲儿的作品情有独钟，曾译有《曼殊菲儿小说集》。听他讲课的有一位学生叫关仲豪，受了徐志摩的影响，也喜欢曼殊菲儿的作品。有一次在课堂上从徐志摩那里借了一本曼殊菲儿的小说，打算拿回家去细细品读。不料书尚未读完，徐志摩就由于飞机失事，不幸遇难了，年仅三十六岁。关仲豪十分哀痛，只好把借徐老师的那本书送到胡适家里去，因为他知道胡适和徐志摩关系最为亲密，书交给胡先生处理就等于还给了故去的徐老师。

找书的快乐

胡适说他不是藏书家,只不过是一个爱读书、能够用书的书生。

他也买了许多书。买书的原则是先买工具书,然后才买本行书。换一行时,就得另外买一种相关的书。

而他所谓的"本行",其实就是他的兴趣。

众所周知,胡适学识渊博,涉猎的范围很广:中国思想史、中国文学史、中国小说史、《水经注》、中国佛教思想史、中国禅宗史……晚年他曾经开玩笑说:"我今年六十九岁了,还不知道自己的本行到底是哪一门?"兴趣越多越广泛,就越是要收书了,有些书是别人送的,也有些书要自己花钱买。胡适一九二二年五月三十一日的日记中,有他借钱买书的一段记载:

"……连日书店讨债的人很多。学校四个半月不得钱了,节前本说有两个半月钱可发,昨日下午,蔡先生与周子廙都还说有一个月钱。今天竟分文无着。我近来买的书不少,竟欠书债至六百多元。昨天向文伯处借了三百元,今天早晨我还没有起来,已有四五家书店伙计坐在门房里等候了。三百元一早都发完了。"

尽管如此,胡适对买书仍乐此不疲。

胡适收书的故事很多,仅举两例:

一九二七年他访欧归来后接到一信,说有一部《脂砚斋重评石头记》的抄本愿意出让,胡适误以为这抄本没有什么价值,就错过了一次购得的机会。后来,收藏家刘铨福把抄本送至上海新月书店,由新月书店刊登广告。新月书店因有胡适入股,遂将抄本共四册转交胡适,胡适阅后深信这是海内最古的《石头记》抄本,虽只残存十六回,但对研究《红楼梦》及其作者曹雪芹有重要价值,遂出高价把它买了下来。失之交臂的宝贝终于落在了自己手中,让胡适"狂喜"不已。

胡适倾力最多、费时最长、考证又最精密的当数《水经注》。他在卸任驻美大使后即在纽约全力以赴作此项工作,一九四六年回到国内,上海、北平的朋友们听说他要弄清《水经注》这个学术史上的冤案,纷纷主动送来了不同版本的《水经注》,或提供有关线索。"很短的时间,全上海所藏的《水经注》,我都看到了。到了北平,也是这样,于是各地的《水经注》都跑到我这里来了。"总计胡适收集到的各种版本的《水经注》近三十部,其中有不少珍本、善本。

啊啊,这就是找书的快乐!

至一九四八年底离开北平时,胡适已经有一百箱书,大约一两万册。

胡适对他多年收集的图书非常珍爱。在兵临城下、仓皇南下之际,舍弃了未免太可惜,但要带走飞机又运不了。书是最沉的,多载几个人当然比运书更重要。反复考虑的结果,胡适从那一两万册书中挑选了那部只有十六回的抄本《脂砚斋重评石头记》,作为纪念。"收集了几十年的书,到末了只带了四本,等于当兵缴了械,我也变成一个没有棍子,没有猴子的变把戏的叫化子。"胡适不无伤感的这么说。

按照胡适的遗嘱,他留在北平的藏书与文件全部赠与北京大学图书馆。

今天的人们从胡适的这些藏书中,也许仍能体会到当年胡适收书的快乐。并从快乐中感染收书的乐趣。

胡适逸闻

"杀君马者道旁儿"

　　《风俗通》里有一句"杀君马者道旁儿"，意思是说路旁的人称赞你的马跑得快，你听了很得意，便更加起劲地挥舞着鞭子打马快跑，马不得不奋蹄狂奔，结果终于累得气喘吁吁，口吐白沫，力尽而死。把这句话的意思引申一下：那些赞扬你的人，吹捧你的人，在一旁为你鼓掌、喝彩、叫好、使劲的人，未必全是好心，他们往往会置你于死地；而你听了赞扬就得意忘形，不知收敛，不会节制，也终会有倒霉的一天。鲁迅所谓的"捧杀"，与"杀君马者道旁儿"是一个意思。

　　蔡元培先生一九一九年五月八日由于与北洋政府在对待学生运动上产生分歧，愤而辞去北大校长职务。当时他曾经引用过这句话，说："我倦矣！'杀君马者道旁儿'，汔可小休，我欲小休矣。"然后就离京南下，回到浙江绍兴家中赋闲。几年后在《戏赠送适之》中又有两句："道上儿能杀君马，河干人岂诮庭粗。"世事洞明、人情练达的胡适，同蔡先生一样也很欣赏这句"杀君马者道旁儿"，并先后用在了杨杏佛和雷震两个人身上。

　　一九二八年五月间，胡适应蔡元培之邀到南京出席全国教育会议，会后与蔡夫人、杨杏佛、高君珊等几个朋友去紫云洞游玩。善男信女来此必求签诗，杨杏佛觉得好玩，也抽了一签，末尾两句是：

　　　　残照一鞭归去也，
　　　　路人争道马如飞。

　　胡适当即想到了《风俗通》里的那句"杀君马者道旁儿"，签诗所云不就是这个意思吗？但杨杏佛全然不晓其中含义。

　　过了几年，即一九三三年，杨杏佛由于与宋庆龄、蔡元培、鲁迅等人组织"中国民权保障同盟"，于六月十八日遭国民党特务暗杀。胡适因而想到了杨杏佛求的那两句签诗，想到了"杀君马者道旁儿"竟在他身上应验了："杏佛一生结怨甚多"、"以摧残别人为快意，以出风头为作事"、"民权同盟的工作招摇太甚，未能救人而先招杀身之祸"……

以后在台湾，雷震主编《自由中国》杂志，秉承自由主义立场，连篇累牍地发表文章抨击蒋介石的威权统治，甚至联合一些气味相投的人组织反对党。胡适作为中国自由主义知识分子的主要代表和"精神领袖"，他对雷震的观点和主张有许多是赞同的，但也有不尽赞同甚或很不赞同之处。当时他也曾用"杀君马者道旁儿"这句话，提醒雷震在当局的严加戒备下，不可错判形势，不可急于成立反对党。一九六○年十月台湾警备司令部以"匪谍"嫌疑判处雷震十年有期徒刑，在胡适眼里他成了又一匹由于跑得太快而倒下的马。

"不敢充油幽，都缘怕肉麻"

一般来说：好的打油诗充满谐趣，富有幽默感；不好的打油诗肉麻庸俗，格调低下。

周作人五十寿辰时，仿牛山体作了一首打油诗，其手迹由林语堂在一九三四年四月五日出版的《人间世》创刊号上发表了出来：

> 前世出家今在家，不将袍子换袈裟。
>
> 街头终日听谈鬼，窗下通年学画蛇。
>
> 老去无端玩骨董，闲来随分种胡麻。

　　　　旁人若问其中意，且到寒斋吃苦茶。

　　周作人自谓："案打油诗的远祖恐不得不推梵志寒山，但多系五言。若七言诗似只得以《牛山四十屁》中志明和尚为师矣，最近乃有曲斋半农焉。以上诸人均不敢仰攀，不得已其维牛山乎！此公门墙不峻，尚可容人窥探。然而敝斋缺少桐子、花生等油材，终于不大打得成。录呈一笑。"（本书作者注："曲斋半农"指刘半农，曾作《桐花芝豆馆》打油诗。又胡适曾说过刘半农"有时不免有低级风趣"。）

　　周作人的这首自寿诗传播开去，一些读书人对之交口称誉，沈尹默、刘半农、林语堂均写有和诗。胡适和周作人是好朋友，他也作了一首《戏和周启明打油诗》：

　　　　先生在家像出家，虽然弗着俭袈裟。

　　　　能从骨董寻人味，不惯拳头打死蛇。

　　　　吃肉应防嚼朋友，打油莫待种芝麻。

　　　　想来爱惜绍兴酒，邀客高斋吃苦茶。

　　胡适以后戏称周作人为"苦雨庵中吃茶的老僧"，便是由这首打油诗演化而来。周作人收读后说胡适的和诗"意似未完"，胡适自己也觉得"兴致未尽"，于是又写了一首《再和苦茶先生的打油诗》：

　　　　老夫不出家，也不着袈裟。

　　　　人间专打鬼，臂上爱蟠蛇。

　　　　不敢充油幽，都缘怕肉麻。

　　　　能干大碗酒，不品小钟茶。

　　诗末自注："昨诗写吾兄文雅，今诗写一个流氓的俗气。末句用典出在大观园栊翠庵。"《红楼梦》第四十一回，有凤姐让丫鬟取出十个黄杨根子整刓的十个大套杯盛酒，将刘老老灌醉的情节。

文人之间用打油诗唱和，只是他们的一种雅趣，并无多大意义，记于此仅博一笑而已。倒是鲁迅在一九三四年四月三十日写给曹聚仁的一封信中，有一段话颇值得深思玩味："周作人自寿诗，诚有讽世之意，然此种微词，已为今之青年所不憭，群公相和，则多近于肉麻，于是火上添油，遽成众矢之的，而不作此等攻击文字，此外近日亦无可言。"鲁迅五月六日在致杨霁云的信中再次提到了这件事，话说得更尖刻："至于周作人之诗，其实是还藏些对于现状的不平的，但太隐晦，已为一般读者所不憭，加以吹擂太过，附和不完，致使大家觉得讨厌了。"

"群公相和，则多近于肉麻"，"致使大家觉得讨厌"，自然也包括胡适的两首和诗在内。

"胡大哥的高轩"

胡适二十世纪三十年代初担任北大文学院长时，自家有了一辆二手的老式汽车：是德国在第一次世界大战前生产的，所以说车"老"；胡适花了几百块钱从周诒春手里买了来，因此说它是"二手"。车盘高、车厢高、车门也高，发动时司机须用一把曲尺插进前面使劲摇晃才行，而开起来又好像头重脚轻，摇摇晃晃。徐志摩戏称它是"我们胡大哥的高轩"（古时候亦称车为"轩"）。

那时在北大拥有私人座车的教授，胡适要算头一个。每逢下课时，胡适遇见同时下课的熟人，总是很客气地招呼："喂，喂，搭我的车子——"

梁实秋就搭过胡大哥的车子。他觉得这辆老掉牙的旧车早该进博物馆了，堂堂的北大文学院长乘坐这样的车子，虽然表现出了胡适的俭德之风，但未免显得有点寒酸。不过，这辆旧车也不是一点优越性没有，它的好处——也许是唯一的好处——就是由于"三高"，大雨过后马路上虽然淹了水，仍能在水里自由自在地开过去。有一对美国朋友每年都要到北京来住几个月，他身材高大，坐别的小轿车上下不大方便，就特别欣赏胡适的这部"高轩"，自然也没有少坐过。

以后胡适当了北大校长，学校给他配备了一辆新车。胡适住家在东厂胡同，北大在沙滩，他到学校去要经过东皇城根，那一带晴天尘土飞扬，下雨泥泞不堪。有一次梁实秋搭他的新车，正值雨后，路上有很多小水坑，胡适一再关照司机："慢点开，前面有一个水坑。慢一点，慢一点，当心不要把水溅到人身上！"除胡适之外，梁实秋还没有看到过一个人坐在汽车里面，而犹能这样的关心到路上的行人，不免深受感动。他说："不要以为这是一件小事，一个伟大的人物之所以成其为伟大，往往就在此等小事中表现出来。"

"适之的礼拜"

中国的知识分子往往以共同信仰和留学背景组成各自的小圈子，胡适、丁文江以及徐志摩等英美派文人就聚集在一起，组织社团、创办刊物，呼风唤雨，激扬文字，在社会上尤其在知识界形成了一股很大的势力，二十世纪二十至三十年代曾一度如星月一般灿烂。

先后成立和出版的"现代评论"社及《现代评论》杂志、"新月"社及《新月》杂志、"独立评论"社和《独立评论》杂志，是他们的主要阵地和喉舌。胡适作为中国"自由主义知识分子"的代表，是这些"现代"的"独立"者们公认的精神领袖，是以英美派文人为主的"新月"圈的一面旗帜。用梁实秋在《谈徐志摩》一文中的话来说："胡先生当然是新月的领袖，事实上志摩是新月的灵魂。"

在他们那个圈子里，除了年纪稍长的丁文江外，大家都怀着尊敬与钦佩，亲切地称胡适为"胡大哥"。——这个称谓反映出了胡适在朋友们心目中的地位：他是一个能给别人提供帮助与指导的人，也是一个宽厚平和待朋友如手足的人。因此之故，那时不少人经常挂在嘴边上的一句口头禅是："我的朋友胡适之"。这中间有的人确是胡适的朋友，也有自称是胡适朋友其实与胡适并无交情甚至敌对的人。

朋友多自然就来客多，应酬多。尽管胡适是个大忙人，写作、教书、演讲……每天的日程排得满满的，但无论多么忙碌，他都要在星期日接待客人。这是他法定的会客时间，"小脚太太"江冬秀把星期天叫作"适之的礼拜"。胡适的日记中对此有所记载：

"今天是星期，我家中来客最多，终日会客。这是冬秀所谓'做礼拜'也。"

"今天来客甚少。我五年来，每星期日上午九点到十二点，为公开见客时间，无论什么客来都见。冬秀戏称为'胡适之做礼拜'！有时候一个早晨见二三十个客。……"

据林语堂讲："在北平，胡适家里每星期六都高朋满座，各界人士——包括商人和贩夫，都一律欢迎。对穷人，他接济金钱；对狂热分子，他晓以大义。我们这些跟他相熟的人都叫他'大哥'，因为他总是随时愿意帮忙或提供意见。"

另据梁实秋讲：胡适"住在米粮库的那段期间，每逢星期日'家庭开放'，来者不拒，经常是高朋满座，包括许多慕名而来的后生。这表示他不仅好客，而且于旧雨今雨之外还隐隐然要接纳一般后起之秀。"

二十世纪二十年代末胡适住在上海的时候，也是星期日会客。有一

胡适逸闻

次一位德国的学者来拜访胡适，夫人通报后，胡适便从楼梯上走下来接待。那位德国学者见到他，连忙说：

"我不是来看你，我要看你的老太爷。"

胡适笑道："我就是胡适。"

德国学者大为惊奇："我早就读过先生的著作，总以为先生是一位老宿，原来你还是这么的年轻！"

胡适笑了，江冬秀也很为自己的夫君"年轻"感到满意，以后常向朋友讲这件事。

二十世纪五十年代末到六十年代初，胡适担任台湾"中央研究院"院长，工作分外忙碌。这时他已是六七十岁的老人了，又患有心脏病，有时不得不住在医院里检查和治疗。即便这样，仍不断有客人来访。家人、秘书和医生觉得这会打扰胡适休息，从而影响他的健康，所以商量见客的时间应有所限制。胡适的长子祖望对父亲建议道：

"恢复在北平时候的办法好吗？在北平时规定每个星期天的早上，从九点到十二点为会客的时间……"

一句话勾起了胡适心中浓浓的怀旧情绪，他打断儿子的话，转过脸来对秘书胡颂平说："我星期天早上见客，我的太太说：'这是适之的礼拜'。"

那是一段难忘的岁月，高朋满座，你言我语，乐此不疲。"我想现在可以反其道而行，这样礼拜天可以完全的休息。"胡适想了一想，接着说："不过，这也难；人家这么远道来看我，他们有的坐火车，有的坐公路局的车子，到了南港，还要坐三轮车，甚至步行到旧庄来看我，怎么好不见呢？"

祖望说："我们定有规则，人家再来，那不是我们的责任，而且别人也可以去挡驾。"

胡适问："人家怎么知道呢？"

胡颂平说："登《通告》不好，发个消息好些。昨天那个客人的胡扯，花费了先生的时间，实在太可惜了。"

为了胡适的健康，胡颂平拟定了限制见客时间的办法，但却无法实行，因为胡适首先就不同意。胡适对他说："人家远道来看我，你对客人说我不能接见的理由，要说多少话，要费多少时间，人家还是不高兴的回去；不如由我自己来接见。我可以很快的送客。你要知道，说一个'不'字很困难，说一个'是'字就很容易了。……何况和有些客人谈话，可以启发我的思想。"

　　胡颂平只好遵命照办，但他私下也总会事先提醒客人，胡适院长身体有恙，请谈话不要太久，最好不要超过五分钟。但胡适却是从不冷待客人的，主要的事情谈完了，为了不让主客之间出现短暂的静默，他还会主动想出别的话题。"我早想告辞了，可是胡先生谈得很起劲，中途不能站起来。"延时的客人往往对胡颂平秘书这样解释说，脸上掩饰不住满足的神情。一位阿根廷大学的哲学教授规里斯（Quiles），由蒋慰堂陪着来向胡适请教"禅宗"的问题，胡适同他整整谈了一个钟头，使规里斯感到"如沐春风"，临走时说："现在我对禅宗的整个概念全明白了。我在日本研究了三个月，还不如这一点钟的得益。"

　　无怪乎客人都希望能同胡适博士多谈一会儿了，弄得胡颂平也无可奈何。

　　"适之的礼拜"无论实行或取消，胡适的心总是对朋友开放着的，在他心里永远都是高朋满座。

胡适逸闻

朋友相处，其乐连连

胡适住在上海极斯菲尔路的时候，有一天梁实秋、徐志摩、罗努生（隆基）去看他。夫人江冬秀对他们说："适之现在有客，你们先到他书房去等一下。"徐志摩遂领头上楼，进入胡适的书房。书房不大，仅有三四平米，容不下三个人坐，于是他们就站在书架前东看看西看看，俨如在胡适的书海里荡舟。

胡适有写日记的习惯。早年写的《留学日记》（后改名为《藏晖室日记》），内容很大一部分是他的读书札记，小部分是他的私人生活，以及友朋交游的记载。《留学日记》只是个开端，以后的日记内容更庞杂，个人经历包括思想演变、社会现象包括重大事件、人际关系等等，无不尽记其中，几乎可视为一部胡适个人的乃至中国近现代的历史。

忽然，徐志摩大叫一声道："快来看，我发现了胡大哥的日记！"

大家循着他的手指弯腰一看，见书架的下层有一叠一尺多高的《新月》杂志专用的稿纸，是胡适自己定制的，分宣纸毛边两种，在新月书店公开出售。胡适的日记就是用这种稿纸写的，他习惯用毛笔，一笔一捺写得相当工整。除了私人记事之外，每天剪贴的报纸也粘贴在日记里。朋友们的名字不时出现在日记中，交友之多实属罕见。罗努生笑着说："得附骥尾，亦可以不朽矣！"

三个人匆匆看了几页，胡适已冲上楼来。他笑容满面地说："你们怎可偷看我的日记？"随后又一脸严肃言道："我生平不治资产，这一部日记将是我留给我的儿子们惟一的遗赠，当然是要在若干年后才能发表。"

胡适大力提倡"整理国故"，二十世纪二十年代初曾将《宋人话本八种》加以新式标点后，由上海亚东图书馆出版。其中一种述说海陵王荒淫无道，因为涉及一些猥亵的描写，被巡捕房没收了。胡适很不服气，认为评话在中国小说史中占有很重要的地位，历代重要典藏均有著录，而且文学作品涉及性的叙说也是寻常之事，中外皆然，不足为病。因而他去请教律师郑天锡，打算向巡捕房提出控告。郑先生对他说："没收是不合法的，如果刊行此书犯法，先要追究犯法的人，处以应得之罪，然后才能没收书刊，没收是附带的处分。不过你若是控告巡捕房，恐怕是不值得的。"胡适认同了律师的意见，也就没有抗辩。

有一次几个朋友在胡适家里聚餐。又是徐志摩像一阵旋风似的冲了进来，抱着一本精装的厚厚的大书，图文并茂，是德文的色情书。大家争着看。胡适无所忌讳地说：

"这种东西，包括改七芗仇十洲的画在内，都一览无遗，不够趣味。我看过一张画，不记得是谁的手笔，一张床，垂下了芙蓉帐，地上一双男鞋，一双红绣鞋，床前一只猫蹲着，抬头看帐钩，还算有一点含蓄。"

大家听了都会心地一笑：这桩小事说明胡适"尽管是圣人，也有他轻松活泼的一面。"

徽菜"一品锅"

胡适是安徽绩溪人，爱吃徽菜，尤其是"一品锅"。住在北平或上海的时候，逢年过节常请亲朋好友到家里来欢聚，一起品尝夫人江冬秀的上等烹调技艺。

老北京的年味儿特足，从腊八到正月十五几乎天天都在热闹喜庆的氛围中度过。腊月二十三家家户户祭灶，祷告灶王爷上天说好话，保佑一家男女老少来年吉祥安康。胡家虽不祭灶，但也要小吃一顿。除夕之夜和大年初一是过年的高潮，胡适的朋友本来就多，此时接踵而至，欢聚一堂，一派节日欢乐更非平常日子可比。"小脚太太"江冬秀亲手做的著名的徽州"一品锅"端上桌了，——那是一只大铁锅，口径近二尺大小，里面一层鸡、一层鸭、一层肉，上面点缀着一些蛋皮饺，底下铺的萝卜白菜。热腾腾地，锅里的汤水仍在滚沸着。胡适笑着介绍道：

"你们有口福，这'一品锅'是我们徽州人待客的上品，酒菜、汤都在其中矣！来来来，大家尝尝味道如何？"

众人大快朵颐，赞不绝口："好，好，果然名不虚传！"

酒足饭饱后又作方城之戏。江冬秀是麻将迷，牌艺又精，胡适平常日子不怎么参与，除夕之夜也会偶尔为之，打一会儿麻将消遣消遣。北京习俗，大年三十晚上，前门外八大胡同的妓女们都要到关帝庙烧香，祈求关老爷赐福，上等的来年能嫁个如意郎君，下等的接的客人又好又有钱。有一年除夕，胡适同安徽籍友人程士范、石原皋跑到前门外看妓女烧香，那自然是另有一番兴致。

不少北大同事品尝过胡家的徽州"一品锅"。抗战时期北大南迁，同清华、南开在云南昆明组建西南联大。胡适出任驻美大使，在他四十七岁生日那天，即一九三八年十二月十七日，远在昆明的十九位北大旧同事联名给胡适寄来了一封祝寿的贺信，除表示希望胡适"发挥无碍的辩才，申展折冲樽俎的身手，做一番旋乾转坤的伟业"外，还特别企盼抗战胜利后，"我们一起再回咱们老家去，在那五十整寿的那一天，咱们再重开'寿酒米粮库'的华筵，重尝徽州一品锅的美味，……"贺信中的"老家"指北平，"米粮库"是胡同的名称，胡适那时住家在此。胡适读着贺寿信，脑海中一一浮现出了那些北大旧同事的熟悉而又亲切的面容，仿佛徽州一品锅的美味又飘进他的鼻孔里去了……

"雾树"改"冰雾"

　　一九三三年十二月二十八日,岁末。胡适从北平城内去西郊的燕京大学赴会。前一天夜里下了大雪,昨天雪又下了大半天,加之昨夜起了大雾,所以一路雪景很美,看上去树枝都成了玉树,晶莹剔透。这是北平冬天最美的景致。但古人之中只有崔东壁注意到了这一自然现象,将其称之为"雾树",并说明了系由大雾所致。胡适很佩服崔东壁的细心。

　　晚上,胡适在外国友人福开森家吃饭。福开森的女儿玛丽(Mary)十分开心地说:

　　"昨天夜里大雾弥漫,今天树枝上凝结成冰,北平的雪景真美啊!"

　　胡适听了,心里对西洋人的观察力很是叹服:雾者,水气也,遇冷凝结成水,再冷冻结成冰,薄薄的粘挂在树枝之上。崔东壁说"雾树",已经是破旧说而立新说了,不料西洋人更进了一步,把"雾树"解释为大雾冰凝的结果。这是更科学的解释。胡适因而想到"雾树"这个名词还不够写出今天见到的自然景象,应当改为"冰雾"或"雾冰"才更好,更恰当。

"惊鸦"与"稻草人"

　　清道光时金溪李元复（登斋）著有笔记《常谈丛录》，其中卷四有《惊燕》一条，云：

　　"燕畏纸条，故裱画者必于上方挂二纸条，名曰'惊燕'。予曾试之，殊不然。当燕作巢育子时，每遗泥粪，污点几案柱壁。厌而欲驱之，乃依法粘长纸条于巢间。燕至翼风扇动，纸条飞扬，燕惊噪飏去。已而复来。如此十余次，渐集于旁边熟视，又再三回翔加审，遂就巢如常。盖燕恒患蛇入巢中啖其子，见纸条动，疑是蛇而畏之。迨察之非蛇，则亦弗畏耳。岂畏纸哉？在昔人亦特得之偶然，遂装之于画，笔之于书，而不知其实不足恃也。非身亲试之，不几为古人所愚乎？"

　　这则笔记的作者"身亲试之"，正好符合胡适信奉的杜威实验主义哲学，胡适认为由《惊燕》一条可见李元复（登斋）观察谨严、细致，"其所记燕子情状，是很好的动物心理"。英文 Scarecrow 一词，原意为"使之受到惊吓"，实际上就是通常指称的"稻草人"，置于田间吓唬前来啄食的飞鸟。胡适若干年前曾打算将 Scarecrow 一词译为中文，但没想出什么恰当而又生动的中文译名。周作人说不妨照着古人的说法，将此名为"安山子"，但现在一般的读者反而不大容易懂得。胡适看了《常谈丛录》卷四《惊燕》一条后，忽然茅塞顿开，他想画上纸条名为"惊燕"，田里草人译为"惊鸦"，岂不很美？

　　"稻草人"通俗易懂；"惊鸦"很美，更合胡适之类的文人的胃口。

第六章

老朋友，老邻居

一九三三年十二月三十日，岁末年终，天寒地冻。陈垣不顾严寒，特地来找胡适面谈，代表辅仁大学商请胡适担任辅仁校董会董事。胡适在这一天的日记中写道："陈援庵先生来谈，谈了两个多钟头。他是辅仁大学的校长。辅仁现改组校董会，他来请我做一个董事。"这是陈垣校长的公事。学者见面，公事谈罢接着谈学术："我们谈'清代朴学方法的来历'。他似乎不很信西洋耶稣会士与清代治学方法无关。"

治元史的陈垣写有《元典章校例》，想请胡适写一篇序，胡适早就应允了。《元典章校例》出版之前，一天早上陈垣把校样给胡适送去，胡适仔细读了一遍。为他人作序可以认真，也可以敷衍，胡适属于前者。为了写好序言，晚上他又翻看王念孙《淮南杂志》序，俞樾《古书疑义举例》等书，结果做成一篇洋洋洒洒、长达八千字的《序陈垣先生的〈元典章校补释例〉》。胡适在序中，充分肯定陈援庵先生校《元典章》的工作"可以说是中国校勘学的第一伟大工作，也可以说是中国校勘学的第一次走上科学的路。"它的成功"是新的中国校勘学的最大成功。"

由此可见：胡适作序也是在做学问。这样的序文自然是陈垣先生所乐见所佩服的。

有一段时间胡适和陈垣是邻居，都住在北京米粮库胡同内，胡适住四号，陈垣住一号。两人互相经常串门，过年时相互拜年。陈垣家中收藏有程瑶田题程子陶画的雪塑弥勒，胡适题诗一首曰：

> 瞧这一个大肚皮，瞧他总是笑嘻嘻。
>
> 这是佛法这是佛，大家相信莫狐疑。
>
> 明天日出肚皮消，连这笑也不存在。

昨天大家乐一场，绝对真实无可赖。

四十年代初期胡适撰写了长篇札记《读陈垣〈史讳举例〉论汉讳诸条》，又写有《两汉人临文不讳考》，两篇文章都刊载于一九四四年三月昆明出版的《图书集刊》新第五卷第一期上。这时胡适在卸任驻美大使职务后正寓居纽约，他回忆起在北京与陈垣交往的情景，在《后记》中动情地说道：

"援庵先生旧居米粮库一号，我旧居米粮库四号。我们作了多年的邻居，享受了多年的论文切磋之益，……现在我们相隔几万里，不知何时才得重有聚首论文之乐。所以我很诚恳的把这两篇论避讳的文字奉献给我的老朋友、老邻居。"

"我有一个私见"

汤用彤（锡予）著有《汉魏两晋南北朝佛教史》，胡适曾为之校阅，认为此书极好。一九三七年一月十七日他在日记中写道："锡予和陈寅恪两君为今日治此学最勤的，又是最有成绩的。锡予的训练极精，工具也好，方法又细密，故此书为最有权威之作。"

治佛教史当然须要从印度那里正本溯源。佛教是如何传入中国的？汤用彤不主张佛教从海道传入中国的说法，胡适则认为"此说亦未可完全抹杀"。他根据齐人甘忠作《包元太平经》，而《太平经》与佛教有关，以及公元二世纪中叶南北之笮融佛教运动，大胆地"假定一个长时间的海上交通与民间佛教之流行"有关。胡适甚至推测佛教传入中国除北方陆道与南方海道之外，"似乎尚有蜀印一条路线"，即从印度通过蜀地（即今四川）输入，不过他并未"小心"地予以证实。

有一天，胡适到北大，同汤用彤作了一次长谈。汤用彤知道胡适在学术上主张"大胆的假设，小心的求证"，就谦逊地对胡适说："我自认胆小，只能作小心的求证，不能作大胆的假设。"

胡适笑道："锡予你这是谦词了，你的书处处注重证据，无证之说虽有理亦不敢用。"

汤用彤说："因为胆小，所以才极小心哪。"

胡适称赞道："这是最可效法的态度啊！"

胡适一向颂扬西洋文明，贬低东方文明，包括中国固有文化和印度文明。汤用彤对此有些不同意见，就用开玩笑的口吻对胡适说：

"我颇有一个私见，就是不愿意说什么好东西都是从外国来的。"

胡适也笑着对汤用彤说："我也有一个私见，就是说什么坏东西都是从印度来的！"

皆有所指的戏言让他们两人都哈哈大笑了。后来，胡适在日记中就这次切磋写了一段话："其实，这都不是历史家正当态度。史家纪实而已。如果有些好东西是海外来的，又何妨去老实承认呢？"

胡适逸闻

骂人公开不用"寓"

蒋梦麟一九三一年执长北大时聘请胡适担任文学院长，一九三四年暑假为了"整顿"国文系，又决定国文系主任由文学院长兼任，这样胡适就以文学院长的身份兼任了北大国文系主任。国文系原主任马裕藻和林捐（公铎）、许之衡两位教授对此深为不满，相继提出辞职，在校内外酿成了不大也不小的风波。

林捐的个性固执怪僻，他在写给蒋梦麟的辞职信中言道："自公来长斯校，为日久矣。学者交相责难，瘖不敢声；而校政隐加操切，以无耻之心，而行机变之巧，捐甚伤之。……"

学校领导变更国文系主任的决定，林捐怀疑是胡适的主意，所以对胡适忿恨到了极点。

带着这种情绪，他给胡适写去一信："适之足下：犹石勒之于李阳也，铁马金戈，尊拳毒手，其寓于文字者微矣。顷闻足下又有所媒孽。人生世上，奄忽如尘，捐宁计于区区乎？比观佛书，颇识因果，佛具九恼，捐尽罹之。教授鸡肋，弃之何惜！敬避贤路，以质高明。"

"寓"者，藏也。林捐信中使用这个字，意思无非是说胡适笑里藏刀，写文章从字缝里面放暗箭伤人。

胡适复信林捐，对他的指责作了严正辩驳：

"今天读手示，有'尊拳毒手，其寓于文字者微矣'之论，我不懂先生所指的是那一篇文字。我在这十几年之中，写了一两百万字的杂作，从来没有一个半个字'寓'及先生。胡适之向来不会在文字里寓意骂人。如有骂人的工夫，我自会公开的骂，决不用'寓'也。"

"来信又说：'顷闻足下又有所媒孽'，这话我也不懂。我对人对事，若有所主张，无不可对人说，何必要作'媒孽'工夫？"

"来函又有'避贤路'之语，敬闻命矣。"

固执怪僻的林损又有来信，言辞类乎村妇骂街，胡适一笑置之，未作回应。

不过胡适对兼任国文系主任是认真的，在接见国文系四位学生代表时，提出了改革国文系的原则是"降低课程，提高训练"，具体办法有三：一、加重"技术"的训练。二、整理"历史"的工课。三、加添"比较"的功课。胡适和蒋梦麟都想用一年工夫整顿北大国文系，引进一些学有专长的年纪较轻的人才。林损信中所谓的"闻足下又有所媒孽"，倒也并非空穴来风，胡适当时确曾想把他"新月"派的两个小兄弟梁实秋和闻一多拉到北大来。"但中国文学系是不容易打进去的，我又在忧谗畏忌之中，不愿连累北大及梦麟先生。"胡适在致梁实秋的一封信中道及了自己的苦衷，"忧谗畏忌"指的就是他和林损等人的争执。梁实秋在一篇回忆文章中说："胡先生的作法不是没有受到讥诮，我记得那一年共阅入学试卷的时候，就有一位年龄与我相若的先生故意的当众高声说：'我这个教授是既不名誉也不研究！'大有愤愤不平之意。"

辩冤白谤，抗议攻讦

一九三四年四月《十日谈》杂志第二十六期上，有一个化名"象恭"的人撰文说：陈衡哲女士原是追求胡适的，胡适没有接受，这才把她介绍给了任鸿隽（叔永），这就是为何陈衡哲与任鸿隽婚后感情仍然平淡的原因。此文一出，社会为之轰动。陈衡哲、任鸿隽夫妇斥责说这是有意的造谣和诽谤，任鸿隽并直接写信给胡适，指出"那篇原文意存诬毁"，除非有更明确的表示，"不能洗刷原来的诬辱"。

胡适和任鸿隽、陈衡哲夫妇本是留美时期的学友。任叔永和陈衡哲一九二○年回国后，在北京举行了新式结婚仪式，已在北大任教的胡适担任司仪（当时称"赞礼"），并戏作对联"无后为大、著书最佳"赠与这一对新婚夫妇。胡适写的那首诗《我们三个朋友》，吟咏的就是他和任鸿隽、陈衡哲夫妇的友情。

　　明朝吕坤说过："为人辩冤白谤，是第一天理。"胡适很欣赏这句话，并且运用在了学术研究与人际交往上。对于陈衡哲——其中也包括他自己——的攻讦诬枉，胡适当然也十分生气，他写信质问《十日谈》编者，并根据事实逐条加以驳斥，要求编者与文章作者道歉。

　　一、此文说陈女士留学美国时，与胡适相见的甚多。事实是："我与陈女士留学并不同地，只有一九一七年四月七日任叔永君邀我同到她的学校，见她一次。不久我就回国了。直到三年后，一九二○年的夏间，她和任君同回国时，我在南京才和她有第二次的相见，那时他们早已订婚，他们的婚约就是在那时宣布的。"

　　二、"陈女士与任叔永君做朋友，起于一九一六年的夏间；我最初知道陈女士的文字，都是间接从任君方面看见的。后来我做了《留美学生季报》的编辑，因为向她征求文稿，才和她通信。以后一九一七年我与她第一次见面，也是任君邀我陪他去的。所以我认识陈女士完全是由任君介绍的。今'象恭'君文中说我因为拒绝了她结婚的要求，'所以把陈女士'负责'介绍给我的朋友任叔永了'。这是完全与事实相反的诬词。"

　　三、"在留学时代，我与陈女士虽然只见过一面，但通信是很多的。我对她当然有一种很深的和纯洁的敬爱，使我十分重视我们的友谊。"（胡适在和梅光迪、任鸿隽等人就文言与白话优劣争论最激烈的时候，只有陈衡哲支持胡适，所以后来胡适称"她是我的最早的一个同志。"）"但我们从来没有谈到婚姻的问题"，"因为一班朋友都知道陈女士是主张不婚主义的，所以没有一个人敢去碰钉子"，"直到任君于一九一九年第二次到美国，陈女士感他三万里求婚的诚意，方才抛弃了她的不婚主义，和他订婚。"事实就是如此。胡适强调："……'象恭'君此文中说我拒绝了'自投送门的海外艳遇',这是对于一位女士最无礼的诬蔑与侮辱,我不能不向贵社提出抗议,贵社对此文应该有负责的道歉。"

四、"象恭"文中有许多字句显然是存心攻讦的。……如他说"胡适把陈女士'负责'介绍给'他的朋友'任叔永",这"是不是有心布出疑阵,借此攻讦我?"又如说"任先生夫妇的感情总还是淡淡的",这种文字"是不是有恶意的挑拨与攻讦?"胡适严正指出:"我对这些,也不能不对先生提出抗议。"

《十日谈》编者只得在第三十九期杂志上刊出《胡适之来函》,向被攻讦诬枉的陈衡哲任鸿隽夫妇与胡适道歉。但后来苏雪林还有其他一些人仍喋喋不休,根据陈衡哲的小说《洛绮思的问题》,说男女主人公洛绮思和瓦德即影射陈衡哲与胡适,两人互相倾慕,却又没能结合在一起,只是"继续不断"的保持着"友谊"的关系。真实的情况究竟如何不得而知,恐怕有"考据癖"的胡大博士会让好事者"考据"一番了……

帮人打离婚官司

胡适经常像月下老一样,在朋友的婚礼上做主持人或做证婚人,但有一次例外:帮何瑞琼同梁宗岱打离婚官司。

梁宗岱原籍广东新会,一九〇三年出生于广西百色。中学未毕业时由家庭包办,与只读过三年小学的何瑞琼结婚。一九二四年梁宗岱赴欧洲留学,精通德、英、法、意大利语。一九三一年回国,时任北大文学院长的胡适聘他为北大法文系教授兼系主任。梁宗岱接妻子何瑞琼来北京，胡适将自家的偏房让他们夫妇暂时居住。不久梁宗岱同沉樱女士热恋并同居，但并未与何瑞琼正式离婚，属于停妻再娶。一九三三年何瑞琼到法院状告梁宗岱，胡适出庭作证。这一离婚案件引起了媒体的关注，开庭那一天有一百多名学生提前一小时到场旁观。胡适在法庭上为了顾及梁宗岱的面子，故意压低讲话的声音，而且只为梁何二人婚姻关系作证。法庭最终判梁宗岱需每月支付给何瑞琼一百元为生活费，梁宗岱不服，拒不执行判决，法庭遂封存其财产。胡适在日记中，详细记载了他参与的这桩离婚官司：

"梁宗岱婚变案，自前星期日梁夫人亲笔写信委托我与（陈）受颐为全权代表后，昨夜受颐报告与梁宗岱代表朱孟实谈判结果甚满意，今天我邀梁夫人与受颐来吃饭，又在电话上把这方面的意见告知孟实，请他饭后来谈。下午两点钟，孟实来了，我们三人把商定的条件写出来，梁夫人签了字，由孟实带回去，请宗岱签了字，仍送我保存。

条件如下：

一、须法律离婚。

二、诉讼费归宗岱担负。

三、法律判决之抚养费，自去年一月起，至今共乙千六百元，由宗岱付与何氏。

四、另由宗岱付给何氏生活费五千二百元，分四次付清。

此案我于一九三二年十月十七（日）代何氏致函宗岱，提议离婚，她只要求五千五百元。宗岱无赖，不理此事，就致诉讼。结果是要费七千多元，而宗岱名誉大受损失。小人之小不忍，自累如此！"

一九三四年四月十八日，双方在胡适、朱孟实（光潜）调停下和解，梁宗岱付给何瑞琼七千多元。胡适帮人帮到底，他亲自跑到银行为何瑞琼取钱。因为这场官司，梁宗岱声名狼藉，离婚协议签署后仅一个多月，胡适便将梁宗岱列入了下学期不再续聘者的名单之中。

纳税弊端

一九三四年十月底，胡适从北平乘火车到南京出席"全国考诠会议"，在车上遇着了"国联"派来的卫生专家史丹巴（Stamper）。这位史丹巴先生在中国住了一年时间，北到宁夏，南到云南，足迹遍及十六个省份，所以对当时中国的情况颇为了解。他在车上非常坦率、非常尖锐地对胡适说：

"先生，中国有一个最大的危险，有一件最不公道的罪恶，是全世界文明国家所决不允许的。"

胡适睁大了眼睛："那是什么呢？"

史丹巴带着悲愤的神情说道："中国整个政府的负担，无论中央或地方政府，全都负担在那绝大多数的贫苦农民的肩背上；而有资产的阶级差不多全没有纳税的负担。越有钱，越可以不纳税；越没钱，纳税越重。这是全世界没有的绝大不公平。这样的国家是时时刻刻可以崩溃的。"

史丹巴先生的这些话，让胡适感到很惭愧，他想我们的赋税制度实在太不公道了，也难怪外国人会这么认为。

"抽税的轻重应该是依据纳税的能力的大小，而我们的赋税却是依据避税的本领的大小：有力抗税则无税，有法嫁税则无税，而无力抗税又无法嫁税的农民则赋税特别严重。不但钱粮票附加到几倍或几十倍，小百姓挑一担菜进城，赶一只猪上市，甚至于装一船粪过河，都得纳重税。而社会上最有经济能力的阶级，除了轻微到不觉得的间接税之外，可以说是完全不纳税。在许多地方，土豪劣绅不但不用纳税，还可以包庇别人不纳税，而他们抽分包庇的利益。都市里有钱有势的人们，连房捐都可以不纳，收税机关也不敢过问。所得税办到今天，还只限于官吏和公立学校的教员；而都市商家、公司银行，每年公布巨大盈余，每年公然分俵红利，国家从不能抽他一个钱的所得税。国家财政所靠的三五项大宗收入，关税、盐税、田税、统税，其最大负担都压在那百分之九十几的贫苦农民身上。人民吃不起盐了，穷到刨削地土上的硝盐，又还要犯罪受罚！"

这就是胡适眼中的社会现实！这就是中国的纳税制度！胡适痛感于此，觉得除了深刻的惭愧、诚恳的忏悔外，还应该勇猛的补救。他开出的药方是："转变"赋税制度，"从间接税转变到注意直接税，从贫民负担转变到依纳税能力级进的公开原则。遗产税是应该举办的；所得税应该从速推进到一切有营利可以稽查的营业。"

胡适的济世"药方"往往不能奏效，只能是——用他自己的话来说——"新年的梦想"。

什么是今日最需要的？

火车开到了安徽符离站。坐在车厢里的胡适向外看了看，只见车站两旁的空地上，像小山似的堆满了一袋一袋粮食，上面用芦苇席遮盖着，因为没有车皮运输，这些宝贵的、万千饥民眼巴巴盼望着它救命的粮食，只能在蒙蒙细雨中霉烂。胡适的脑筋不禁又"跑马"了，他想起前几天报上详细报导交通部新官邸的落成典礼，想起每年花两万万元进口外国粮食……

同车的一位律师朋友，向胡适讲了一个真实的故事：上海新开幕的"国际大饭店"吸引了许多中外来客，一个俄国人参观了里面最新式的种种设备，忍不住说了一句："华丽和舒服都够得上第一等了，可惜不是中国今日顶需要的。"

胡适问："那他认为什么才是中国今日顶需要的？"

律师说："他认为中国今日还不能解决人民的吃饭问题，中国资本家不应该把他们的财力用到这种奢侈事业上去，"

听了律师朋友讲的故事，胡适心里受到很大震动。他忍不住又看了看那堆得像小山一样的一袋袋粮食。细雨蒙蒙，兀自下个不停，似乎没有停止的时候。

站上的工作人员说车辆实在太少了，实在不够分配，大批粮食只能堆在这里任其霉烂，他们也无法。

为什么不多置一些必需的车辆呢？为什么要让人民的粮食堆积在雨地里受湿发霉呢？

交通部没有足够的钱。钱用在盖新官邸了！

可什么才是中国今日最需要的？

这个问题其实很简单，很容易回答："我不能不感觉这几年我国政府新建筑的一些官邸未免太华丽了，不是我们这个不曾解决人民吃饭问题的多难国家顶需要的。"

这是胡适的回答，至今仍发人深省。

主持会议井井有条

全国考诠会议 一九三四年十一月在南京举行，由考试院长戴季陶主持，讨论考试法中有关专门技术官吏的条款修正等项事宜。各国立大学均有代表参加，代表北京大学的是胡适。

会议一共开了四天半。胡适担任第二天会议的主席。

不知道是议题重要呢，还是胡适的大名具有特别大的号召力与吸引力，那一天除应到会的代表外，还有许多人赶来旁听，在会场外面，连门窗都挤满了人。然而秩序很好，会议在胡适主持下开得井井有条。

开完会后，考试院元老王用宾问胡适："胡先生，我是革命的老同志，又是国会议员，开会当主席，靠此吃饭的，我搞了这么久，没有控制会场这么好；你从哪里学会的？"

胡适微微笑着告诉他："我在美国当学生时，有时当干事，有时当秘书，有时当主席，有时当记录员，我是用 Robert's Rule Order 这本书来训练的。"

"Robert's Rule Order"中文译为"罗氏议事规程"。在一九一〇至一九二〇近十年的时间里，几乎所有美国学生会的章程，都规定各种会议程序要以"罗氏议事规程"为准则。胡适在美国留学期间，积极参加各种学生活动，曾担任中国学生会干事、康乃尔大学"世界学生会"组织干事（后升任主席）。"世界学生会"在不同的大学校园里轮流举行年会，胡适不仅参加有时并作为会议主持人。通过学习和使用"罗氏议事规程"，逐渐了解了民主议会议事程序的精义，这是胡适参加学生活动的一大收获，用他在《口述自传》第四章中"学习议会程序"的话来说："这是多么有益的一种训练！"

唯其对议事程序训练有素，所以主持会议才能井井有条。

"人生最愉快的境界"

胡适在《一九三四年的回忆》中，谈到了两件让他感到"快活"和"舒服"的事：一是做学问，二是编刊物。

一，"在学问方面，今年的最大成绩要算《说儒》一篇。"这篇文章长约五万字，几乎是一本虽不厚但也不算很薄的学术专著了，是胡适用了两个多月的工夫写成的。他说："此文的原意不过是要证明'儒'是殷商民族的教士，其衣服为殷衣冠，其礼为殷礼。但我开始写此文之后，始知道用此'钥匙'的见解，可以打开无数的古锁。越写下去，新意越多，故成绩之佳远出我原意之外，此中如'五百年必有王者兴'的民族悬记，如孔子从老聃助葬于党巷之毫无可疑，皆是后来新添的小钥匙，其重要不下于原来掘得的大钥匙。"自我感觉非常之好的胡适断言："这篇《说儒》的理论大概是可以成立的，这些理论的成立可以使中国古史研究起一个革命。"

对于他在《说儒》中的观点，尽管有的赞成（如陈垣、张元济、高梦旦），有的不赞成（如冯友兰、顾颉刚、林志钧），但胡适却自述其写作时的心情道：

"无论如何，我写《说儒》的两个月是很快活的时期。有时候从晚上九点直写到次日的早上三四点，有时候深夜得一新意，快活到一面写，一面独笑。依文字论，这篇有几段文字是我很用气力做的，读起来还不坏。"

二，《独立评论》周刊是胡适和丁文江、蒋廷黻、傅斯年、翁文灏等几个朋友创办的，他们秉承自由主义立场，专门评论政治，内容涉及内政与外交的许多方面。由于日后人员分散各地，周刊由胡适一人主编，他也确实倾注了许多心血。胡适不止一次地说过："近几个月来，《独立》全是我一个人负责，每星期一总是终日为《独立》工作，夜间总是写文章到次晨三点钟。冬秀常常怪我，劝我早早停刊。我对她说：'我们到

胡适逸闻

这个时候，每星期牺牲一天作国家的事，算得什么？不过尽一分心力，使良心上好过一点而已。'"

类似的话还有："冬秀甚怪我不应如此糟蹋身体，我对她说：'我七天之中，把一天送给《独立评论》，不能说是做了什么有益的事，但心里总觉得这一天是我尽了一点公民义务的一天。所以我每到两三点钟上床时，心里总觉得很好过；若是哪一天做了一篇比较满意的文章，心里更快活了。'"

据胡适说，他一个人编了五十多期《独立评论》，以周刊论，也就是五十多个星期。他总是写完了，编完了，才肯去睡，这时往往都到凌晨三四点钟了。"睡时直觉心安理得，怪舒服的，因为我觉得这一天做的事是完全不为吃饭做的，是我尽自己的一点公民职务。这种舒服是金钱买不来的。"

写文章快活，编刊物舒服。忙累并快活着，舒服着，这就是胡适写作时的精神状态。正如他在一九三三年四月八日致汪精卫的一封信中所说："只有夜深人静伏案治学之时，始感觉人生最愉快的境界。"

"做书不可学时髦"

罗尔纲在胡适的指导与帮助下，完成了《太平天国史纲》一书并于一九三七年初出版。他在书中首次提出太平天国性质是"贫民革命"，"含有民主主义的要求，并且参入了社会主义的主张"。

二月二十一日早上，罗尔纲兴致勃勃地将自己的这本得意之作拿去送给恩师胡适看。刚从协和医院出来的胡适正盖着被子躺在床上休息，罗尔纲见此情景便说等老师身体完全好后再看不迟，没想到胡适却说他要立即看。罗尔纲心里顿时热乎乎的，"感激先生的热情又在我心头燃烧着"。

罗尔纲中午回家看到了胡适的条子，叫他午饭后即去。那天吴晗正好来罗尔纲家，他们两个"胡门弟子"一起到了胡家，胡适已经下楼在书房里等候。胡适一见罗尔纲就厉声斥责，说他的这本书专表扬太平天国光明面，没有说到太平天国的黑暗面，中国近代自经太平天国之乱，几十年来不曾恢复元气，却没有写，有失史家公正。

胡适大声斥责罗尔纲做学问随意、马虎，令当时在场的吴晗都觉得很尴尬，没想到胡先生这么严厉。不过罗尔纲当时虽挨了胡适的一顿责骂，不但没有反感，而且深以为自己有违师教。

当天晚上胡适在日记中写道："读罗尔纲的《太平天国史纲》一册。下午尔纲与吴春晗同来，我对他们说：'做书不可学时髦。此书的毛病在于不免时髦。'例如（第）一三二页说：'这种种的改革，都给后来的辛亥时代，以至五四运动时代的文化运动，以深重的影响。'我对他们说：'我们直到近几年史料发现多了，始知道太平天国时代有一些社会改革。当初谁也不知道这些事，如何能有深重的影响呢？'但此书叙事很简洁，是一部很可读的小史。"

帮助穷学生吴晗

吴晗在上海中国公学就读时，校长胡适对这位来自农村的学生很是赏识。后胡适就任北大文学院长，吴晗也于一九三○年十一月到北平，并于次年暑期参加北大招生考试。当时北大和清华都有一项规定：凡转学必须先随同新生参加入学考试，成绩合格后再参加转学考试，也就是要过两个关口。吴晗考试国文得了一百分，英文也得了一百分，可是数学却得了个大鸭蛋——○分。北京大学没能考上，清华大学因其国文、英文成绩优异破格录取。这样，吴晗只好进清华历史系就读，并从此同清华大学结缘。

吴晗报考北大落榜，让胡适感到很是遗憾，促使胡适对北大考试制度进行某些改革：自一九三二年起，转学生单考转学的课程，而且文、理科还应各有侧重。这项改革以后为邓广铭考入北大开了方便之门。

虽然吴晗进了清华，但胡适仍一如既往关心他，帮助他，指导他做学问。

清华大学当时由翁文灏任代理校长，张子高任教务长。吴晗考进清华不久，一九三一年八月十九日，胡适便给他们写了一封推荐信：

"咏霓、子高两兄：

清华今年取了的转学（生）之中，有一个吴春晗，是中国公学转来的，他是一个很有成绩的学生，中国旧文史的根柢很好。他有几种研究，都很可观，今年他在燕大图书馆做工，自己编成《胡应麟年谱》一部，功力判断都不弱。此人家境甚贫，本想半工半读，但他在清华无熟人，恐难急切得工作的机会。所以我写这信恳求两兄特别留意此人，给他一个工读的机会，他若没有工作的机会，就不能入学了。我劝他决定入学，并许他代求两兄帮忙。此事倘蒙两兄大力相助，我真感激不尽。附上他的《胡应麟年谱》一册，或可觇他的学力。稿请便中仍赐还。匆匆奉求，即乞便中示复为感。"

由于胡适推荐，经两位校领导首肯，清华大学史学系主任蒋廷黻给了吴晗一个工读生的位子，半工半读，每天工作两小时，整理大内档案。吴晗将工作报酬用于读书求学，成绩很好。

以后在做学问方面，胡适给吴晗指示了"一条应走的路"：专治明史，但不是要写一部新明史，而是训练自己作一个能整理明代史料的学者。

"……秦、汉时代材料太少，不是初学所能整理，可让成熟的学者去工作。材料少则有许多地方须用大胆的假设，而证实甚难。非有丰富的经验，最精密的方法，不能有功。

晚代历史，材料较多，初看去似甚难，其实较易整理，因为处处脚踏实地，但肯勤劳，自然有功。凡立一说，进一解，皆容易证实，最可以训练方法。"

胡适的这一番指示决定了吴晗今后一生所走的学术道路。用今天的话来说，他的指示是带有方向性的，引导吴晗在纷繁杂乱的学术迷宫中找到自己的学术定位。

不仅如此，胡适还手把手地给吴晗以具体的指导，教他怎样做学问：

"一，应先细细点读《明史》；同时读《明史纪事本末》一遍或两遍；《实录》可在读《明史》后用来对勘，此是初步工作。于史传中之重要人的姓名、字、号、籍贯、谥法，随笔记出，列一表备查，将来读文集杂记等书便不感觉困难。读文集中之碑传，亦须用此法。

二，满洲未入关以前的历史，有人专门研究，可先看孟森（心史）《清开国史》（商务）一类的书。你此时暂不必关心。此是另一专门之学。谢国桢君有此时期史料考，已由北平图书馆出版。（孟心史现在北大）

三，已读得一代全史之后，可以试作'专题研究'之小论文（Monographs），题目越小越好，要在'小题大作'，可以得训练。千万不可作大题目。

四，札记最有用。逐条必须注明卷册页数，引用时可以复检。许多好'专题研究'，皆是札记的结果。

五，明代外人记载尚少，但如'倭寇问题'，西洋通商问题，南洋问题，耶稣会教士东来问题，皆有日本及西洋著述可资参考。……"

读什么书，作什么笔记，写什么文章……诸如此类琐细的问题，胡适都"指示"得清清楚楚。恐怕没有像他这样细致入微的导师了，也没有像他这样对学生对晚辈关心备至的导师了，须知吴晗并不是北大的学生，胡适纯粹是因为爱才惜才，所以才把吴晗当作了亲授弟子，不取分毫，纯粹是在尽义务。

遵照胡适的指示，吴晗在大学期间专攻明史，写了四十多篇文章，其中《胡惟庸党案考》《〈金瓶梅〉的著作时代及其社会背景》《明代之农民》颇受当时史学界名流的青睐。

"逢人满口说邓生"

据邓广铭说，他在上高小时就从一位教员那里看到过《胡适文存》，知道了"胡适"的大名。以后到了北京，在入北大前旁听过胡适《中国哲学史》中古一段的讲课，给他的印象是条理井然，做了充分准备。上四年级时因为想写南宋思想家陈亮的传记，邓广铭又选了胡适开的选修课《传记文学习作》。胡适上课之前会有布告，课上讲的也多是较大的问题。邓广铭印象最深的是：胡适讲怎样收集材料时，告诉同学们要学会剪裁，他举美国做衣服的店铺为例，说剪裁师最要紧，一剪子下来就是多少套衣服。"你拿到了料子，就等于拿到了人物传记的资料，但你不会剪裁就不行。"这对邓广铭有很大的启发，以后他写《陈亮传》就采用了胡适老师教给他的方法。

邓广铭花了近两年的时间收集陈亮的资料，写了大约十二三万字，作为自己的毕业论文。胡适看后给他打了九十五分的高分，并加了"这是一本可读的新传记"的评语，尤其称赞其中写朱陈争辨王霸义利一章，曲尽双方思致，条理脉络都极清晰。胡适到处对人称赞这篇论文，"逢人满口说邓生"一时传为美谈，这对初出茅庐的邓广铭是一个很大的鼓励。

胡适同时告诉邓广铭：陈亮和辛稼轩是很好的朋友，两人的交往应多花些笔墨，但你对辛稼轩反映的不够。尽管存在不足，但胡适还是很欣赏邓广铭的学术才能的，一九三六年邓广铭毕业后就把他留在了北大，在北大文科研究所任助理员，兼史学系助教。

"一个人在三十岁以前做学问应当受到鼓励，在三十岁以后做学问是本分。"这是胡适对邓广铭说的话，他鼓励邓广铭申请中基会的研究资助。一九三七年春中基会批准了邓广铭的申请，这中间胡适起了关键的作用。

邓广铭为弥补《陈亮传》的不足，打算搞《辛稼轩年谱》和《稼轩词笺注》。胡适最不喜欢做学问跟在别人屁股后面走，自己一点创见也没有，他告诉邓广铭说：过去梁启超昆仲曾做过这件事，你现在要搞，得写篇文章表明你的本事超过了梁氏兄弟才行。邓广铭心里有底，他看过梁氏兄弟的书，知道梁启超的《辛稼轩年谱》是他逝世前在医院里写的，所参考的书籍不多，而且只写到公元一千二百年，辛稼轩最后八年根本没来得及写。邓广铭按照老师的建议，写了一篇《辛稼轩年谱和稼轩词疏证总辩证》，发表在《国闻周报》上，胡适看了说写得很好。

邓广铭全力以赴搞《辛稼轩年谱》和《稼轩词笺注》，积累了丰富的材料。有一个姓郑的人同时也在搞，拿了七八本稿子请胡适帮忙出版，胡适因为去庐山开会，就请邓广铭帮着看一下。邓广铭看完之后得出结论：使用的都是梁启超等人的材料，没有作者自己创获的东西。后来胡适把这个意见转告了郑某，对郑某说现在搞辛稼轩的传记，好坏的标准就是看谁的材料多。郑某要求胡适把邓广铭的有关笔记拿给他看，胡适当场拒绝了，说：

"你们都搞一个题目，我怎么能没得到他同意就拿给你看呢？"

郑某又直接找邓广铭，劈头就说："你不要做这个工作了！"其掠美之心暴露无遗。

由于中基会对这个项目有一定数量的经费资助，如要改变项目承担人须得通过中基会，所以邓广铭去征求胡适的意见。胡适态度很明确，对邓广铭说：

"你照做，这个人甚陋，你开出了书名，他还不知道到哪儿去看。你做你的，我看他做不出什么好东西来。"

胡适对邓广铭的研究工作给予了一贯的大力的支持。他们师生之间的关系也相当融洽、亲近，八月十五中秋节胡适请邓广铭等几个年轻人到米粮库四号他的家里吃月饼，夫人江冬秀亲手做的馅，送到点心铺去做皮。

"捣乱与做研究工作是两码事"

一九三二年，在去南京的火车上，胡适和凌某坐在一个车厢里。胡适是北京大学文学院长，凌某则在主办一家二三流的小刊物。毕竟都是文化界人士，免不了攀谈起来。胡适无意中看到了凌某随身带的刊物上有一篇文章，题为《抵制日货之史的考察与中国工业化问题》。大致翻阅了一下，指着文章的署名问凌某："千家驹是谁的笔名？"

凌某答："这不是笔名，他本姓千。"

胡适又问："千在哪儿工作呀？"

凌某说："千是北大学生，还没有从大学毕业。"

胡适有些惊讶了："一个大学生有这般水平，实在了不起。我一定要找他谈一谈。"

回到北京后，胡适就和他的得意门生吴晗谈起这件事。恰巧吴晗和千家驹两人是同乡同学又同年的莫逆之交，吴晗便介绍千家驹去拜访胡适。见面之后，千家驹告诉胡适他在北大经济系读四年级，即将毕业，又说他平时给二三流的刊物写点文章，骗点稿费。

胡适是非常爱惜人才的，他问千家驹："毕业后准备去哪里工作？"

千家驹有些为难地说："我工作还没有着落呢！"

那时流传着一句话：毕业即失业。大学毕业后找工作十分困难。胡适主动介绍千家驹到陶孟和主持的社会调查所工作，这是一个受中华教育文化基金会资助的独立研究机构。胡适是中基会董事会的董事，陶孟和对他很是敬重，胡适推荐的人员他自然乐于接纳。但后来一打听，才知道千家驹是北大学生会的一个头头，著名的"捣乱分子"，很有可能是 CP（共产党）。陶孟和有些犹豫了，找到胡适商量这个人要还是不要。胡适的反共立场是尽人皆知的，不过在千家驹的事情上，胡适却不为政治成见所支配，他对陶孟和说：

"捣乱与做研究工作是两码事，会捣乱的人不一定做不好研究工作，况且一个研究机关，你怕他捣什么乱呢？"

千家驹在社会调查所的工作经胡适这么一说，就铁板钉钉定下来了。后来胡适写文章、作讲演，还举吴晗和千家驹作例子，说明一个人只要有本领，大学毕业后决不会失业。

一九三四年胡适又主动向蒋梦麟校长提出，聘请千家驹到北大经济系担任兼课讲师。经济系主任赵乃搏认为千家驹从本校毕业不过两年，资格太嫩，怕他讲课下不了台，又嫌千家驹思想左倾，在社会调查所动手翻译马克思的《资本论》，就不大想要。千家驹为此给胡适写信，逐条驳斥彼等"拒绝"之理由。在胡适的坚持下，赵乃搏终于让步，让千家驹当了经济系的兼任讲师，给四年级的学生讲中国经济问题。那些学生其实都是他的老同学。

以后千家驹结婚时，胡适为其做证婚人。因为新娘出于杨门，胡适在婚礼上十分风趣地说：

"千先生是北大著名的捣乱头儿，但看今天的婚礼却一点革命气息都没有，大概从今天起千家驹已变成杨家驹了。"

几句话逗得大家哈哈大笑，婚礼气氛顿时热闹起来。

"诤友"与"谏臣"

胡适的《中国哲学史》只出版了上册，陶希圣有幸在胡适那里看到了第二册的书稿，内容主要是叙述两汉时期的思想。胡适雄心勃勃地对他说：

"第三册是中古思想史，先要把儒家思想弄清楚。我正在请教汤锡予。这一关没有打通，中古的思想史就写不下去。"

对胡适这种"打破砂锅纹（问）到底"的严谨治学精神与写作方法，陶希圣深感钦佩，觉得自己能够与胡适老师同在北大任教，受其耳濡目染，真是三生有幸。不过，陶希圣也根据辩证唯物论对胡适在"东西方文化"问题上的观点提出了批评，他在致胡适的一封长信里说：

"一切主张，从片面看，固有绝对是非，从具体看，都不免一利一弊。……在先生全思想系统里，自责没有毛病。但单把自责即'看看人家的行，想想自己的不行'特意鼓吹，对于普通的青年知识界发生什么影响呢？还是立定脚跟，埋头苦干，还是灰心失望，自寻前程呢？"

针对胡适否认帝国主义存在的事实，陶希圣强调："反帝国主义的意识，在这个不自主的国民是要有的。有了这种意识，才能有这种准备。

这种意识并不拒绝他们的科学，但决不因崇拜他们的科学，便崇拜他们的一切。"

胡适对此当然不会认可。"六三之夜，已快天明了，三点已敲过，我细读你新答我之文，仍觉你迷误未醒，意气甚盛，故又略答几句。"他在一封致陶希圣的信里这样说，两人经常在书信中讨论乃至争辩起来——

陶希圣认为："'文化无国界'是在长久的理想上，是学者应当认识的；反之，在国民教育上，'国界'恐怕还得留下。我以（为）国际主义者转而重视这'国界'，并不是一时的冲动。"

胡适分作几层意思反驳道："民族抬头，我岂不想？来信所说的吾辈负的教育责任，我岂不明白？但……如来书所说的，'自责'在学术界是应当的，但在教育上则又不应当'自责'而应当自吹：这是一个两面标准（Double Standard），我不能认为最妥当的办法。至少我的训练使我不能接受这样一个两面标准。我不信这样违心的'教育'手段能使这个民族抬头。我们今日所以不能抬头，当然是因为祖宗罪孽深重。我深信救国之法在于深自谴责，深自忏悔，深自愧耻。自责的结果，也许有一个深自振拔而涤除旧污，创造新国的日子。"

尽管意见相左，然而两人并未伤了和气。胡适对陶希圣说："今夜百忙中又来哓舌，罪过，罪过，但平日实相敬爱，不忍终自外，终望得宽宥也。"陶希圣则对胡适说："我对先生不怪冲撞，反加劝慰的意思，正是一样感激。"

那时陶希圣把他和胡适的关系是这样定位的：胡适许作"净友"，实是导师；陶希圣则愿作胡适的"谏臣"。他认为"相反的思想有时是相成的"。两人的关系概括为一句话：胡适是陶希圣的"净友"，陶希圣是胡适的"谏臣"。

后来陶希圣弃教从政，抗战初期参予了汪伪与日本的"和平运动"，差一点沦为汉奸。他在进退两难之际，唯有向胡适倾诉心声。蒋介石网开一面，不仅没有将其治罪，反而委以重任，陶希圣担任了国民党中央宣传部副部长，蒋介石的《中国之命运》即为陶希圣捉刀代笔。

一九四八年蒋介石为挽败局，有意让胡适取代翁文灏出任国民党政府的行政院长。陶希圣奉蒋命从南京飞到北平，当面向胡适传达蒋介石的旨意，并向胡适进行游说。此时已是十一月下旬，平津战役已经开始，人民解放军将北平国民党守军团团围困。由于实行灯火管制，十一月二十二日飞机在北苑机场降落后，陶希圣只得摸黑进城。他在《胡适之先生二三事》一文中对此作了比较详细的记述：

"……在一个风霜之夜，我到东厂胡同他的住宅，在他的书斋里长谈。他告诉我：他有心脏病，不能胜任这种繁重职务。他说：'像孟真、大维，都可入阁。'我说'你何不选任他们二人之一为副院长，将日常的院务交给他做？'他说：'我不担任这一职务则已，担任了就要负责任，不能推。'"

胡适一九四八年十一月二十二日的日记中对此也有简短的记载："陶希圣从南京来，奉有使命来看我。可惜我没有力量接受这个使命。"陶希圣文中将时间记为"十二月初"似有误，应以胡适的日记为准。

另据陶希圣在台湾《传记文学》第二十八卷第五期刊登的一篇回忆文章记述，当时胡适还开了个玩笑，对陶希圣说："我可以做总统，但不能做行政院长。"

陶希圣接着打趣道："你若做总统，我谋个小差事。"

"干什么差事？"

"我想做总统府的副秘书长。"

"你就做正秘书长嘛，何必屈就副的？"

"那不行，正的太忙。"

败退台湾以后，蒋介石有意连任第三届"总统"，为此就必须先修改"宪法"。胡适反对"修宪"，不赞成蒋介石继续任第三届"总统"，而陶希圣等人则以"修改临时条款"替蒋连任开路，并辩称"修改临时条款不是修宪"。在一次由陈诚主持的会议上，胡适回应说："我有一个'荒谬绝伦'的学生陶希圣……"

坚守酒戒

丁文江（在君）只比胡适大四岁，但自认识以后，就把胡适当作了他应该照管和"操心"的小弟弟。胡适颇爱喝酒，丁文江则滴酒不沾，有一次他见胡适醉得厉害，十分不放心，就力劝"小弟弟"戒酒。恰好胡适的《尝试集》刚出版，丁文江便从其中《朋友篇》里挑了胡适自己写的几句戒酒诗，请梁任公先生写在扇子上，把扇子送给了胡适。那几句戒酒诗是：

> 少年恨污俗，反与污俗偶。
>
> 自视六尺躯，不值一杯酒。
>
> 倘非朋友力，吾醉死已久。
>
> 从此谢诸友，立身重抖擞。……

不过胡适是名教授名学者，应酬很多，即使他想要戒酒，恐怕在宴席上也架不住别人敬酒的撺掇。所以在他从北平回到上海以后，丁文江又连发两信，语重心长地对胡适说道："一个人的身体不值得为几口黄汤牺牲了的，尤其不值得拿身体来敷衍人！"奉劝胡适"不要'畏人讥诃'，毅然止酒。"

商务印书馆元老张菊生也曾写有一副寿联，劝胡适戒酒："我劝先生长看着贤阃戒指，从今少喝点老酒；你做阿哥好带了小弟北大，享个无限的遐龄。"

一九三〇年十二月胡适四十岁生日的时候，他决定戒酒了，并且戴上了夫人江冬秀特意送给他的一只大金指环，上面刻着"戒酒"二字，以此作为自我警示。

过了新年不久，一九三一年一月胡适应邀到青岛大学去讲演。那里的朋友很多，如杨金甫、闻一多、梁实秋、杜光埙、李锦璋等等，顺兴楼是他们经常吃饭聚谈的所在。青岛大学的这几位朋友多感寂寞，便仿照曹孟德"何以解忧？唯有杜康"，多以纵酒消遣。有一次醉倒了三个人，李锦璋更是醉得一塌糊涂，跪在地上不起来。

在这种场合，胡适当众人一再劝酒时，就伸出手上戴的那只"戒酒"指环给大家看，终于获得"豁免"，居然能够做到一滴酒不喝。"众人皆醉唯我独醒"，他觉得自己戴的"戒酒"指环，到了青岛才大有用处！

回到北平后，四月间一连有两个晚上，胡适与王叔鲁、周作民、罗钧任、陈博生诸人吃饭。他们也都是嗜酒之人，不仅自己闹酒，还再三劝胡适喝酒。单单是他们劝酒倒也罢了，同席的几位妇女也来帮着劝，这个斟了那个又斟，弄得胡适六神无主，简直招架不住。头一天晚上他喝了七杯花雕，第二天晚上又喝了五杯花雕，是他戒酒以后喝得最多的饭局。

两次喝酒，旧病复发，早上起床便发觉右脚有几小块红痛。"此次破戒，竟得酒害确证，可以使我坚守酒戒了。"胡适在日记中这么说。

然而，也有例外的时候。

据梁实秋披露：有一次胡适作某位朋友的证婚人，婚筵从简，只摆了两桌酒席，每桌也仅备酒一壶。胡适一贯乐于做朋友的主婚人或证婚人，那天他特别高兴，但一壶酒喝到一巡就告罄了，胡适大呼："添酒来！添酒来！"侍者表示为难，主人连忙解释："新娘是 Temperance League（节酒会）的会员。"胡适听罢，立即从自己怀里掏出一元现大洋，交给一旁的侍者，吩咐道：

"不干新郎新娘的事！这是我们几个朋友今天高兴，要再喝几杯。赶快拿酒来！"

主人无可奈何，只好叫侍者添酒。

梁实秋是这么说的："胡先生酒量不大，但喜欢喝酒。"

"如果没有西安事变……"

日本侵略者继占领东三省后，又攻占热河，策动所谓"华北自治"，加紧发动全面侵华战争的步伐。中华民族处在了生死存亡的十字路口，民族危机空前严重。而国民党蒋介石却提出"攘外必先安内"，对中共领导的苏区和红军发动一次又一次的军事"围剿"，对日本则奉行"不抵抗主义"，致使强邻入室，疆土日削，大好河山沦于敌手。

胡适虽然反对日本侵略中国，反对日本旨在并吞华北的所谓"冀、察特殊化"，却又不赞成全国武装抗日。之所以采取这种态度，一方面是由于他从美国学来的"新和平主义"思想仍在作祟，一方面也是受了蒋介石"不抵抗主义"的影响。一九三三年三月四日承德失守后，十三日他便同丁文江、翁文灏一起赶往河北保定，会见前来视察华北时局的蒋介石。两人有一段谈话——

胡适问："我们能打吗？"

蒋介石回答："不能，只能在几个地方用精兵死守。"

胡适问："在取消满洲国的条件下，能交涉吗？"

蒋介石回答："日本人不肯放弃满洲国。"

胡适和蒋介石一样寄希望于当时的"国联"，由"国联"调停中日冲突，限制日本侵华规模及至对日本加以制裁。为此胡适不仅提出了"和比战难"的口号，甚至说"我们可以等候五十年"。这同蒋介石"和平未至绝望时期，决不放弃和平；牺牲未至最后关头，决不轻言牺牲"的论调如出一辙。

一九三六年十二月十二日爆发了震惊中外的"西安事变"，张学良和杨虎城两位将军在西安发动兵谏，逼蒋抗日。胡适闻讯后心绪纷乱，当即给张学良拍去一封电报：

"陕中之变，举国震惊。介公负国家之重，若遭危害，国家事业至少要倒退二十年。足下应念国难家仇，悬崖勒马，护送介公出险，束身待罪，或尚可自赎于国人。若执迷不悟，名为抗敌，实则自坏长城，正为敌人所深快，足下将为国家民族之罪人矣。"

胡适属于铁杆"保蒋派"，而且"保"得又甚不得法，竟然赞同亲日派何应钦下达的"讨伐令"，呼吁"不迟疑的，迅速的进兵，在戡定叛乱的工作之中做到营救蒋、陈诸先生的目的"，殊不知这样只能激化矛盾，把蒋介石置于死地。当时蒋介石本人在全国人民的强烈要求下，也不得不接受了中国共产党提出的建立抗日民族统一战线的正确主张，从而实现了第二次国共合作，为全面抗战创造了有利的条件。后来胡适对"西安事变"的看法有所改变，他在晚年任"中央研究院"院长时，曾对秘书胡颂平说过这样的话："如果没有西安事变，全面抗战不会那么早的发生，也不会到了今日的局面。"

"哪有蝉儿不鸣夏？"

占领平津，占领华北，进而占领整个中国，是日本帝国主义的既定政策。无论平津怎样危急，华北怎样危急，胡适总怀抱着一个信念："只要能在北平一天，就要做二十年的打算。若是北平失陷了，我们在后方任何一个地方，搭茅棚也可讲学。"

然而，日军全面侵华的枪炮声无情地震碎了他的迷梦。一九三七年七月七日卢沟桥事变发生后的第二天，胡适赶赴江西庐山出席蒋介石召开的谈话会，当面向蒋介石陈述北平的情形以及民气之激昂。随后又在教育组的会议上，提出教育的中心目标"应为国家高于一切"，主张将国防教育列为"常态的教育"等等。

难怪胡健中写诗称赞："吾家博士真堪道，慷慨陈词又一回。"而胡适则对之曰：

> 哪有猫儿不叫春？
>
> 哪有蝉儿不鸣夏？
>
> 哪有虾蟆不夜鸣？
>
> 哪有先生不说话？

说话的先生不止胡适一个，还有执掌最高权柄的蒋介石，所谓"地无分南北，年无分老幼，皆有守土抗战之责"，就出自蒋介石的强硬的庐山谈话。

《中央日报》为这次谈话会特别出了庐山版，胡适和胡健中唱和的两首诗一起刊登在上面。据胡健中说，蒋介石当时忧心国事，心情十分沉重郁闷，看到胡适的这首诗后不禁破颜一笑。胡健中会后下山碰到中共代表周恩来、林祖涵（伯渠）、秦邦宪，周恩来特地谈起了胡适的这首诗，也为之大笑不止。

胡适下山后又到了南京。七月三十一日蒋介石约吃午饭，胡适在席上对蒋介石说：

"张自忠和日军签订了临时条款，约定日军不进北平城。南京、上海一带报纸，有指摘张自忠为汉奸的论调。一个军人，为了掩护军队的退却，为了保全名城的生命、财产和文化，受长官宋哲元的命令与敌人签订条件，这在西洋人看来，却不是罪恶。"

蒋介石用坚定的口气说："我信任张自忠他决不作汉奸，不许各地报纸再有这样的指摘。"

胡适在南京临时住在中英文化协会里。有许多人请他写字，胡适便书写了陆放翁的两句诗作为彼此的互勉：

遗民泪尽胡尘里，

南望王师又一年。

"本家老爷"与"本家祖宗"

当年参加庐山谈话会的有四个人姓胡，他们是胡适之、胡健中、胡定安、胡次威。

有一次会议间隙，著名军事理论家、军事教育家蒋百里走了过来，见他们四个姓"胡"的坐在一起，就开玩笑道：

"还好，若再加一个胡，中国就大乱了。"

在历史上，占据中原的汉族人称西域一带和长城以北的其他民族为"胡人"，胡人入侵、骚扰边境因而酿成战乱的事件屡见不鲜，故而史书上曾有"五胡乱华"之说。蒋百里借"胡"发挥，只不过信口一说，开句玩笑罢了，并不是真的在说胡适他们姓"胡"的"乱"了中国。蒋百里的女儿蒋英后来与著名物理学家钱学森结为伉俪。

胡适和时任《东南日报》社社长的胡健中走得较近，胡适戏称胡健中为"本家老爷"。胡健中不知道为什么这样叫他，因为他和胡适虽同为安徽籍，但胡适老家是绩溪，本人出生在上海，胡健中老家是和县，本人出生在南京。两个人的学历也有很大差别：胡适是从美国留学回来的博士，胡健中毕业于复旦大学新闻系，一直在报界工作。胡适见胡健中脸上有些疑惑的样子，便向他解释了一番：

"这是有典故的。我在北平时，常到胡世泽的家里去，他的老太爷是老外交家胡惟德。他们家的老规矩，我一进门，当差就喊：'本家老

234

爷到！’所以我就喊你‘本家老爷’。”

胡健中忍不住笑将起来：“原来如此，吾家博士事事有典故啊！”

胡适的先祖昌翼公后唐时曾中进士，但并无史册可考。换句话说，就是没有确凿的证据能予以证实，这对恪守“无证不信”的胡适来说是一憾事。他问胡健中：“我们姓胡的祖先，历史上有哪一位是值得骄傲的？”

胡健中想了一想，说：“我们姓胡的在宋朝有两位是不错的。一是胡安定（瑗），另一位是胡忠简公胡诠。胡诠曾弹劾秦桧，被贬到广州。后赦免放归，路过衡阳，遇到一个叫黎倩的女子，对之颇为倾倒，就作了一首诗送给她。其中一句云：‘君恩放归此一醉，旁有梨颊生微涡。’后来被朱夫子（熹）知道了，作了一首诗讽刺他：‘十年浮海一身轻，独对梨涡却有情。世上无如人路险，几人到此误平生。’”

胡适说：“我们这位本家祖宗真不错，朱夫子的道学气却太重了！”

“本家老爷”讲的这位“本家祖宗”得到了胡适的赞赏。

亲身经受“带甲的拳头”

胡适和周炳琳等几位知名学者参加了蒋介石召集的庐山谈话会后，他们还在南京一同亲身经历了一回日军飞机的轰炸，据胡适描述当时的情景是这样的：

“回到教育部大楼，飞机警报又来了。起初尚不厉害，我们看见我们的侦察机两队盘空了许久许久，最后他们向南飞去了。我们以为完了，忽然北面霹雳大起，震动墙屋。老大楼震动更大。四面高射炮高射机枪大起，枪弹乱飞。我同枚荪、之椿、逮羽、孟真避到新大楼。有几次似是大炸弹投下，新大楼也震动。不久我们见东北有火光颇大，又不久，我们听见子弹爆炸声，连续不绝者近三十分钟。……"

"解除号出时，已近八点了。……我们走大路回去，路过考试院始见院前门墙被毁，满地树木，说考试院门警一人被弹片炸死，头部炸飞了。月光中许多人在考试院前，铁道南，成贤街北头转弯处扫除。我们细看，始知此地落一大炸弹，入地约一丈，炸径约一丈。"

"归寓检视老大楼，见玻璃碎了不少，屋顶粉泥震落不少，我住的房间里，一大扇纱窗被震落下来。"

在这之前，一九三五年十一月，胡适曾应日本评论家室伏高信之邀写过一篇《敬告日本国民》，委婉地批评日本对中国的恐吓与侵略政策："今天开一炮，明天开十架轰炸飞机来，后天开十列车的军队来"，这样在中国人民的眼里简直就成了"带甲的拳头"。如今来自东洋的"带甲的拳头"，让胡适亲身领略到了是什么滋味，他岂能忍气吞声，自甘挨打不作反击的？

为了抵抗日本发动的全面侵华战争，胡适奉蒋介石委派赴欧美开展民间外交，周炳琳等几位朋友在南京送他上船赴武汉。离别的情景和胡适本人的心绪，在其日记中记载云：

"晚上八点半，正料理上船，空袭警报又起了，有翁咏霓、陈布雷、孟真、枚荪、之椿、慰慈诸人和我们父子两人同坐在黑暗中静候到'解除'的笛声，——我独自走到外边，坐在星光下，听空中我们的飞机往来，心里真有点舍不得离开这个有许多朋友的首都。……"

人们不由得会想到：轰炸中、星光下的胡适是一个重视友情的人，是一个眷恋故土的人，更是一位怀有深厚爱国情怀的爱国者。这就是文字的力量，这就是文学的魅力：此时无声胜有声，比大叫大嚷"我多么爱友爱乡爱国"更能给人以情绪上的感染，更能让人感动。

一封需要注解的信

"久不通问,时切遐思,此虽套语,今日用之,最切当也。弟前夜与孟、枚诸公分别,携大儿子西行,明日可到汉口。……弟与端、缨两弟拟自汉南行,到港搭船,往国外经营商业。明知时势不利,姑尽人事而已。……

人生最不易得的是闲暇,更不易得的是患难,——今诸兄兼有此两难,此真千载一时,不可不充分利用,用作学术上的埋头闭户著作。弟自愧不能有诸兄的清福,故半途出家,暂做买卖人,谋蝇头之利,定为诸兄所笑。然寒门人口众多,皆沦于困苦,亦实不忍坐视其冻馁,故不能不为一家糊口之计也。弟唯一希望诸兄能忍痛维持松公府内的故纸堆,维持一点研究工作。将来居者之成绩,必远过于行者,可断言也。弟与孟兄已托兴业兄为诸兄留一方之地,以后当继续如此办理。船中无事,早起草此,问讯诸兄安好,并告行,不尽所欲言。伏维鉴察。"

落款人:"藏晖"。

如果你以为这是一封商业信函,"藏晖"是一位做生意的商人,那就大错特错了。不是的,写这封信的人是胡适,"藏晖"是胡适的化名,来自于他在上海中国公学读书时写的《藏晖室日记》。信的内容是交待有关北大学校里的一些事项。

原来胡适在抗战爆发后不久,即受蒋介石委派,出使欧美开展民间外交,争取国际社会对中国的同情和支持。行前他从南京给北大秘书长郑天挺写了一封信,"故半途出家,暂做买卖人"指的就是这件事。信中几个人名:孟,指北大校长蒋梦麟;枚,指北大法学院长周炳琳;端,指钱端升;缨,指张子缨(忠绂)。

信中所说"兴业兄"指浙江兴业银行,"一方之地"即一万元,均系代称。胡适把北大同人视为家人,把学校当作一个大家庭,"为一家糊口之计"他出外做"买卖",临行还给"寒门"即北大留下一笔生活费,并希望同人继续埋头学术研究，相信同人将来一定会有上好的成绩。后来胡适一九五二年十二月七日在台湾北大同学会上的演讲中，对这封信解释道：

"那封信是以商人口气写的。我说：在大家困难的时候，我到海外去做买卖，赚一点钱，不但可以糊口，还希望大家可以复兴。那时我对北大没有出来的朋友，还是寄以希望，因为行者贡献，并不一定大于留者。我说：人生最难得的是忧患，各位能利用困难的环境，将平日未完成的工作完成，比我们出去谋生的人更有贡献。……"

深情如斯，为人如斯，胡适因而赢得了北大同人的尊敬与爱戴。

在飞机上观云海

胡适作为"民间大使"于九月十五日从香港乘机赴美，横跨太平洋，中经檀香山，因天气原因逗留数日，复于九月二十五日晚十二点从檀香山飞往旧金山。飞机升到万米以上，完全是在云上飞。那几天云多，胡适从舷窗望出去，是无边无际的白茫茫的千里云海。傍晚时云海有各种各样彩色，有的状如黑山，有的状如赤霞峰。太平洋广阔无垠，飞了一夜，早上起来一看还在海上飞，四周仍是白茫茫的云海。胡适禁不住在心里感叹："旧时游人所记黄山云海，庐山云海，何可比拟这种绝伟大的万尺以上的云海！"

胡适当年所言不虚，坐过飞机的人也许都会有这种体验。笔者有几次乘波音七五七宽体客机，座位正好靠着窗口，可以尽情欣赏外面——天空和地上——的风景。尤其在飞机上看云海真是一大景观，一大乐事，那可比黄山观云海、峨眉山上观云海壮观得多了。看着机身上面湛蓝的天空和下面飘浮着的云海，有如置身在太空中的感觉（不知宇航员们是否这样？）云海茫茫，有些耸立起来的大块大块的云团又像是雪山一般。如果赶上早霞或晚霞，更是色彩斑斓，瑰丽无比，辉煌之极。

"为国家作事"

与胡适同行的还有钱端升和张忠绂两位教授。途经旧金山时，接机的黄领事曾私下问钱端升是不是胡适先生的秘书？自尊心极强的钱端升差不多哭了出来，只好装作不懂，搪塞过去。来到华盛顿后，钱端升把这件事告诉了胡适，胡适听了不由得一怔，倒"真可以哭出来"。他对钱端升说：

"我们二人同行，同为国家作事，外人问这句话，有何可耻，何必要哭出来！"

胡适深知中国士人即知识分子不甘居人下，钱端升只是其中一例而已。所以，这次出访虽然是以胡适为首，但胡适自己事事谦逊，从不敢以"领袖"自居。但这种心理胡适又认为并不可取，严重一点说乃是亡国的心理。

钱端升是有哈佛大学博士学位的法学家，自信太大，自恃过高，总觉得来此无人赏识，没有用武之地，因此经常发牢骚。张忠绂（子缨）得家中电报，心甚焦急，有意回国。胡适对他们说：

"本来深知来此无事可做，无功可立，所以当时我也不肯来。但既来了，必须耐心住下去，有事就做事，无事就留心研究。自然，子缨因家事想走，我也不强劝你留下。"

胡适自己则是马不停蹄在美国各地发表演讲，在一些学校演讲听众往往有一两千人之多。有时还要为中国抗日募捐。有一次他为哥伦比亚广播电台准备英语讲演稿，从半夜一直写到凌晨。题目是《中国在目前危机中对美国的期望》。那时美国朝野笼罩着一片"孤立主义"的气氛，对中日交战采取观望的态度，胡适在讲演稿中对此有含蓄委婉的批评。电台认为讲演稿"太厉害"了，要求胡适作些修改；胡适拒绝了，回复电台"宁可取消广播，不愿修改。"结果哥伦比亚广播电台只好妥协，胡适按照事先准备的讲演稿，一字未改地在电台讲演了十三分钟，效果非常好，时任驻美大使王正廷专门向胡适发来了贺电。

以后，一九三八年九月十七日国民政府任命胡适为驻美利坚合众国特命全权大使。胡适在大使任内跑了不少路，做了不少的演说，认识了一些新的朋友。据他自己说："本人在美任大使数年，赴全美各地讲演四百次之多，从未带过随员，自己提皮包。"《日本时报》以《中国使节之旅引起东京怒火》为题，指责胡适"不恰当地利用其外交职责，谋划要唤起民众对日本的仇恨并把美国拖入对该国的战争。"并威胁美国说："当一个外国大使设法游说其国参战时，总统如何能实施使美国处于战争之外的保证呢？"

担任驻美大使后期，胡适坦诚言道："做事的困难，一面是减少了，因为局势变得对我们有利了；一面也可以说是稍增加了，因为来了一群'太上大使'。但是我既为一个主张发下愿心而来，只好忍受这种闲气。我的主张仍旧不变，简单说来，仍是'为国家做点面子'一句话。叫人少讨厌我们，少轻视我们，——叫人家多了解我们。我们所能做的，不过如此。"

无论作"民间大使"出访，还是担任四年驻美大使期间，胡适说他都"不大赴娱乐场"，因为"国家在破败状态。我们应该自己慎重，不可让人因我们而讪笑我们这民族全无心肝。"

为中国抗日义捐

　　胡适作为"民间大使"出访欧美，先到美国几个城市发表演讲，揭露并控诉日本的侵华罪行，阐述中国政府与中国人民的抗日立场和决心，受到了广大华侨和美国人士的欢迎与理解。一九三八年二月四日在斯波肯（Spokane）演讲《与战争有关的问题》，听讲的人中有一位埃尔伯特·爱德曼（Albert Erdman）夫人，她自从唯一的女儿和丈夫先后去世后，就感觉着再也没有生趣，听了胡适充满激情与智慧的演讲，她忽然像换了一个人似的，决心要为遥远而可爱的中国尽力。截止到一九四三年，年老体弱多病的她，一个人募集的医药救助捐款已超过一万六千美金，这是一笔相当可观的数目！医生对埃尔伯特·爱德曼夫人说：

　　"中国救了你！因为中国给了你一点新的生趣！"

　　类似爱德曼夫人这样的热心帮助中国抗日的美国人还有许多。胡适二月四日在斯波肯演讲后的第二天，他又与当地商学宗教界头面人物共进午餐，并回答他们提出的问题。午餐结束后胡适走到楼梯边，有一位身穿白衣的雇役招呼他，要和他说几句话。胡适走过去，那人手里拿着三块银元，对胡适说："先生，我要捐给中国救济——"

　　礼轻仁义重，胡适接过了三块银元，满含热泪说："谢谢你的好意。请问怎么称呼你？"

　　那人告诉胡适他的名字是I·E·摩丁，并说："我希望我能多做一些。"

　　胡适把这三块银元交给了B·H·基瑟博士，请他转交红十字会。又把自己昨天的讲演费三十五美金捐出来，以此作为I·E·摩丁义举的陪衬。

　　一九四二年一月二十二日下午，已经担任驻美大使的胡适应邀到埃德曼夫人（Mrs.Frdman）处吃饭，她发起了一个"为中国打桥牌（Bridge for China）"的运动，要来的朋友们打牌捐款给联合中国救济委员会（United China Relief）。胡适即席讲话，说这"桥（Bridge）"的桥柱石是同情心，并用献血建成血库供病人应急使用，藉以挽救生命，以及格拉泽先生及其夫人（Mr.& Mrs.Glazier）每年十二月十七日捐款一百美元作例子。由于这两个小故事都很感人，胡适用得恰到好处又恰逢其时，所以给大家留下了深刻的印象。

格拉泽先生及其夫人（Mr.& Mrs.Glazier），胡适几年前就认识了。一九三八年十二月五日，胡适担任驻美大使后不久，他在李国钦的午餐会上讲到了美国独立战争初期的困难，表示中国目前虽然同样遭遇巨大困难，但一定会战胜强敌日本，犹如当年美国战胜困难赢得独立一样。他特别提到一七七七年十二月十七日华盛顿领导的军队撤退到福基山谷，士兵赤脚血流不止仍顽强在雪地上行军打仗。"我之所以记得这个日子，因为十二月十七日是我的生日。"格拉泽先生及其夫人那天也出席了李国钦的午餐会，格拉泽先生听后对夫人说：

"中国新大使的生日和我同一天。等他生日，我们送点花去。"

夫人颔首："ok！"

胡适生日那天，因心脏病发作住在医院里。格拉泽先生及其夫人托李国钦给胡适送来了一百美元支票，请胡适大使捐给中国救济委员会。胡适对李国钦说："我也捐一百美元，一同送给医药助华会（ABMAC）。"那时在战场上中国军队伤亡惨重，但医药奇缺，故在美国由华侨和美国友人成立了医药助华会这一组织。

李国钦说："格拉泽先生及其夫人是我的客人，我也捐一百元。"

这样，他们三个人捐献的三百美金一齐送给了医药助华会（ABMAC）。

第二年即一九三九年格拉泽先生不幸去世了。到了十二月十七日胡适生日那天，格拉泽先生的夫人照样送了一百元来。胡适和李国钦为感她的一番好意，各自又捐了一百元，加起来共三百元，捐给了医药助华会（ABMAC）。

第三年和第四年格拉泽先生的夫人仍每年捐赠一百元，胡适和李国钦同样照办。

从胡适讲美国独立战争的故事起，在四年中医药助华会（ABMAC）

共收到他们的捐款一千二百美金。

由同情心构筑成桥柱石，在它上面搭建起了中美两国人民的友谊之桥。

胡适说："其起源只是我的一句闲话！"

国家征召，义不容辞

胡适作为民间大使，在美国逗留了十个月后转赴欧洲。当他乘轮船经过法国夏浦港口时，收到驻法大使顾维钧转来的一封电报，内容是蒋介石征求他出任驻美大使的意见。胡适和顾维钧大使用电话交谈了一番，未作决定，仍乘船于一九三八年七月二十六日抵达英国首都伦敦。没过几天蒋介石的第二封电报又来了，胡适本来一向不愿在政府里面担任官职，以北大文学院长身份出访欧美，开展民间外交，也是在傅斯年的一再动员下才勉强应允的，据说傅斯年曾在一九三七年九月一日中英文化协会宿舍哭着敦劝胡适就任半官方的民间大使。现在形势进一步恶化，国家已经到了万分危急的生死关头，蒋介石接连发来的电报犹如催征的十二道金牌，不容他不接受这一新的至关重要的使命。胡适"为此事踌躇了七天，明知非群小所喜，但终不忍推辞"，因为"现在国家是战时。战时政府对我的征调，我不敢推辞。"郑重地考虑了一番并征求几位朋友的意见之后，他从伦敦发电回复蒋介石：

"……国家际此危难，有所驱策，义何敢辞。唯自审廿余年闲懒已惯，又素无外交经验，深恐不能担负如此重任，贻误国家，故迟疑至今，始敢决心受命。"

随后他给傅斯年发去一信，道及自己的心情："我自己受'逼上梁山'……万不得已，我只得牺牲一两年的学术生涯，勉力为之，至战事一了，仍回到学校去。"

在给妻子江冬秀的信中又重述了同样的意思："我没有理由可以辞此事。我也明白这是征兵一样，不能逃的。……现在国家到这地步，调兵调到我，拉夫拉到我，我没有法子逃，所以不得不去做一年半年的驻美大使。"

胡适没有回国与妻子和朋友们告别，就从欧洲直接赴美国上任。

"做了过河卒子"

胡适作为驻美大使，最重要而又最困难的一项任务，就是说服美国改变"孤立主义"政策，不仅仅从道义上给中国人民以同情，而且要对中国抗击日本侵略给予实际的援助。

有鉴于此，国民政府遂派中国银行总经理、贸易委员会负责人陈光甫前往美国借款，又正赶上"中立法案"在美国国会刚刚通过，要求借款不行，只有拿桐油、钨砂、锑等战略物资交换。胡适是特命全权大使，他一改前任大使的做法，不假手于美国政客，直接与正式的银行家接洽。经过胡适和陈光甫与美方反复谈判、商讨，最后决定由中方设立一个"复兴商业公司"，在国内购买桐油售予美国组织的"世界贸易公司"，再由"世界贸易公司"与美国进出口银行订立贷款契约，担保人为中国银行。这在形式上完全是一宗商业借款而非政治性的借款，与"中立法案"无涉。

通过这种合法的方式，美国给了中国两千五百万美元贷款，中国政府利用美国的贷款，购买军火和其他军用品并迂回运至中国。这对抗战初期处于极端困难情况下的中国而言，无异于是维持体力效能乃至生命的一支强心针。由于这一笔美国贷款成功，使中国建立信用而因之获得了其他国家的贷款达五千万美元。

以后随着美"中立法案"的松动，中国又以同样的方式，用滇锡从美国贷款两千万美元。

在借款过程中，胡适和陈光甫接触频频，两人紧密配合，各展所长，套用毛泽东在《为人民服务》中的一句名言："为了一个共同的革命目标，走到一起来了。"胡适对他与陈光甫的合作有相当详细的记述：

"今日广州崩溃，敌人入城。我与光甫皆十分悲愤。两次见面，皆甚难过。"

"光甫来吃饭，谈了五点多钟。又同去吃饭，又谈到十点多钟。看晚报，消息更恶！光甫、德懋都甚懊丧。我力劝他们不可灰心，我说：我们是最远的一支军队，是国家的最后希望，决不可放弃责守。"

"与光甫细谈借款事。决定先由我向总统开口。借款原则可以桐油加押，不足时加锡为抵押品。"

"光甫来深谈，他很高兴。光甫办银行三十年，平日只有人求他，他不消看别人的脸孔，此次为国家的事，摆脱一切，出来到这里，天天仰面求人，事事总想不得罪美国财政部，这是他最大的忠诚，最苦的牺牲。我很佩服他这种忠心。"

就这样，胡适和陈光甫在共事中相互支持与配合，从而增进了彼此的了解，加深了彼此的感情。一九三八年十月三十一日，陈光甫要胡适一张照片留作纪念，胡适当即写了一首诗，题在他的照片上送给了陈光甫。是这么四句：

略有几茎白发，

心情已近中年。

做了过河卒子，

只能拚命向前。

　　胡适在诗的后记中又写道："光甫同我当时都在华盛顿为国家做点战时工作，那是国家最危急的时期，故有'过河卒子'的话。"

　　"过河卒子"这四个字，体现了胡适和陈光甫在国家危急时刻，义无反顾地为国效力的精神。这是他们友谊的基础。可是一九四七年十一月国民党蒋介石召开"制宪国民大会"时，胡适又将这首诗写成条幅并在上海《文汇报》上发表，神州社南京电讯称"其乃自述国大期中心情者"，却让郭沫若抓住了辫子。郭沫若出于政治斗争的需要，借题发挥"替胡适改诗"，嘲笑胡适做了蒋家王朝的"过河卒子"，"只得奉命向前"。显然这与当初胡适给陈光甫题照的本意无关。

白兰地救了他的命

　　胡适作为驻美大使，他的一项重要任务，也是经常性的工作，是向美国朝野和广大公众阐明中国政府的抗日主张，揭露日本军国主义的侵略罪行及其对世界和平的野蛮破坏，及时并正确通报中国的抗战形势，表达并宣传中国人民反对侵略的坚强决心和坚定意志。在这一方面他充分发挥了学识渊博，擅长讲演的优势。

　　一九三八年十二月四日，胡适在纽约哈摩尼俱乐部作《日本在中国之侵略战》的讲演，这是他就任驻美大使后第一次在美国最大的城市纽约发表讲演。富有讲演才能的他，用几句动情而又让人揪心的话作开场白，一下子就把美国听众的心抓住了："假若有人要我用一句话，概括的说明中国的种种现状，我可以毫不迟疑的答复：中国正流着血死里求生的在抗战。"胡适接着扼要地介绍了日本发动全面侵华战争的"十六个多月"内，中国"遭受了一百万的死伤，我们有若干广大的区域被侵略者的军队占领了，沿海沿江的重要城市：北平、天津、青岛、济南、上海、杭州、南京、芜湖、九江、厦门、广州和武汉，都相继沦陷了。实际上凡外人所认为工商的教育文化的交通运输的中心地带，不是被侵略者占领，就是被他们摧残无余。……因受战事的影响，以致家破人亡，无衣无食，转辗流徙，贫病交加的平民，现在有六千万之多。"

在对日本的罪行进行了以上的揭露和控诉后，作为学者的胡适就北美独立与中国抗战作了一番"历史的比喻"，最后说道："中国抵抗侵略战的最后成功，也得靠二种事，第一，中国必须继续抗战。事实上中国除抗战外，也没有别的选择。第二，在中国持久战争中，也许有一天国际情形转变对中国有利而对日本不利。中国并不希冀同情或友好的友邦，实地拿起枪来，帮同我们对日作战。但是中国确实希望，而并有这权利希望，各民主的及爱好和平国家的男女人士，受了公正观念和人道正义的驱使，阻止武器和重要军需原料这样不人道的继续输入一个国家。……这一个国家也就是今日国际团体中第一个公敌。"

讲演完之后，胡适和康乃尔大学时的同学荷洛德·雷格曼（Harold Riegelman）一起，到纽约东七十街一位朋友家消夜。雷格曼当时是中国驻美大使馆的义务法律顾问，他和胡适同坐在一个小沙发上。来此消夜的还有另外几位美国人。方要进食，胡适忽然站起来说他身上感觉剧痛，一边说着脸上顿时大汗淋漓。有人递给他一杯白兰地，胡适马上接过来一饮而尽。雷格曼见胡适如此难受，就劝他赶紧离开，并且请旁边的彼德·格林顺路把胡适送回大使馆去。

原来是胡适心脏病犯了。这是他第一次犯心脏病，那杯白兰地酒也许救了他一条命。

医生让他住院治疗。但胡适没有听从医生的嘱咐，又在第二天在另一处地方发表了另一篇演讲，然后才住进了医院。不过自此胡适出门随身常带着一小瓶白兰地酒，以备心脏病发作时急用，如同现在的心脏病患者带速效救心丸或硝酸甘油一样。

"密帖"与"我们依然在战斗"

一九三九年九月八日，美国总统罗斯福在白宫约谈驻美大使胡适时，提及调停远东即中日战争的可能条件，胡适听了心里很是着急。他知道欧洲纷争日紧，希特勒已开动战争机器，英法苏俄均会有大动作，在这种情况下罗斯福总统也不免手忙脚乱。九月二十七日，外交部长王宠惠在接受合众社记者采访时，也主张出美国出面调停中日战争，说什么"作为中间人，把并未宣战的中日战争带向早日终结，美国出于最有利的地位。"《纽约时报》次日刊载有关谈话。两天之后，日本驻美大使馆就还了一巴掌，声称："日本政府把中日之间的争端视为纯粹的双方冲突，不由此外一方的调停和中介来解决。"

十月十五日，胡适起草了一个密帖，用最婉转的语气，向罗斯福总统说明"和议"的种种困难。他说："无人比我更虔诚地期待美国人的做中。两年多来，我一直在思考其可能性和困难。由美国政府做中调停中日冲突至少有这些几乎无法克服的障碍。"胡适一共列举了八条，并申明"此处列举的这些困难是为了真诚地期待，关于这些影响的坦率认同，对于美国在远东冲突的调停问题上的任何综合考量会有所裨益。"

这个密帖让胡适甚费心力。他有四十天时间有意不去见罗斯福总统，也就是拖一拖，等一等，看看国际尤其远东局势究竟有何变化，美国政府又会采取什么样的对策。胡适说："政府若知道我这四十多日的苦心，必定要大怪我。此种地方只可由我个人负责任。我不避免这种责任。"

十月三十日胡适在纽约"中国学社"发表演说《我们依然在战斗》，将他"中日和议"的三项条件正式提了出来：一、必须满足中国人民建立一个统一的，独立的，有力的民族的国家的合理要求。二、必不可追认一切用暴力违反国际信义造成的土地掠得及经济优势。三、必须恢复并加强太平洋区域的和平秩序，使此种侵略战争不得再见。

以上三项条件是胡适个人拟的，并没有请示国民政府。直到一九四一年十一月，他才正式请政府考虑训示。十二月美国参战后，新任外交部长郭复初回电赞同。

胡适逸闻

第七章

"书生大使"与"太上大使"

胡适说的"太上大使"是指宋子文。

蒋介石一九四〇年委任宋子文出任中国银行董事长,并派宋子文作为处理对外借贷的"私人代表"出使美国。胡适是国民政府派赴美国的特命全权大使,宋子文是蒋介石派赴美国的特命全权代表,胡适一向对孔祥熙、宋子文等皇亲国戚不满,蒋介石的这种人事安排,不能不让胡适和宋子文两者之间产生种种摩擦。胡适在一九四〇年八月十五日的日记中,就说过他之"所以不愿政府派子文来,只是因为我知道子文毫无耐心,又有立功的野心,来了若无大功可立,必大怨望。"

宋子文到美国之后,通过与美国签订《钨砂借款》《金属借款》《中美平准基金协定》三个协定,一连争取到了美方三笔贷款,比胡适外交工作的效能显得高出不少。宋子文曾密电蒋介石,认为对美外交"非空文宣传及演说所能奏效",对胡适这位"书生大使"的"学者外交"旁敲侧击,多有指责。蒋介石对胡适的不满,在某种程度上显然是受了宋子文的影响,蒋在一九四一年十月十六日的日记中曾指责并奚落胡适"使美四年除谋得十余个名誉博士外,对国家和事一无贡献。"胡适当然不知道蒋委员长对他竟有如此之糟的评价,因为那时蒋介石的日记秘而不宣,尚未解密,胡适生前没有机会拜读过。

宋子文是蒋介石的"私人代表",一切都遵照蒋介石的旨意办事。胡适则对宋子文只会"奉承意旨"颇为不屑,以后在日记中甚至斥宋子文为"自私自利的小人"、"一个说谎的人",可见印象之坏。宋子文也曾当面对胡适说过这样的话:"你莫怪我直言。国内很有人说你讲演太多,太不管事了。你还是多管管正事罢!"意思和他致蒋介石的密电差不多。由此看来,难与权贵合作共事恐怕是胡适萌生退意的主要原因。

一九四一年底,蒋介石决定由宋子文接替郭泰琪(复初)出任外交部长。胡适在十二月二十四日的日记中，记载了他和宋子文的一段谈话——

"上午子文来谈，他说他决定就外长事。

我对他说：郭复初来时，我曾对他说：'你是我的老朋友，新上司。你知道我不想干这种外交官的事。你回去时，若有更动驻美使节的需要，我随时可走，请千万不要迟疑。'现在你也是我的老朋友，新上司。我也同样向你声明。如果政府要更动驻美使节，也请你千万不要迟疑。我随时可走。

他说：'我不是你的上司，我们只是老朋友，我们要合作。'"

话虽如此说，但大使馆"自昨至今，未得一个官电"。这意味着胡适作为驻美大使已经被架空了，留给他的唯一的一条路是卷铺盖走人。

"马票终有中彩的一天"

抗战爆发以后，举国上下无不担忧这场战争的前途，关注抗日战争的战略与策略。"亡国论"曾一度甚嚣尘上，台儿庄大捷之后有些人又盲目乐观，产生了"速胜论"的思想。毛泽东根据敌强我弱，敌小我大，敌失道寡助、我得道多助等特点，提出了"持久战"的著名论断，指出抗日战争将经历战略退却、战略相持、战略反攻三个阶段，最终取得胜利。毛泽东的论断，以后从抗日战争的整个进程得到了完全的证实。

蒋介石的战略概括为两句话："以空间换取时间"，"集小胜为大胜"。也就是以牺牲大片国土为代价，拖延时日，消耗敌人，聚集力量，赢得最后的胜利。这虽然也有一定的道理，但在实际运用中却成了国民党军队在正面战场丢城失地、一溃千里的遁词。

作为学者和文人的胡适，不是战略家，更不是军事家，但他也有一套战略，概括起来也是两句话：和比战难，苦撑待变。所谓"苦撑待变"，又包含两层意思："苦撑"是尽其在我，"待变"是等候世界局势变到于我有利之时！他在许多场合，在许多文章、讲演、函电中，一再阐述过这两句话共八个字的战略方针（或曰指导思想）。

比如在《论美国的态度究竟怎样》这篇讲演中，胡适就作过这样的分析："……美国内部也和欧洲内部一样有他自己的困难。假如我国真的危险到了极点的时候，至少俄国和美国是不能坐视的。我国若被征服，对于俄美立国原则（主义）、历史习惯、经济利益等等均不相容。我们这次可以说是为世界作战，至少是为民主国家作战，但我们自己要先咬牙苦撑，不要先打算盘。苦撑一年、二年、三年，甚至如板垣所说的十年。几年内忽然来了一个帮助，就好像穷人一旦得到爱尔兰的大香滨马票，岂不痛快！但先当求之于己，咬牙苦撑。比如一个家庭，制造预算的时候是不能将马票计算在内的。但不幸而家破人亡，即使得了马票也无用处，若是阿比西尼亚能打上一年，就比它打上六个月得人帮助的机会多些。所以我们先要自己在家中苦吃苦干。我是哲学家，所以我会算命。马票也许终有中彩的一天。"

一九四一年十二月七日（美国东部时间为六日），日军偷袭珍珠港，美国旋即对日宣战，太平洋战争爆发。罗斯福总统在第一时间把这一重大事件亲自告诉了胡适大使。中国在对日"作战了四年五个月之后才找到并肩作战的新盟邦"，这让胡适感到十分高兴：啊啊，马票终于有了中彩的一天！

远见与厚道

　　胡适根据对国际形势尤其中、美、日三国相互关系的观察与思考，认为美国对华采取的政策："此邦领袖早已决定，不过待时演变，待时逐渐展开而已。今年（一九四〇）美国种种对我援助，多是这程序的展开，我（作为驻美大使）丝毫无功可言。其展开之形式先为暴敌（日本）走一步，然后美国走一步或两步，历次皆是这样。"他在一九四〇年十二月十七日的日记中这么写道。

　　事实也的确是如此。美国一开始严守中立，对中国表同情但暂不给予实际援助。以后以商业借款而非政治性借款的形式，贷款给中国购买武器装备。再以后是限制并断绝给日本提供战略物资。在一次公开演讲中，胡适预言如果日本继续加紧侵略步伐，扩大进攻范围，将矛头指向太平洋，终有一天会导致更大的冲突，则美、日交战不可避免。

　　日军偷袭珍珠港，证实了胡适的预见。大使馆公使衔参事、主管宣传工作的刘锴，在撰写新闻稿准备对外发布时，特地引用了胡适大使前不久演讲中的上述论断，但胡适看了对此却不以为然，他对刘锴说：

　　"这一段要不得！人家正在被侵犯之时，不要自夸我们有先见之明，不要说'I told you so！'使人很难堪的话。"

　　刘锴遵命照办了，一边心里钦佩胡适大使远见卓识，"以历史的眼光，分析世界局势，有他的独到之外"，而且从这件事情"更可看出他的厚道与顾全大局"，是"一位伟大的外交家"。

"负责任的思想"之一例

有一次，胡适拟了一个电报，但大使馆的两位秘书不敢译发，要求胡适作些改动。胡适叫他们照原文发出，如果出了问题由他承担责任。然而也不由得暗自感叹："这种责任心使我常感觉担负不了！"

过去他作为文人，作为学者，谈文字改革，谈思想改革，从来没有这种"担负不了"的感觉，因而说做就做，从不迟疑，因为他知道那些话说出来有利无害。后来为情势所迫，不能不谈政治，才感觉到"替社会国家想出路，这是何等重大的责任！这是'一言可以兴邦，一言可以丧邦'的事，我们岂可不兢兢业业的思想？"近年涉及对日本的和战问题，胡适也发表了不少言论，他更加感到责任重大，有时觉得自己担负不起这么重大的责任。不过，那时他还只是停留在言论上——替《独立评论》或《大公报》写写文章，"言论"对错与否是可以不直接负责任的。但自从担任了驻美特命全权大使以后，情况就不同了，他处处、事事都是在代表中国，代表政府，在正式的官方或非官方场合发表任何言论都被当作中国政府的立场与态度，而担负着极大的责任。用胡适自己的话来说：现在"是负实际政治的责任"。

美国最高法院的新任推事菲特克斯·弗兰克福特夫妇来拜访胡适大使。弗兰克福特对胡适说他新到最高法院，每判决一个案子，总觉得责任重大，与过去给《哈佛法律评论》写文章绝不相同。胡适对此感同身受，对弗兰克福特推事说：

"这正是我所谓的 Responsible Thinking（负责任的思想）之一例。你做高等法院推事是如此，我做中国驻美大使也是如此。"

一篇广播稿是怎样炼成的？

一九四〇年十一月二十五日，胡适用英语口授了一篇讲演稿，请菲利普斯夫人（Mrs.Phillips）在打字机上打出来，他又改了几遍。忙了一个下午，终于写成了，将定稿寄与纽约市政大厅，——这篇演说稿就是为在那里演讲而准备的。本来前两天已经预备好了，只是稿子不慎丢失，所以只得推倒重来，加上一些新的想法，说"另起炉灶"也未尝不可。

第二天，即十一月二十六日，胡适应邀在克罗泽尔将军和夫人（General & Mrs.Wm.Crozier）家中吃饭，陪客有莫里斯·纽琳·库克先生和夫人（Mr.& Mrs.Morris Leuellyn Cooke）。两对夫妇四个人都是有很高知识的人，所以胡适就把演说稿大致讲了一下，请他们指教。他们当即要胡适像做正式演说一样演示了一遍，四个人听了都很满意。库克先生和克罗泽尔将军特别欣赏胡适关于波兰的主张，认为这一段是他们过去从未听别的人说过的，称赞胡适对欧洲局势有独到的见解。

尽管受到了肯定，但胡适半夜回到大使馆后，又请主管宣传工作的公使衔参事刘锴听他演习了一遍，将十一分钟的演说稿删去了若干文句，用时仅需七分半钟。"行了！"他高兴地对刘锴说，颇有如释重负的样子。

十一月二十七日，即第三天，胡适又演习了两遍。

十一月二十八日，胡适到纽约市政大厅发表广播演讲，为时九分钟。围绕《我们要什么样的世界秩序？》这一共同主题，发表演讲的还有H·G·韦尔斯先生（H.G.Wells）和威尔伯校长（President Wilbur），加上胡适一共三个重量级人物。可惜韦尔斯先生和威尔伯校长都不曾好好准备，所以成绩都不好，只有胡适说的话，讲的道理，提出的见解与主张，聆听讲演的个个都听懂了，人人都听明白了，因而受到全场听众一致的欢迎与好评。胡适在这一天的日记中，写了下面两段话：

"我这九分钟广播，共费了七天工夫预备，删了又删，改了又改，故当然最受欢迎。"

"我为此事，不得一文报酬，费了七天工夫，我觉得是很值得的，因为我得着绝有用的训练。"

啊啊，短短一篇广播演说稿竟是这样炼成的！

刘锴后来说的一段话可以作为印证：胡适"驻节华府时几乎每天晚上都有应酬，美国人的应酬往往拖得很晚，时常深夜方归，然后他才开始有时间记日记、写文章，或起草演讲稿和函电，他每天并且亲自剪报，粘贴成册，以备撰写演讲稿或备忘之用。因此他每天总要熬到深夜两三点钟才就寝。而他所撰的文稿时常一改再改，甚或送请朋友看请他们提供意见，他于文字的撰述可说是极其严肃而认真。"

"你给我轻轻一顿板子，打的不错！"

Ａ·Ｆ·菲奇夫人是一位传教士的妻子，她从美国西海岸跑到首都华盛顿来做宣传。因羡慕胡适博士的大名，提出在中国驻美大使馆接见新闻记者，届时请大使先生与她照一张合影。大使馆的工作人员根据胡适的指示，告诉Ａ·Ｆ·菲奇夫人胡适大使决不允许这样做。但Ａ·Ｆ·菲奇夫人不死心，专门给胡适发来一个电报，解释了她的整个计划，强调说：

"这个主意是，一张照片将把我推向新闻界。当采访开始时，你可以自由退出。"

换句话说，她就是想要胡适出面帮她捧捧场，并且以为这也给胡大使在新闻界"亮相"提供了一个机会，双方都会获益。这真叫胡适哭笑不得，中日战事正紧，中美交涉正忙，作为大使他哪有这种闲工夫？再说他一向不喜欢甚至厌恶图虚名的人。胡适勉强忍住一肚子的不高兴，给 A·F·菲奇夫人回了一个电报：

"遗憾的是，我对把我推向新闻界的任何东西都怀着极大的憎恶。我认为整个计划对你毫无价值。但是，如果你能够不带新闻界来访，我将用杭州茶招待你。"

没想到 A·F·菲奇夫人第二天真的到中国驻美大使馆喝杭州茶来了。她一个人来的，没带新闻记者，符合胡适大使"招待"的条件。龙井茶香四溢，A·F·菲奇夫人一边品茶，一边赞不绝口。胡适自始至终以礼相待。A·F·菲奇夫人呷了一口茶，笑着对胡适大使说：

"Gentle spanking,Gentle spanking,你给我轻轻一顿板子，打的不错！"

"不知胡适在什么地方？"

胡适有一天在报纸上看到一则消息：芝加哥大学教授 Prof.Smith 刚当选为美国众议院议员。与美国朝野广交朋友是胡适担任驻美大使期间一项重要而经常性的工作，胡适当即决定邀请 Prof.Smith 吃饭。Prof.Smith 见中国大使相邀，欣欣然来赴宴。席间他问胡适：

"多年前我认识一个中国学者，他叫胡适，不知他现在什么地方？"

胡适笑着说："就在你眼前啊！"

"你——胡适？" Prof.Smith 惊奇地睁大了眼睛，忽又大笑了，说："你就是胡适，大使先生！"

大家都跟着笑起来了。美国国会的议员们是要经常发表演讲的，

Prof.Smith 后来常常喜欢在公开场合讲这个故事，成为胡适任大使期间的一个有趣的插曲。

美国康乃尔大学国际法教授 Prof.Briggs 没有见过胡适，但他知道有关胡适的一个趣闻。是这样的：有一次胡适回到母校康乃尔大学，受到热烈欢迎。大学有一块匾额，上面用英文写着 "ABOVE ALL NATIONS IS HUMANITY"，学生们把 "HUMANITY" 后面的六个字母遮盖了起来，变成了 "ABOVE ALL NATIONSIS HU"。HU 即 "胡"，由此可见胡适在美国学术界的声望。

胡适在什么地方？在康乃尔大学的匾额上，在议员先生的讲演中，在美国学生和美国学术界人士的心里面。许多人至今仍怀念他。

"学问是要给我们一生一点无上的愉快享受"

一九四二年九月胡适卸任驻美大使后，从华盛顿移居纽约，重操旧业，从事学术研究。他接受了在哈佛大学讲学一年的邀请，其后又在几所大学讲学。期间还写了《易林考》《曹操创立的"校事"制》《两汉人临文不讳考》等考据文章，并开始了对《水经注》的考证与断案工作。他常称后者即《水经注》研究是他的"象牙之塔"（Ivory Tower）。

进行学术研究是离不开参考书的，考证尤其不能不依赖于古籍，可是在国外寻觅中国的典籍很困难，胡适面临书荒。老友赵元任帮了他的大忙，把一部道林纸本《四部丛刊》让给了胡适。胡适为此给赵元任打了一个电报，喜不自胜地说：

"I feel as rich as Indian Maharaja .A thousand thanks'（我觉得像印度的王公一样富有。万分感谢。）……我有了这三百多种书，大致可以解决我的'书问题'了。以后所需，只有《道藏》《佛藏》与理学书耳。"

于是胡适重又把自己关在了象牙之塔里。其实说"象牙之塔"不如说"书海"、"书堆"更合适。

一九四三年二月十三日，在波士顿麻省理工学院和哈佛麻省理工学院两个中国学生会的联席会上，胡适发表演讲，到会的会员有一百多位。胡适着重讲了做学问的经验体会，第一是"我自己的'象牙塔'"，第二是"向塔外偷看来的感想"。具体一些说：他的意思是把做学问比做一个人的"象牙塔"，在里面用心努力钻研甚至冥思苦想，同时要用眼睛多看"象牙塔"外面的风景、事物，随时把观感和体会输入到塔里面来，藉以丰富自己的思想。第三，他语重心长地对那些听讲的学生们说：

"期盼你们大家都有一个或多个'象牙塔'：做学问不光是为了救国，建国，等等；学问是要给我们一生一点无上的愉快享受。"

这就是胡适做学问的经验体会，也是胡适一辈子热中于、执着于做学问的原因。

宋美龄印象

一九四三年三月一日，宋美龄访美期间到达纽约，纽约市长兰纳迪（Lagnardia）在市政府招待这位中国的第一夫人。胡适去拜会了宋美龄，——离上次在国内见她已经过去五年多了，期间胡适任驻美大使四年，卸任后滞留纽约又有半年多时间。

第二天晚上，宋美龄在麦迪逊广场花园（Madison Sq.Garden）发表演说。听讲者十分踊跃，多达两万人之众，充分表现了美国民众对"抗战中的同盟国"的同情与热心！胡适也去听了，但他觉得宋美龄的演说实在不像样子，简直不知道她在说些什么……

三月四日一大早，黄仁泉给胡适打电话来，说蒋夫人想要看望胡适之先生，拟约胡适在下午五点五十分去见她。胡适知道纽约领事馆的于总领事下午要举行茶会欢迎宋美龄，便问黄仁泉：

"于总领事的茶会下午五点开始，她如何能在五点五十分见我？"

黄仁泉答道："蒋夫人要到六点十五分才从楼上下来。"

胡适只好遵命前往。到了领事馆，只见楼上接待客人的屋子里已经有林语堂夫妇和孔令侃在座，后来郑毓秀也赶来了。大家坐等第一夫人。过了一会儿，宋美龄款款地走出来与众人会面，胡适见第一夫人风头正健，气色很好，只是一坐下来便向孔令侃要香烟抽，孔令侃马上递了过去并替小姨妈点燃了……

在这种场合，胡适不便正儿八经地说什么国际与国内大事，只好随便谈谈。

宋美龄深深吸了一口香烟，并十分优雅地吐出几个烟圈儿来。待烟圈儿散尽，她才启口说道：

"我的演说是为知识阶级说法，因为知识阶级是造舆论的。"

胡适想起了她"实在不像样子"的演说，心里暗暗奚落了一句："原来黄忠马失前蹄的古典是为知识阶级说的！"不知怎的，宋美龄的一股虚骄之气，实在让他有些恶心。

于是胡适起身离座，一个人先去了楼下大厅。于总领事的茶会来宾近千人，许多人五点就来了，有的来宾为了一睹第一夫人的丰采，打老远从波士顿、从普林斯顿赶来。一等不来，二等不来，直到晚六点半以后，"第一夫人"宋美龄才从楼上下来，有的宾客私下低语："千呼万唤始出来"应改为"千盼万盼始下来"啊！"第一夫人"果然不愧是第一夫人，宋美龄身居高位，向大家点点头，说了一句：

"谢谢你们！"

近千位来宾静待下文，没想到第一夫人的"茶会"到此就划上了句号——结束了。有些站得比较远的来宾都没能看清第一夫人究竟长的是什么模样。

国民党蒋介石在大陆全线溃败之际，宋美龄奉蒋介石派遣赴美企求军援，结果遭到美国官方冷遇。一九五〇年一月八日宋美龄离开美国前作了"临别广播"讲话，此时胡适已经跑到美国做寓公，并公开表示"在道义上始终支持蒋总统"。基于共同的反共立场，胡适一改过去对宋美龄的不满，称赞她的"临别广播"讲话"说的很愤慨沉痛。这是她最好的演说。"胡适还给宋美龄写去一信表示"祝贺"。

"我拯救了你的灵魂"

伯特·安德森（Bert Anderson）与福尼亚（Fournier）都是牙科医生，他们少年时同学，又一同上过战场，所以相交甚厚。

胡适因为牙疼，请福尼亚医生诊治过。福尼亚写信告诉安德森说胡适是他的病人，安德森回信说这最使他妒羡！

其实伯特·安德森早就与胡适认识。一九二二年至一九二五年，北平协和医学校的几个医士曾发起一个晚餐会，安德森为发起人之一。晚餐会邀请胡适等九位中美名人参加，讨论各种有兴趣的问题，而胡适领导讨论的时候最多，所以给安德森留下了很深的印象。

安德森是瑞典人的后裔，他们家有笃信宗教的传统，三十年来未曾有丝毫改变。有一次胡适在北京香山脚下的卧佛寺讲演时自称是无神主义者，安德森听了胡适的讲演，思想上发生了很大的变化，不再对宗教那么虔诚了，以后甚至也成了一个无神论者。

胡适到美国来开展民间外交时，安德森闻讯后特地从纽黑文来到纽约，和福尼亚医生一起到胡适下榻的旅馆看望。胡适同他们在一家广东餐馆吃中国饭，一直谈到深夜始散。

再说福尼亚医生，胡适在他那里治过二十多次牙，彼此也很熟悉了。福尼亚家世奉天主教，但和安德森一样，也被胡适带上了无神的路。他买了一本 Liuing Philosophies（《生活哲学》），其中有胡适的《自述》，福尼亚今天带了来请胡适题字，胡适笑着对他说：

"你救了我的牙齿，可丢了你自己的灵魂！你太吃亏了！"

福尼亚和安德森都大笑起来。胡适随即在书上题了一句话：

"You have saved my teeth, but l have saved your soul"（你拯救了我牙齿，我却拯救了你的灵魂）。

半部《论语》的故事

　　北宋政治家赵普，在未发迹之前是三家村的子曰先生，一部《论语》背得滚瓜烂熟。后来他辅佐赵匡胤取得天下，从一介儒生成为大宋王朝的重臣，官拜枢密使后任宰相。但在他死后，家人在他的箧子中只发现了《论语》二十篇，说明赵普生前只读过半部《论语》。从此，半部《论语》治天下的故事流传开来，赵普成为了读书人进入仕途飞黄腾达的楷模……

　　关仲豪一九四一年在美国加省大学研究院作"北宋的政治学术思想"专题研究。他查过《宋史》，查过《资治通鉴》，查过和赵普有关的传记，都没有真凭实据能够证实半部《论语》治天下的故事。李焘著的《续资治通鉴》有拾遗补阙的作用，但他没有查过，因为加省大学图书馆未有此书。那时胡适在华盛顿任中国驻美大使，他过去在北大曾开过一门课《中国中古思想史》，所以关仲豪便冒昧地给胡适写了一封信，请求胡适帮忙，指示自己下一步研究的方向。胡适在大使任上忙得不可开交，但仍给关仲豪回了一封亲笔信，就研究的方向和选择材料的标准，给了关仲豪若干宝贵的指示。不久又托朱子嘉从美国国会图书馆借了一部李焘著的《续资治通鉴》，朱子嘉仔细查阅后，也没有查到赵普半部《论语》治天下的记载。

　　胡适一向主张做学问尤其对待历史"宁可疑而错，不可信而错。"既然赵普半部《论语》治天下缺乏证据，就宁可信其无，不可信其有，因此他又给关仲豪写了第二封信，指出：

　　"这一个半部《论语》的故事是不可靠的，是齐东野语之流。赵普未必这样说过。总而言之，赵普和半部《论语》，根本上在宋代政治学术思想上毫无地位。赵普这个人在宋代'古文复兴'运动中根本上充当不上任何一个角色。所以这个故事值不得多费功夫去研究。"

　　关仲豪收到胡适的两封来信，既深为感动又深受启发。他想："半部'论语'的故事，千数百年传下来，一向也没有人发生疑问，一旦有人提起，要为它寻根究底，胡适先生就认真地小心求证，还帮助别人小心求证。研究学问，在胡先生看来，他人的事，也就是自己的事。就以'半部论语'的故事而论，因为要追寻它的出处，经过多方研究，找不到真凭实据，才断定了这是一种不可靠的材料。这也是以科学方法治学的一个最好的例子。"

"晚宴"变成了"茶点"

一九四二年九月胡适卸任驻美大使后，并未立即回国，而是在美国滞留了三年多，期间除做《水经注》外，还曾到美国几所大学讲学，芝加哥大学便是其中之一。一位在该校讲授中国美术史的德籍教授，给胡适寄来了一份请柬，邀请胡适礼拜日晚八点去他家中赴宴，由当时在芝加哥大学任教的邓嗣禹作陪。胡适爽快地答应了。

到了礼拜日那天，中午胡适和一位哲学家在芝大教职员俱乐部共进午餐。胡适吃得很少。晚六时许，邓嗣禹向胡适提出该到外面的馆子吃饭了，胡适说不是要去德籍教授家赴晚宴吗，就不必吃了，但邓嗣禹却怀疑德籍教授家恐怕只准备了茶点。胡适肯定地说：

"不会的。正式宴会总在晚上八点，我在外交界工作多年，知道很清楚。你是乡下人，所以不明白。哈哈！"

在前驻美大使面前，邓嗣禹觉得自己真是班门弄斧了。年轻时他还在北大"偷听"过胡适的讲课，在老师面前他认为自己永远是学生。

七时三刻邓嗣禹陪老师去赴宴。天上下起了小雨，路上有些湿滑。

胡适逸闻

邓嗣禹担心胡适毕竟上了些年纪了，万一不小心滑倒了怎么办？所以便提议雇一辆车去。

胡适问："去德籍教授家有多远？"

邓嗣禹告诉他："大约有一英里。"

胡适很干脆："走着去！"

两人步行到了那位德籍教授的家，时间正好是晚上八点。胡适很高兴地对邓嗣禹说："这一次外国人不会说我们不守时刻。"中国人不守时向来是遭外国人嘲讽的一大诟病，胡适在五四时期就写过一篇《差不多先生传》，讽刺"差不多先生"因晚到车站两分钟而误了火车，作品将一切都凑合着过，不认真、不严谨、不守时等种种恶习视为"国民劣根性"的表现。

当下胡适和邓嗣禹进了德籍教授的家门，只见客人很少，胡适却并不介意，在客厅里高谈阔论起来。不知不觉间客人大都到齐了，主妇引领众人进入餐厅，桌上摆放着三明治，每一片面包切成八块，抹上干酪、沙丁鱼、咸鱼子之类，另外还有一些花生米、糖果、零碎糕点，饮料是咖啡。这不就是在外国极普通、极常见的茶点么？胡适和邓嗣禹相互会心地一笑："晚宴"也者，原来如此啊！……

德籍教授和夫人把各种三明治传送了两三次，喜欢吃的客人取一片放进嘴里，不喜欢吃的客人笑一笑或摆一摆手谢绝了。只是苦了胡适：他午餐吃得很少，就是为了空出肚子，好在"晚宴"上饱餐一顿。又没有听邓嗣禹的话吃晚饭，不免饥肠辘辘，饿得有些发慌。不过他毕竟是见过大场面的著名学者和外交家，懂得规矩和礼数，便拿起三明治盘子向其他男女来宾递送，嘴中还说道：

"来，请尝一尝，莫辜负了主人的一番盛情款待！"

有的客人不吃，胡适就笑着说："你不吃，我吃一块。"

有的客人吃了，胡适也有话说："我也陪你吃一块。"

尽管这样，又焉能吃得饱啊？邓嗣禹想德籍教授家的茶点比"晚宴"差了许多，借用胡适当年写的《差不多先生传》，或许可来一篇《差许多先生传》。他一看手表都过了十一点了，只好说明天礼拜一大家都还要上课，须回家休息，众人随即附和，一齐告辞。临出门时邓嗣禹悄悄告诉胡适："五十五街，有一家中国人开的小饭馆，夜里要十二点才关门。我知道先生没有吃饱，咱们赶快去——"

胡适这次不推辞了，他急不可耐地对邓嗣禹埋怨道："你怎么不早告诉我？"

出门不远，邓嗣禹拦了一辆计程车。车夫说："休车了，除非长距离，短程不去。"

邓嗣禹只好说："我多给小费！"

胡适也没有像来德籍教授家时那样坚持步行。计程车很快开到了那家小饭馆的门口，姓李的掌柜正要关张。胡适径直走进了厨房，向掌柜伸出手去，自我介绍道：

"我是胡适。"

邓嗣禹赶紧在一旁补充："这是中国鼎鼎大名的学者，胡适之大使。"

如同活菩萨降临，姓李的掌柜将一双油腻腻的手在衣服上擦了擦，带着激动的神情和胡适大使握手。一通款待自然远远胜过德籍教授家的茶点。

胡适大快朵颐，一边又讲起了他在担任驻美大使期间，出席典礼、宴会必须穿大礼服，戴着高高的圆桶状的礼帽。大使馆在十九街黑人区，附近有一家中国餐馆，他参加晚宴之后，就在那家中国餐馆门口下车，把高高的礼帽往柜台上一扔，跟老板握手，叫一杯咖啡或一盘水果，一边和老板聊天，一边无忧无虑地慢慢喝着吃着，充分享受着一介平民的快乐与闲适。在这里休息半个钟头才回使馆——于是身份又变成了驻美大使。

"人能宏道，非道宏人"

    卢沟桥事变爆发前，国立北平图书馆所有善本书已运抵上海保存。胡适任驻美大使期间，一九四一年二月，曾派受聘于美国国会图书馆的王重民到日军占领下的上海，设法将这一批善本书搬运至美国。王重民在上海用了三个月的时间，从中选择出最善最精的善本书，整整装了一百箱，费尽周折，于十一月运至美国，由美国国会图书馆代为保管。

    抗战胜利后国民政府任命胡适为国立北京大学校长。在启程回国前，胡适已将自己的日记，以及父亲胡传的著作和日记，交由美国国会图书馆保存。美国国会图书馆通过王重民转告胡适，愿意把这些宝贵的文稿制成缩微胶片，胡适为此于一九四六年四月一日授权美国国会图书馆"对上述文档的任何部分或全部进行缩微制作"，同时提出一个要求：

    "我父亲著作的缩微胶片可以向学生和学者开放。我自己的日记，由于涵盖了多年的国内国际争论，在我晚些时候抽空对原件进行浏览之前，不应开放给学生使用。"

    在写给美国国会图书馆负责人阿瑟·W·休默尔博士的这封信函中，胡适还特别对国会图书馆和休默尔博士本人，八年半中"在收藏和保护'汉简'以及北平图书馆珍稀图书方面对中国作出的巨大贡献"，表示"我们所有人，凡是了解并赞赏你对这些中国珍宝作出的极好保护的人，都会久久铭记。"落款是："您忠实的胡适"。

    阿瑟·W·休默尔博士四月五日回函胡适："我们很感激您的慷慨之举，允许将国立北平图书馆的一百箱珍贵书籍制作成缩微胶卷。正如我在许多报告和演讲中所讲的，您和国立图书馆的善举在文化史上是空前的，将成为不同国家、具有不同传统的人民仿效的一种模式。这是'人能宏道，非道宏人'的又一个例子。"同时郑重表示："当然，国会图书馆尊重您的要求，不将您的日记公开供人查阅。装着这些缩微胶卷的箱子标有'不准公开'字样，和其他类似的材料一起保存。"

胡适的日记及其先父的遗稿和日记，美国国会图书馆制作成缩微胶卷后，原件归还与胡适。寄存在国会图书馆的汉简十四箱、锁匙十四件、收条一纸，胡适打算等海运通畅后，连同北平图书馆的一百箱珍贵善本书，再一起运回国内。

"人能宏道，非道宏人"是孔夫子的话，出自《论语·卫灵公》。意谓人能将"道"（道义、道德、道理等等）弘扬廓大，而不能用"道"来弘扬人，将人加以廓大。胡适在这方面确实做得不错，正如阿瑟·W·休默尔博士信中所说，他是"人能宏道，非道宏人"的一个突出例子。

校长办公室

一九四五年九月六日国民党政府正式任命胡适为国立北京大学校长。一九四六年七月二十九日胡适飞抵北平就任，北大为胡适校长在东厂胡同准备了一处居所，系前荣家花园之一角。学校还为他准备了一辆新式小汽车。

校长办公室是胡适在北大办公的所在，设在子民堂前东屋。子民堂是为纪念前校长蔡元培建立的，蔡先生字鹤卿，号子民。

有人称胡适的校长办公室是"世界最民主的俱乐部"。

的确，胡适的校长办公室采取公开政策，教授可以随时进来，不必事先预约。凡是进去的人，工友照例倒一杯茶，送上热毛巾。这是胡适校长定的规矩。

进去之后，既可谈正事，也可以和校长随便聊天。上自国家大事，

胡适逸闻

下至家庭琐事，凡可供谈论者皆畅所欲言，无所顾忌。如果来人提出关于学校的什么问题，胡适校长便记在一本日记簿上，并且郑重地对来人说："我尽量办理"。来人告辞时，胡适无一例外都要亲自送到门外方才止步。

也有人是来向胡适提意见的。历史系向达教授有一次就当面批评胡适，说一校之长不应当把学校的购书经费全用在购买自己喜欢的《水经注》上。胡适听了并未生气，只答辩说这是夸大不符合事实的，他的确收藏了各种版本的《水经注》，约计有三十多种，但都是北平、上海的朋友们听说他要弄《水经注》主动送来的。

季羡林是校长办公室的常客，因为作为胡适聘任的北大东方语言文学系主任，他经常要到这里来向胡适校长汇报和请示工作。在学术上季羡林也对胡适佩服得五体投地，特别是对胡适"大胆的假设，小心的求证"笃信不疑，并且贯彻到自己的研究工作之中。季羡林和胡适私交也很好，他是由胡适提拔一路"飞"上天的：刚从德国留学回来就进入最高学府北大并被聘为副教授，副教授当了一两个星期就升为正教授，而别的从国外回来的人即使能聘为"副教授"，也得辛辛苦苦干数年才能爬上正教授。所以，胡适对季羡林有知遇之恩，季羡林以后访台时"站在胡适之先生墓前"，感恩戴德地"为胡适说几句话"，也就顺理成章，毫不奇怪了。

据季羡林回忆胡适在校长办公室里的情景说："我的总的印象是：胡适是一个好'朋友'，胡适是一个好人。"他"待人亲切，和蔼，什么时候见他，都是满面笑容，从来不摆教授架子，不摆名人架子，不摆校长架子，而且对什么人都是这样，对教授是这样，对职员是这样，对学生是这样，对工友也是这样。我从来没有看到他疾言厉色，发脾气。同他在一起，不会有任何一点局促不安之感。"

这里顺便插入另外一个例子，也是季羡林提供的，虽然发生的地点也许并不在校长办公室里：

"有一次开教授会。杨振声先生新收得了一幅名贵的古画，为了想让大家共同欣赏，他把画带到了会上，打开铺在一张极大的桌子上，大家都啧啧称赞。这时适之先生忽然站了起来，走到桌前，把画卷了起来，作纳入袖中状，引得满堂大笑，喜气洋洋。"

这个例子说明胡适校长不仅待人和蔼，不摆架子，而且幽默有趣，从而更拉近了一校之长和大家的距离。

邓广铭在教学和研究之余，兼任了相当一段时间的校长室秘书。他同胡适有师生关系，胡适过去指导过邓广铭搞辛稼轩年谱和稼轩词笺注。邓广铭做校长室秘书只是名义上的，并不多拿一分薪水。主要工作是编辑《文史周刊》，协助胡适校长接见部分来访者，以及替胡适校长写回信等等杂事。说来也真是奇了，邓广铭摹仿胡适写字还真能以假乱真，有的人收到大名鼎鼎的北大校长胡适之的回信十分欣喜，视如珍宝，殊不知却是邓广铭代笔。就连胡适也说邓广铭的字写得的确和他的字相像：清癯消瘦，而且工工整整。

"教授们吃不饱，一切空谈都是白费。"

北大是国立大学，所需经费由教育部拨发。国民党蒋介石发动内战，军费开支庞大，用于教育的经费少得可怜，加上物价狂涨，堂堂的大学教授们几乎和孔乙己一样穷愁潦倒，食不果腹。

有一次记者到北大来采访胡适，当问及他个人的生活状况时，胡适说："我的薪水不够用，虽未在校内透支借薪，有几个银行的朋友可以让我立透支户头，但亦得设法还债。"

北大总务长郑天挺在旁边对记者说："校长已经贴了不少的钱了。"

胡适又说："去年七月校长薪津可得二十八万元，折合美金一百多块钱。现在虽调整近百万元，但折合美金，每月仅得三十五美元。"

郑天挺帮他算了一下细账："胡校长每天薪水合一块二角美金。"

堂堂的北京大学校长尚且如此，其他教职员的生活就更加困难了。而这种窘况又是无法加以改变的，胡适和郑天挺都无能为力。有一次胡适与到北大访问或任教的英美来宾聚餐，菜肴本不丰盛，但囊中羞涩的他餐后不得不厚着脸皮向客人们伸手讨要道：

"敝校长月薪三十四元美金，正教授二十九元美金，请大家倾囊相助。"

听胡适这么一说，大家纷纷凑钱，合成一大叠钞票，才付清了这一次聚餐的餐费。

胡适一九一七年刚来北大做教授时，月薪二百八十块大洋（银元），后增至三百大洋，最高时达五百大洋。和那时相比，薪津实际所得直线下降，有如雪崩一般。这从一个侧面反映出了国民党统治区的经济形势恶化到了极点。

校长胡适尚且如此，其他教职员工就可想而知了。广大文教人员不得温饱，生活十分困难，是国统区普遍的现象，也是严重的社会问题之一。据胡适一九四七年九月二十三日的日记：这一天他主持召开教授会，讨论北大的复兴与发展计划，到会的教授有一百多位，大家都哭穷，谈的想的都是吃饭问题，向达先生甚至说："我们今天愁的是明天的生活，哪有工夫去想十年二十年的计划？十年二十年后，我们这些人都死完了。"胡适主持了三个半钟头的会议，听了这些话心里既有些生气又有些悲观，觉得"这样的校长真不值得做！"所以，当《申报》记者请教他"今后在学校教育方面有什么改革计划"时，胡适颇为无奈地说：

"教授们吃不饱，生活不安定，一切空谈都是白费。"

"校长实无力为之"

一九四七年五月十八日，北平行辕主任李宗仁召集平津两市专科以上院校负责人及若干著名教授开茶话会，商讨解决学潮问题。李宗仁首先致词，他讲完以后，北京大学校长胡适即站起来发言。在未谈正式议题即解决学潮问题之前，胡适先向行辕主任李宗仁表示感谢说：

"广大公教人员现在生活十分困苦，教授们连饭都吃不饱，李主任最近为顾全公教人员食粮的困难，设法配给了一万五千袋美面。我代表教育界要向李主任当面说声谢谢！"

他朝李宗仁点点头弯弯腰，李宗仁满面含笑。

胡适接着将了李宗仁一军："今冬各校的燃煤问题尚无着落，还请李主任设法。"

李宗仁脸上的笑容顿时消失了，心想胡适胃口不小，但这类问题他应该去找"中枢"蒋委员长解决才是，内战吃紧，军费开支浩大，让我这个地方官怎么"设法"哟！

胡适似乎没有注意到李宗仁脸上表情的细微变化，擅长讲演的他又用幽默的口吻说道：

"像今天这样的集会太有意义了，建议最好能定期举行。北大有五十多个系，如果由学校约集举行茶会，校长实无力为之。不过话说回来，我们常吃李主任的，也过意不去。如茶会定期举行，或是由学校方面也担负一部分罢！——不知在座的各位校长以为我的提议如何？"

茶会上响起了一片笑声：不是同意胡适"分担"的提议，而是被他的"幽默"逗笑了。

需要补充说明一点：让胡适感激涕零的所谓"美面"是指美国面粉，系美国以"援华"名义倾销的剩余物资，而且谁跟美国走，美国才给谁。毛泽东在《别了，司徒雷登》一文中说："美国人在北平，在天津，在上海，都洒了些救济粉，看一看什么人愿意弯腰拾起来。太公钓鱼，愿者上钩。嗟来之食，吃下去肚子要痛的。"清华大学国文系主任、著名教授和散文大家朱自清，虽患"一身重病"却"宁可饿死"也不领美国面粉，毅然在抗议美国扶植日本和拒绝领取"美援"面粉的宣言上签署自己的名字，并且在去世前还嘱咐家人不要买国民党政府配售的"美面"，表现出了中国知识分子高尚的民族气节。所以毛泽东说"我们应当写闻一多颂，写朱自清颂，他们表现了我们民族的英雄气概。"

同为文化名人，同为大学教授，胡适和朱自清的态度截然相反。因而毛泽东在肯定和赞扬闻一多和朱自清的同时，又在《丢掉幻想，准备斗争》一文中，将"胡适、傅斯年、钱穆之类"列为"帝国主义及其走狗中国的反动政府只能控制"的"极少数人"。

为白石老人作年谱

一九四六年秋，胡适从美国回来就任北大校长后不久，齐白石亲自把一大包有关的材料送到胡适家中，表示希望胡适写他的传记。白石老人年长胡适二十八岁，对于他的托付胡适当即就答应了，但因为校务十分繁忙，直到一九四七年暑假才得以着手进行。

胡适在齐白石撰写的《白石自状略》基础上，"把一切有年月可考的记录分年编排，有时候也加上一点考订"，按年谱的形式与要求，写成了《齐白石自述编年》。初稿抄了一份送白石老人审查批评，原稿胡适请好友黎锦熙添补改削。黎锦熙和齐白石都是湖南湘潭县人，齐白石年轻时曾在黎家作过木匠，两家有六七十年的亲切友谊。黎锦熙费了半年的工夫，添补了很多宝贵的材料，比胡适的原稿差不多增加了一倍的篇幅。此时已经是一九四八年的十一月份了，国内政局急剧变化，胡适再也无暇顾及此事，只好请他过去的学生、史学家邓广铭将全稿细看一遍。邓广铭用认真负责的态度，充分利用了胡适并不知道的八卷本《白石诗草》里的传记材料，又查看了王闿运的《湘绮楼日记》《湘绮楼全集》，以及瞿鸿机、易顺鼎、陈师曾、樊增祥诸人的遗集，在黎锦熙增补的基础上又作了若干补正。

一九四八年十二月十六日胡适乘蒋介石派来的飞机悄然南下，尽管他的心情十分恶劣，仍未忘怀白石老人的托付。几经增补之后，于一九四九年初完成了定本，它已经不再是齐白石的自述编年了，故而改为《齐白石年谱》。

胡适在南京找了几幅汪亚尘和顾一樵所收藏的齐白石的画作插图，将《齐白石年谱》交付上海商务印书馆，于一九四九年三月正式出版。黄郛遗孀沈亦云在《敬忆胡适之先生》一文中，提到胡适在上海有一次看望她和陶孟和等老朋友时，"车里带有一大包画，问我们要看否，都是齐白石（的）精品"，想必就是用作插图的齐白石的画作了。另据邓广铭说，胡适当时没有向商务印书馆要稿费，只要了一百本书，他自己留了五十本，另五十本寄给了在北平的邓广铭。邓广铭留了五本，其余的都送给了白石老人。

《齐白石年谱》实际上是由胡适、黎锦熙、邓广铭三个人协力完成的，因此在编排的体例上，经常出现"适按"、"熙按"、"铭按"，有时一条之中甚至三按并存的情况。《年谱》仅有三万多字，除记述比较简略外，胡适也不像对史学家章实斋和崔述那样，进行了学术上的多量评述。他是大学者，自我标榜"有历史癖与考据癖"，但他在绘画和篆刻方面毕竟未曾涉足，算不上行家里手，所以也就难于从艺术上对齐白石做宏观（整体的绘画创作）和微观（具体到某一幅画作）的评价。这是不应苛求于胡适先生的。不过，就《年谱》而言，从不太长的篇幅中，白石老人的性情、人格、家庭、与友人的交往等等，间有生动的记述。如：

一、北平沦陷后，白石老人往往用诗、画寄托心情意境。并写一则《画不卖于官家窃恐不祥告白》，曰："中外长官要买白石之画者，用代表人可矣，不必亲驾到门。从来官不入民家。官入民家，主人不利。谨此告知，恕不接见。"短短一则告白充分显示了白石老人的骨气。

二、引《白石诗草》卷二梅兰芳从白石老人学画。"余知兰芳近事于画，往焉。兰芳笑求余画虫以观，余诺之，兰芳欣然磨墨理纸，观余画毕，为歌一曲相报，歌声凄清感人，明日赠我以诗。"又引黎戡斋《记白石翁》："时有某巨公称觞演剧，坐中皆冠裳显贵，翁被延入座，布衣褴褛，无与接谈者。梅畹华后至，高呼齐先生，执礼甚恭，满座为之惊讶。翁题画诗云：'曾见先朝享太平，布衣蔬食动公卿；而今沦落长安市，幸有梅郎识姓名。'"黎锦熙再用按语补充道："白石自言：梅家种牵牛花百种，花有极大者，巨观也，从此始画此花。后有句云：'百本牵牛花碗大，三年无梦到梅家。'"通过以上几则简略的记述，齐白石和梅兰芳两位艺术大师的友谊跃然纸上。

三、齐白石十二岁时娶妻陈氏，名春君，与夫同岁。初入齐家为童养媳，两人十九岁始同房。夫家穷困，陈氏平日"提桶汲井，携锄种蔬，辛酸历尽，饥时饮水，不使娘家得闻。"有邻妇劝其求去，陈氏笑曰："命只如斯，不必为我妄想。"齐白石五十七岁时，陈氏夫人不辞跋涉，三往三返，从四川求得一女名宝珠，年方十七，白石纳为副室，称其为"胡姬"或"宝姬"。白石老人八十岁（一九四〇年）时，陈氏夫人在湘潭故去，白石老人撰有《祭陈夫人文》；三年之后（一九四三年）继室胡姬病殁，白石老人在《齐氏五修族谱》批记中云："胡氏宝珠，侍余不倦，余甚感之。"齐白石八十四岁（一九四四年）时，夏文珠女士来任看护。

"跳加官"

武汉大学建在珞珈山上，东湖西侧，风景绝佳，建筑一流，在国内各大学中属于上乘。

胡适曾在武汉大学作过多次讲演，一九三二年十一月三十日他在武大讲演《中国历史的一个看法》，把老中华比做一位"老英雄"，开场白中说："我们现在撇开了'跳加官'一类开台戏，专看后面几幕大戏"——即几千年来"老英雄"上演的"建立大帝国"、"受困两魔王"、"死里逃生"、"裹创奋斗"、"病中困斗"的多幕大悲剧。安徽教育出版社二〇〇三年出版的《胡适全集》，编者在注释中谓"这是胡适一九三二年十二月一日在武汉大学的演讲词"有误，据胡适日记应为一九三二年十一月三十日："（晚）六点，我讲演，题为《中国历史的一个看法》。这个讲演是我第一次讲这个题目，当写出来。"十二月一日胡适讲演的题目是《谈谈中国政治思想》，他在当天的日记中说："此题稍繁复，不易有趣味，故今日之讲演不如昨夜一讲。"

一九四八年十月上旬，几位学者应武汉大学校长周鲠生邀请，到武大讲学。第一天讲座的主讲人便是胡适，另一位是考古学家李济。胡适事先将自己演讲的经验告诉李济：

"讲演前饭绝对不能吃得太饱，只可以吃半饱，能喝点酒更好，吃得饱了，讲演时就会气力不够。"

讲演晚六点准时在大礼堂举行。大多数学生主要是仰慕胡适的大名而来听讲的，武汉大学又没有考古专业，大家对考古学家李济比较陌生。周鲠生校长站在讲台正中，环视了一下全场听众，微笑着说道：

"我们今天请来了两位贵宾，一位是北大校长胡适先生，姓胡名适、字适之，另一位是中央研究院的著名考古学家李济先生，姓李名济字济之。他们两位的名和字是不谋而合啊！胡适校长昨天给我开玩笑说我把

胡适逸闻

他们两人'押上(珞珈)山'来了！大家知道，我对考古学是一窍不通，好在胡适校长是无所不通，现在就请他代劳给大家介绍一下李济之教授，好不好？"

全场报以热烈的掌声。胡适被推到了前台，擅长讲演的他风趣地说道："你们的周校长是我的老朋友，他才是博古通今哩！他非常谦虚，要我来'跳加官'，其实，我和大家一样，今天是来听李济之先生的讲座。"

这次他又说自己来"跳加官"，看来他很喜欢用这个典故。

所谓"跳加官"，是指过去在戏曲演出开始或中间有显贵到场时加演小节目，表示欢迎与庆贺，由演员戴上假面具，着红袍穿皂靴，手举"天官赐福"布幅向台下观众展示。胡适今天这样讲既幽默又含有自谦的意思，意思是说自己乃一个助兴和辅佐的角色，真正值得大家热烈欢迎的"显贵"应该是李济先生。当下他应周鲠生的要求，简要地介绍了李济的情况。李济随即也站起来寒暄了几句，才言归正传讲了起来，题目是《中国青铜时代的初期》。

胡适那天讲演的题目是《两个世界的两种文化》，大意是说："世界的文化总是趋向于一个世界一种文化。千万年的历史，都证明了此理不虚。三百年前利玛窦来华传教，曾带来了三种东西：钟表、天文历法及宗教。钟表传入中国后，新的计时机械迅速代替了中国铜壶滴漏的古老方法；新历法传入，曾与旧的历法有过剧烈的斗争。经过十五年的测验、比较、研究之后，新的准确的历法终于打倒了其他历法，而为中国所接受。崇祯末年正式下令采用。只有基督教的传播略有障碍。由三百年前的这一段历史，便证明了世界的文化总是趋向于一个世界一种文化。"这个观点当然是值得商榷的：一个世界并非只有一种文化，而是多种文化的并存，包括彼此竞争与融合等等。世界文化的多样性构成了世界的丰富与多彩，舍此不足以成其为世界。

查《胡适全集》以及其他资料，均未见有此一标题为《两个世界的两种文化》的文章。按照以上概述的内容，倒是与胡适一九四八年九月二十七日在上海公余学校的演讲《当前中国文化问题》大致相同。大概唯其相同，所以胡适未把在武汉的讲演再整理成文并公开发表。

周鲠生"押"胡适"上山"，和胡适"跳加官"，一时传为美谈。而胡适自己也说："此行在武汉住了三天，讲演了十次，虽然很辛苦"，弄得"喉咙完全哑了"，但"我很高兴，很满意。"

洗澡与刷牙

胡适和李济这次在武汉大学讲学时，两人住在一起，洗澡间共享。学校招待所的条件不错，工友每天都把房间收拾得干干净净，洗澡盆也擦得很清洁。

武汉素有"火炉"之称，十月初天气虽然比之炎夏热度稍减，但身上仍常常是汗津津的。李济天天洗澡，胡适却有时洗有时又不洗，让李济感到有些纳闷。

他忍不住问胡适："一天讲演下来已经很累了，为什么不洗个澡舒服一点呢？"

胡适回答道："我有一个习惯，洗好了澡，一定要把洗澡盆洗干净。"

一般人洗完了澡把水放掉就完事大吉，但胡适不愿把洗澡盆上的污垢留给别人，或第二天让工友来擦洗，讲演太累了他也没有气力把澡盆擦洗干净，所以他有时宁可不洗澡。这种"不轻易役人"的作风很让李济感动，他效法胡适的榜样，"从此就改变作风，洗完了澡一定把澡盆擦洗干净，直到如今。"

两人住在一起，彼此的生活习惯乃至一些细微末节互相都注意到了。胡适有一次对李济讲了刷牙的正确方法，他说：

"我从小就看到许多朋友，做什么事都是学人皮毛。譬如刷牙，十个人中间起码有好几个都不会。"

　　"你是怎么刷牙的呢？"

　　"我刷牙照例是顺着次序上下左右里外刷的，每边擦二十次，左边上二十次，左边下二十次，右边上二十次，右边下二十次，里面上二十次，里面下二十次，然后再外边上二十次，外边下二十次，这样不但上下左右里里外外都刷到，而且在用牙膏方面说来也很经济。"

考证不出的一大疑团

　　一九四八年底北平和平解放前夕，胡适乘蒋介石派来的专机南下，后又赴美国当寓公。历史学家、辅仁大学校长陈垣则坚决留在了北平，迎接新中国的诞生。关于他们相互关系的结局，却又有一段故事，对胡适而言或者竟是他绞尽脑汁也考证不出个所以然来的一大疑团。

　　一九四九年四月二十九日陈垣先生写了一封致胡适的公开信，发表在五月十一日的《人民日报》上。文章讲到过去他在思想上和政治见解上曾长期受胡适的蒙蔽："我不懂哲学，不懂英文，凡是有关这两方面的东西，我都请教你。我以为你比我看得远，比我看得多。"然而事实教育了他，使他觉醒了，顿悟了。"解放后的北平，来了新的军队，那是人民的军队，树立了新的政权，那是人民的政权，来了新的一切，一切都是属于人民的。我活了七十岁的年纪，现在才看到了真正人民的社会。"针对胡适曾对他说"共产党来了，决无自由"，陈垣以亲身体验反驳道："我现在亲眼看到人民在自由地生活着，青年学生们自由地学习着，教授们自由地研究着。"文章最后陈垣先生表示希望胡适也能正视现实，幡然觉悟，"希望我们将来能在一条路上相见"——也就是希望胡适能够站到人民的队伍中来，不要做蒋家王朝的殉葬品。

陈垣先生给胡适的这封公开信，在广大知识分子当中产生了很大的反响，却深深刺痛了胡适的中枢神经。一九四九年六月十九日他在日记中写道："昨晚倪君带来所谓《陈垣给胡适的公开信》的英文译本……其第一段引我给他最后一信的末段（Dec.十三，四十八），此决非伪作的。全函下流的幼稚话，读了使我不快。此公老了。此信大概真是他写的？"

第二天他又仔细阅读公开信，"更信此信不是伪造的（？）可怜！"

第三天倪君给他送来公开信的中文本，"我读了更信此信不是假造的，此公七十岁了，竟丑态毕露如此，甚可怜惜！"

过了几天胡适却又改变了想法，在六月二十四日的日记中说："我今天细想，陈垣先生大概不至于'学习'的那么快，如信中提及'萧军批评'，此是最近几个月前发生的事件，作伪的人未免做的太过火了！"第二天（二十五日）的日记又说："（蒋）廷黻与我均疑陈援庵的公开信是他先写了一信，共产党用作底子，留下了一小部分作'幌子'（如第一节），另由一个党内作者伪造其余部分。"

一九五〇年一月九日胡适在《自由中国》二卷三期上更是斩钉截铁地说："有许多朋友来问我：这封《公开信》真是陈垣先生写的吗？我的答复是：这信的文字是很漂亮的白话文；陈垣从来不写白话文，也决写不出这样漂亮的白话文；所以在文字方面，这封信完全不是陈垣先生自己写的；百分之一百是别人用他的姓名假造的。"

他说陈垣从来不写白话文，从来不会用"在生活着"、"在等待着"、"在迎接着"、"在摧毁着"的新语法，更不会说"学生们都用行动告诉了我"一类外国化的语法。胡适离开北平之前，一九四八年十二月十三日夜里曾给陈垣写过一封论学的长信，十四日寄出，十五日下午他就乘机去南京，十六日报上刊登了这一消息，这中间有三天半的时间差。公开信中有云："十二月十三夜得到你临行前的一封信"、"当我接到这信时，围城已很紧张，看报说你已经乘飞机南下了，真使我觉得无限怅惘！"胡适抓住这两句前后记述在时间上有所差异，便主观地断定说这也是"伪造的证据"。

总而言之：当胡适认为公开信是陈垣所写时，就骂陈垣"下流幼稚"、"丑态毕露"；当胡适认为公开信由"共产党的文人"所伪造时，仍以"陈垣先生"称呼过去的老朋友。这就是胡适的待友之道，看来他的界限还是很分明的，有时即使是一个人也会被判若两人。

第八章

"能避免宣传最好"

胡适和美国普林斯顿大学图书馆关系密切，前后向普大捐赠图书不下十余种。

一九五一年五月，他将自己的《胡适文存》合订本送给普林斯顿大学图书馆。在扉页上写下了一段话："这是民国十四年的第八版，当时纸版坏烂不少，被印局胡乱填改，错误很多。今天我偶然发现了这许多误填之处……我才大惊讶！中间还继续印了几版，到十九年才重排第十三版。我记在此处，为的是要警戒自己。"

应当说：胡适不仅是警戒自己，也是对被赠者负责任的态度。

一九五三年五月四日，他又赠送给普大图书馆一部《清实录》，共一千二百二十卷，分装一百二十盒。这是一部极完整的清代宫廷史，起自努尔哈赤建国，下迄一九一二年。《清实录》原藏清宫，伪满时代曾以宫藏为底本影印，胡适捐赠的就是《清实录》的影印本。胡适还专门给普大图书馆馆长狄克斯（William S.Dix）和副馆长海尔（Lawrence Heyel）写信，详述了何谓"实录"，如何编制等等。

胡适向普林斯顿大学赠书并不希冀得到什么。他在给童世纲的信里说："我不愿意因此事得着 Publicity，故能避免宣传最好。"

胡适逸闻

海外唯一挂出来的胡适画像

胡适一九一〇年考取第二批庚款赴美留学，先在康乃尔大学读农科，由于兴趣使然，后改学政治、经济。一九一五年又入哥伦比亚大学，在实验主义哲学家杜威门下专攻哲学，成为实验主义哲学的一名忠实信徒。两年之后通过博士论文答辩，十年之后正式取得博士文凭。

也就是说，胡适同美国哥伦比亚大学有很深的渊源，他对哥大的爱护不亚于他对北大的爱护。

二十世纪五十年代初胡适在美国当寓公的时候，常去哥伦比亚大学图书馆借书。接待他的是中文图书管理员唐德刚。唐德刚那时还是名不见经传的年轻人，和胡适是安徽老乡，据说他家老辈人和大名鼎鼎的胡适还有点世交。这样一来二去胡适和唐德刚成了忘年交。

胡适是哥伦比亚大学的老校友，名校友，讲起话来也哥大长哥大短的赞美个没完。有一次，胡适要唐德刚替他借一本大陆出版的书，唐德刚告诉他没有，胡适惊讶地说："我们哥伦比亚（大学）怎能没有这本书？！"脱口而出的"我们"两个字，显然是把他胡适自己也包括进哥大里面去了，在他看来哥大如此有名应该有这本书，没有就是哥大的耻辱，他胡适自己也觉得脸上无光，因为他自认是哥大的老辈，哥大的兴衰荣辱他是有直接关系和责任的。

唐德刚一脸苦相地诉说其中的缘由："哥大的图书经费是按照各科系注册的学生人数分配的，读汉学的洋学生只有寥寥几位，图书经费只摊到二百元。这区区二百元能买多少书呢？"

这让胡适颇感意外，他愤愤不平地说："太不像话！"皱着眉头想了一想，又约唐德刚到他住的公寓里吃晚饭，"这件事我要和你好好谈一谈！"

两个人一直谈到深夜。胡适最后说："我要去找几个有钱的校友，捐两千块钱给哥大图书馆购买中文图书，分十年摊用，这样每年的图书费便可增加一倍。"

唐德刚有些疑惑："谁有钱啊？"

胡适微微一笑："顾维钧先生，还有……"

后来哥大图书馆果然收到了两千美元的捐款，捐款人署名"无名氏"。

胡适对母校哥伦比亚大学一往情深，然而哥大的那些碧眼金发们却未必把他看作是哥大的成员。学校主管有意罗致人才，充实有关汉学的教学与研究，唐德刚便推荐了享有"中国文艺复兴之父"美誉的胡适先生。客观地说，学贯中西、著作等身、担任过北京大学校长的胡适是完全够格的，甚至是绰绰有余的，但哥伦比亚大学的主管不知是出于寡闻少知呢，还是出于歧视华人的种族偏见，竟然拒绝了，说："胡适能教些什么呢？"以后胡适回台湾定居，原因之一就是不愿在外国学者那里讨饭吃或抢饭吃。他甚至对叶公超讲过在美国当寓公的种种无奈，说"一个没有国籍的人是最痛苦的"。

曾经有人为胡适画了一幅油画像，胡适以老校友的身份送给了哥大图书馆。按理说这幅画像是应该挂起来的，但却废置在了地下室的烂书堆里，无人理睬。一九六二年唐德刚接管哥大图书馆中文部，此时东亚馆已迁入一座八层大楼，地方十分宽敞，四面墙壁上却空空荡荡。唐德刚乘机提出把胡适的那幅画像挂在墙上，有人马上反对说："哥大向来是不挂生人照片的！"唐德刚知道胡适患有心脏病，在台北"中央研究院"院长任上艰难苦撑，说不准哪天就会一命呜呼，便坚持己见说："胡适也活不了多久了！"这样胡适的画像才有礼有让地挂在了墙上。果然胡适在一九六二年二月二十四日因心脏病猝然去世，这幅油画像便成了海外唯一的一张挂出来的胡适画像。

口述自传

　　哥伦比亚大学的东亚研究所，附设有中国口述历史学部，其任务是记录并整理中国著名人物的口述自传，由纽约时报财团所经营的美洲缩微胶片公司影印发行。胡适作为中国学术文化教育界的著名顶尖人物，当然在入选之列，他的口叙自传是由唐德刚襄赞，陆陆续续记录、整理和编写出来的。两个中国人的英语都十分娴熟，他们的工作语言英汉双语并用，底稿则多半是先汉后英。

　　"其实当年胡先生和我由汉译英时，也曾费了一番心血。"唐德刚在《回忆胡适之先生与口述历史》一文中说道，"因为胡适的自传与一般名人的自传在性质上颇有差别。其他名人传记多半以叙事和说故事为主；而胡传则重在论学，尤其是讨论中国的古典著作，是一部学术性的自传（intellectual autobiography），就翻译来说，则故事易翻，而论学难译了。"

　　唐德刚举了一个例子：有一次胡适和他讨论梁启超编辑的《新民丛报》，唐德刚顺口译为 The People Miscellany，胡适认为不妥，说"新民"二字应译为 renovated people。唐德刚所译虽不免"以词害意"，但较为顺口些；胡适所译"以意害词"，也有欠缺。两人研究了半天也没有找出一个恰当的译名来，由此可见翻译之难。不过，从他们老少两辈相互切磋、平等对待、认真研究、仔细比较的态度中，可以想象那种情景多么让人感动。

　　这项工作从一九五七年冬正式开始，由胡适和唐德刚两人合作。正式录音十六次，另有胡适和唐德刚对各项问题的讨论，以及唐德刚访问胡适的问难与感想，篇幅甚巨，但未收入正式录音之内。

　　原定的《自述大纲》分为三篇共二十九节，由于一九五八年四月胡适离开美国回台北就任"中央研究院"院长，所以只完成了全稿的"前篇"十二节，内容仅从家世出生叙述到壮年时期，是一部未定稿。按最初的计划，口述自传与胡适的《四十自述》英译本合而为一，《四十自述》中已有的故事在口述自传中不再重复。唐德刚在繁忙的工作之余，挤出时间帮助修改《四十自述》的英文译稿，一九五九年十二月五日胡适曾自台北致函唐德刚说："翻译《四十自述》是不容易的事。蒙你们修改纪五的译本，我很感谢。"

"我是一个存疑论者"

孔子有一句名言："知之为知之，不知为不知，是知也。"

《论语》里有这样一段记载：子路问孔子鬼神事，子曰："未能事人，焉能事鬼？"子路又问生死，子曰："未知生，焉知死？"

从表面上可以理解为这是"不可知论"。但胡适认为孔子的那句名言和这段记载，充分体现了"存疑的态度"和"最有价值的怀疑精神"，不仅在中国思想史上发生了很大的作用，而且对胡适的一生也有很大影响，所以胡适说自己"是一个存疑论者"，或者说是"不可知论者"。

胡适好友朱经农的儿子叫朱文长，他是学历史的，又是一个虔诚的基督徒。一九五〇年寓居美国，写了一篇文章《窄门》，在发表之前寄给胡适过目。胡适看后写了一封长信回复朱文长，说："我细读你的长文，颇感觉你的思考方法不细密，立论的态度也不够忠厚。不够支持（defend）你的信仰，也不够说服他人的不信仰。……你举的证据都不是能站住的，只可供信仰者信仰，而不能叫不信者不疑。"因此，"我劝你最好暂时不要发表这篇文字。因为这文字里面有许多地方是很可以引起反感或误会的。"

在胡适看来，朱文最大的问题是：他虽然是虔诚的基督徒，又是学过历史的，但却没有用史学方法来研究《新约》"三福音"与"四福音"问题，不知道"三福音"如何先后造成，大致同源的"三福音"又有何同异之处。而第四福音"是很晚出的，是另一环境，另一空气里的新作品，故其中的事迹与言论思想往往与前三福音相差异。"朱文长没有弄清楚这些问题，便将他自己信以为真的《约翰福音》第九章耶稣用唾沫和泥使瞎者复明，武断地判定"耶稣将这些斩钉截铁的话载入纪录"。其实这些都是"全无根据的话"，胡适作为长辈谆谆告诫朱文长道：

"'三福音'里的耶稣言语，比较可以信为出于一种或两三种先后同时人的记载。其中所记事迹与'奇迹'，即使来源甚巨，大都须用批评的眼光去选择，不可以为出于圣典，即无可疑。"

"要多多用一点怀疑态度来评量圣典圣经"。

这就是胡适提倡的怀疑精神，存疑态度。做学问皆应本着这种态度和精神，写出来的文章才能让信仰者信仰，叫不信者不疑。

"今天我不要得罪了他罢？"

一九五八年在台湾，朱家骅因健康原因辞去"中央研究院"代理院长职务，经蒋介石圈定，由胡适接任"中研院"院长。

这一年四月二日胡适从纽约启程，四月八日返抵台北。四月十日上午九时"中研院"举行新任院长就职典礼，胡适正式接受了"中央研究院"的院长职务。他在典礼上讲话说：

"我已经六十七岁了，照西洋的算法已过了六十六岁。学术界有个普遍的规矩，年满六十五岁的学者退休之后，可以做他自己喜欢做的事，把研究工作让生力军补上。我已过了退休年龄一年有半，应该退休，享受我退休的权利，做我自己喜欢做的事：著书、写文章。但在这个时候，国家艰难，而时代已进入原子能科学时代，国家需要科学，国家需要学术基础，而我们应为国家努力建立学术科学研究的基础，何况我们对中央研究院三十年来都有密切的关系。希望各研究所所长，各位研究员同人同我一致向这个目标前进。"

就职典礼完毕之后，接着举行第三次院士会议的开幕式。胡适以院长身分主持，台湾地区正、副领导人蒋介石与陈诚均亲自莅会。蒋介石在致训词时，借大陆批判胡适一事称赞胡适的"能力"与"品德"，提出"中央研究院不但为全国学术之最高研究机构，且应担负起复兴民族文化之艰巨任务"。他特别强调："为早日完成反共抗俄使命……希望今后学术研究，亦能配合此一工作来求其发展。"

据四月十一日台北《中央日报》报道，蒋介石的训词中还"期望教育界、文化界与学术界人士，一致负起恢复并发扬我国固有文化与道德之责任。"另据当时在场听讲的吕实强回忆，蒋介石还说："我对胡先生，不但佩服他的学问，他的道德品格我尤其佩服。不过只有一件事，我在这里愿意向胡先生一提，那就是关于提倡打倒孔家店。当我年轻之时，也曾十分相信，不过随着年纪增长，阅历增多，才知道孔家店不应该被打倒，因为里面确有不少很有价值的东西。"

胡适在答辞中对蒋介石和陈诚莅会表示了衷心的感谢与敬意。不过，蒋介石否定"打倒孔家店"，认为共产党在大陆"坐大"和某些知识界人士鼓吹"自由主义"有关，这些话让他感到很有些刺耳，因为"提倡"和"鼓吹"最卖力的人正是他。再者，胡适一贯颂扬西方文明，贬低乃至否定东方文明，把中国的传统文化与道德几乎说得一无是处，而蒋介石在这样的场合要求"恢复并发扬我国固有文化与道德"，显然也同他的意见相悖。胡适毕竟上了年纪了，又自恃是学者，是所谓的"诤友"，所以便当场指正了起来，说蒋刚才在训词中"对我个人的看法不免有点错误"，至少"夸奖我的话是错误的。我被共产党清算，并不是清算个人的所谓道德。"

他不厌其烦地讲了自己何以"被共产党清算"的原因。对于"中研院"未来的工作重点，胡适也不完全赞同蒋介石的提法，他说：

"我们的任务，还不只是讲公德私德，所谓忠信孝悌礼义廉耻，这不是中国文化所独有的。……我个人认为，我们学术界和中央研究院挑起反共复国的任务，我们做的工作，还是在学术上，我们要提倡学术。"

很显然，胡适赞同蒋介石"反共复国"，只不过他认为军人扛枪打仗，学人著书立说，分工有所不同，需要各司其职，各尽其责。所以胡适强调："我的话并不是驳总统。"

据杨树人在《回忆一颗大星的陨落》中记述：胡适"那天他答辞的时候，由于听了在他以前发言者（显然指蒋介石——引者注）的几句话，一时触机，似乎说了一点过于坦直而激动的话。所幸，我们中华古老传统容忍的美德又发生了作用，这些话所可能引起的紧张，免于发生。不过，这个小小的事件，总不免构成了不快意的开始！在午餐的时候，我和他一桌，我发现他虽说并未疏忽了他当主人的任务，可是，他总是若有所思似的。我亲记得，他低声的说了一句：'今天我不要得罪了他（显然同样指蒋介石——引者注）罢？'他好像是对我们说的，也好像是对自己说的。因为声音太不响亮了，所以客人并未注意；我坐在他的左手，听得很清楚。我深佩他修身的功夫，自省之速……"从这一段记述，不难想象胡适当时心理压力之大。

"众恶之，必察焉；众好之，必察焉！"

台湾"中央研究院"设有总干事一职，另有评议会负责推举院长的人选和院士的评定工作。在朱家骅代理院长的最后时期，杨树人担任"中研院"的总干事兼评议会秘书。由于他想辞去公务，到台湾大学专做学问，所以在朱家骅卸任前辞去了"中研院"总干事一职，但评议会秘书职务却未能辞掉，因为新任院长胡适需要一个有能力的帮手。一九五九年二月一日，在"中研院"和"教育部"的联席会议上，就"国家长期发展科学委员会组织议程"进行讨论，胡适以主席的身份径行宣布任命杨树人为执行秘书，并且说：

"我们是打他的主意，我们知道他是不愿意做的，但是我们希望他至少能留任两年。"

既然担任评议会秘书，再兼任"国家长期发展科学委员会"的执行秘书，在任何人看来都是顺理成章的事。杨树人推却不得，只好顺应了他一向十分敬仰的胡适先生的意愿，就这样，在胡适最后的三年中杨树人作为得力的帮手，协助胡适做了许多工作。以后杨树人又被补选为评议会的评议员。胡适对杨树人的工作很是满意，同时对杨树人有意辞去公务多读书多做学问的想法抱着同情。

两个人渐渐地熟悉了起来。有一天，在谈完公事之后，胡适微笑着对杨树人说：

"我当初的确小心的观察过你。'众恶之，必察焉；众好之，必察焉！'说你好话的人太多了。我知道，你在外交上做过事，你也在经济部担任过公务，现在你在台大。我在这三方面的朋友都称赞你，至于研究院同仁，对你更不用说了。所以我要细心查看其中的道理。"

杨树人自觉有些惭愧，有些工作本来可以做得更好一些才是。于是也微微笑着对胡适说："先生的朋友都是君子人，他们对我太好，太过奖了。别人骂我的话，先生也许将来会听到的。"

"国家长期发展科学委员会"主要由"中央研究院"和"教育部"构成，胡适和"教育部长"梅贻琦又是老朋友，过去在大陆时一个任北大校长，一个任清华大学校长。美援科学补助经费系由"国家长期发展科学委员会"分配给各单位，"教育部"的一个高级官员却径自拟定了一个分配方案，经梅贻琦同意后通知了美方主管人员。这件事情胡适院长并不知道，两个星期后才得到正式通知，胡适不免很是生气，对执行秘书杨树人说："岂有此理！为什么一个电话也不打？这个人真不行，我从前在上海就知道他不行！"这个"教育部"的高级官员，还兼任一个新恢复设立的某机构的首长，捞了不少油水，"国家长期发展科学委员会"和美方会商时，根据"补助机关的对象以已有相当基础者为限"，对其主管的这个机构未给予补助。这个官员也参加了会商的小组会，会议的记录也给了他一份。然而让人没有料到，事后他竟然不承认有此议决，又要为"他的"机构要钱。杨树人忍无可忍，便抱出档案来和他当面对证，两人闹得脸红脖子粗。杨树人向胡适汇报时，胡适先指出如果真的摊开卷宗，那就是指破人撒谎了，未免过于不好意思。然后又笑着对杨树人说：

"哈哈，我以为你总是那么好说话的，哪里晓得，你杨树人先生发怒时比我胡适之还要厉害！不过，有时有些人是没有其他法子可以对付的。好的，好的。"

这件事也许算是胡适用人好恶"必察焉"的又一"察"。

用人不疑

胡适接任"中研院"院长时，胡颂平已经五十多岁了，但仍顺理成章地从前任院长秘书过渡为继任院长秘书，从朱家骅的秘书成为了胡适的秘书。

胡颂平是浙江温州人，一九二二年考入温州省立第十师范学校，一九二六年考入广州中山大学，次年转入上海中国公学，就读期间正值胡适担任中国公学校长，所以胡适和胡颂平有一层师生关系。从"中公"毕业后他一度担任上海敬业中学和浦东新陆师范学校教员，一九三三年转任国立同济大学校长室秘书。一九三七年抗日战争爆发后，任浙江省政府主席朱家骅的秘书。此后二十年，不论朱家骅升迁何种要职，他都一直作为秘书追随朱家骅左右。

朱家骅过去属于CC（陈立夫、陈果夫）派系，担任过国民党中央调查统计局局长，"中统"和"军统"一样又都是特务组织。胡颂平长期担任朱家骅的秘书，所以有人据此推测他继任胡适秘书，乃是为了奉上峰之命对胡适进行"监控"。不过并没有确凿的史料能够证实这样的推测。

"纵论天下事，旁及古今人。"胡适晚年经常向胡颂平谈论一些人物，以及诸多历史事件与文化现象，胡颂平的确也都记录了下来，这或许是引起别人怀疑进而作上述"推测"的原因。

这样记录了大约一年，被胡适发现了。一开始胡适有些紧张，不知道胡颂平这样做到底是何用意？胡颂平解释道：

"这是我作秘书的习惯，也是一种爱好——对历史与文化的爱好。"

他让胡适看看这些记录。胡适本着"疑人不用，用人不疑"的原则，对胡颂平说："你还是当我不知道的记下去，不要给我看。将来我死了之后，你的记录有用的。"

以后几年胡适更没有对胡颂平产生过什么怀疑，他的原则是"做学问要在不疑处有疑，待人要在有疑处不疑。"而胡颂平作为秘书对胡适忠心耿耿，一直服侍到胡适去世。

胡适逝世后，继任院长王世杰组织了一个"胡故院长遗著整理编辑委员会"，同仁们推定由胡颂平负责胡适年谱的编纂工作。胡颂平认真仔细地考定胡适一生的行止、著述与地点，然后按照时间的先后顺序，将所搜集的资料及他自己历年记录的胡适的言论揉在一起，历经十余载功夫，宵衣旰食，呕心沥血，终于编纂了长达三百余万字、十册之巨的《胡适之先生年谱长编初稿》。此外还编有《胡适之先生晚年谈话录》。

胡颂平编撰的这两部书，是研究胡适的必读参考书，这也正应了胡适生前对他说的那句话："将来我死了之后，你的记录有用的。"如果胡适当初对胡颂平疑而不用，也就不会有后来这两部书的问世了。

"一切都该富有人情味"

胡适在担任台湾"中央研究院"院长以后，有一次他看了院中给各位院士的公文稿，感到有点不合适，就向秘书胡颂平说："这班院士都是我的老朋友，我想在这稿子上添上'吾兄'两字都无法添入。他们都是学术界的人士，也不惯看这样的公文。这样的公文，连一点人情味也没有；而且我们的中央研究院不是机关，尽量避免用公文。"胡颂平遵照胡适的指示，以后院中的文件尽量改用私函，由胡适签名后发出。

与此事相关，胡适从不希望人家称他"院长"。有时外面打电话给胡颂平，询问"胡院长"的什么事情，胡颂平也就顺口答道"胡院长"如何如何。胡适听见了，很严肃地对胡颂平说："我们中央研究院，不是衙门，你为什么不对他们说'胡先生'？或是称我'胡博士'，也可以，但千万不要再喊'院长'。我们是一个学术机关，称官衔，让作官的人去称吧。我们这个只有一百四五十人的亲密的小小学术团体，一切都该富有人情味。最好不要动公事，一动公事，人情味就差了。"

"廉而不狷，贫而好礼"

胡适说："一个小单位的主管不正，他的部下一定跟着不正的。这个叫作黑吃黑，是会传染的。"所以，担任过驻美大使、北大校长、"中央研究院"院长的他，无论官居何职都十分清廉，从不为自己和家人谋取额外的钱财。

"钱有什么用处？他们为什么要去搞钱？这个风气真坏！"胡适曾愤愤地这样说道。"我是从不积蓄的。你看我收到的钱都随时用去，从来不积蓄。我准备一点钱给我的太太身后用的，我可能死在她前。这些钱是够她身后的费用。我只有七八千块的美金是交给高宗武替我经营，从来没有结账过。这回我要买车子，他汇来两千五百元。此外，中基会因我不拿一个薪水，——他们本来给同仁人寿保险的，但我是有心脏病的人，保险公司里虽有熟人，也检查过体格，但他们的保险章程规定不保有心脏病人的险，因而不给我保了。于是中基会想出一年一千元的储蓄费，作我身后的费用。我替中基会作了十二年的时间，连利息算起来有一两万元，将来是够办理身后费用了，我从来没想积蓄一点钱起来给儿子。我现在只有一个儿子（在大陆的暂时不算），他也没有希望我的遗产。我已把他培植到大学毕业，他也能自立了。我真不懂他们为什么要弄钱?"

中基会全称中华教育文化基金董事会,负责将美国退还之庚子赔款用于中国的文化教育事业。胡适一九二七年六月在中基会第三次年会上当选为董事,一九三〇年七月又增聘为董事会下设的编译委员会委员长,一九五〇年一月在华盛顿被推举为"中基会"干事长。

关于"中基会"的公债,抗战前有人劝胡适卖掉,胡适对他们说:这是国家的钱,如果国家没有了,我们还要外汇吗?而且这笔公债抛出去会扰乱金融市场的。他主张不卖,后来把这些公债运到美国,还租了房间保管着。"中基会的账目是请中美两个有大名望的会计师查账的;查了的账再送教育部,教育部曾经转送审计部。审计部的人没有事做,故意说中基会的记账方法不对,主张改变记账的方法,这些账都是经过有名的美国和中国的大会计师查过,还有记账的方法不对吗?我们就不理他了。但我们还是送的教育部的。"

公私分明,清正廉洁——这就是胡适的品格。

胡适任驻美大使有四年时间,离任时他在银行里只余下存款两千多美金。

一九四九年后胡适跑到美国做寓公,在既无官职又无薪俸的情况下,从北大校长、学界名流沦落为一介平民,靠仅有的不多的积蓄过着清贫的生活。当时美国有位担任过财政部长的大资本家,特别捐款在匹兹堡大学为胡适设立了年俸万余的讲座,并新建住房供胡适居住,但胡适始终不肯接受。有人以为胡适富而多金,用不着像有些中国人那样贪图美国大学的丰厚薪俸,把"万元存款,白人为妻"当作奋斗目标,殊不知胡适是想落叶归根,回台湾定居——他小时候曾随父母在台湾住了近三年,自称是"半个台湾人"。他在台湾虽然任"中央研究院"院长,但"中研院"是一个清水衙门,胡适又一贯清廉,"非义之财,一介不取",而且他还乐于助人,倾囊待客,仅有的一点积蓄全都贴光了。所以,在一九六二年二月二十四日他去世之后,夫人江冬秀和几位朋友的太太清理胡适的遗物时,发现他只有一件新衬衫,一双好袜子;剩下一大堆袜子都是补过的，好些旧衬衫差不多都要破了。"廉而不狷，贫而好礼"，这八个字正是胡适的写照。

整理国故与关注科学

胡适是从美国留学回来的"海归"教授，他本人又极力颂扬西洋文明，指摘东方文明包括中国固有文化，但他一生的大部分时间和精力，却用在了研究和整理国故上。有些人对此不以为然，比如陈西滢当年针对胡适为青年学生开列最低限度国学阅读书目，就说过这样的话："……不幸的是胡先生在民众心目中代表新文学运动的唯一的人物。他研究国故固然很好，其余的人也都抱了线装书咿呀起来，那就糟了。"

二十世纪五十年代末、六十年代初，胡适在台湾担任"中央研究院"院长。有一天他在《中央日报》的副刊上，看到了这样一首诗，作者署名"康华"。开首两段便提出了置疑：

你静悄悄地躲在南港，
不知道这几天是何模样。
莫非还在东找西翻，
为了那个一百二十岁的和尚？

听说你最近有过去处，
又在埋头搞那水经注。
为何不踏上新的征途，

胡适逸闻

尽走偏僻的老路？

胡适一看便知道这是针对他说的。尽管作者也承认："自然这一切却也难怪，／这是你的兴趣所在。／何况一字一句校勘出来，／其乐也甚于掘得一堆金块。／并且你也有很多的道理，／更可举出许多的事例，／总之何足惊奇！／这便是科学的方法和精神所寄。"但作者显然认为胡适有些落后于时代，在苏联成功发射了第一颗人造地球卫星以后，由胡适领导的"中央研究院"应该急起直追，着重自然和实用科学的研究。所以紧接着又写道：

> 不过这究竟是个太空时代，
> 人家已经射了一个司普尼克，
> 希望你领着我们赶上前来，
> 在这方面作几个大胆的假设！

这是全诗的重点所在。胡适不知道"康华"是谁，只觉得这诗写得明白流畅，很可一读，便剪下来贴在当天（一九五九年十二月二十八日）的日记里。后来听别人说，才知道原来是一位老朋友写的，就是在一九三七年七月庐山谈话会上称赞他"吾家博士真豪健，慷慨陈词又一回"的胡健中，现在担任《中央日报》社的社长。于是胡适便回了胡健中一封短信，除表示谢意外，特别提到："你的诗猜中了！在你作诗的前几天，我'还在东找西翻'，写了一篇《三勘虚云和尚年谱》的笔记。被陈汉光先生在《台湾风物》上发表了。原意是写给老兄转'康华'诗人看的，现在我只把印本寄呈了。"由胡健中转给康华，也就是由作诗者转给诗作者，真够得上是文坛的一件趣话了。

胡适在信中还对胡健中说："我在民国十八年一月曾拟中国科学社的社歌，其中第三节的意思颇像大作的第三节。"中国科学社是任鸿隽、杨杏佛、赵元任、胡明复、周仁等几个留美学生发起成立的，在南京、上海设立事务所，联络人才，提倡科学。胡适也为中国科学社成员之一，并写了一首社歌，由赵元任谱曲，一九三〇年在北平的社友会上演唱：

> 我们不崇拜自然，他是个习钻古怪。
>
> 我们要捶他煮他，要使他听我们指派。
>
> 我们叫电气推车，我们叫以太送信。
>
> 把自然的秘密揭开，好叫他来服务人。
>
> 我们唱天行有常，我们唱致知穷理。
>
> 不怕他真理无穷，进一寸有一寸的欢喜。

热衷于整理国故的胡适，又何尝不重视自然科学，不提倡自然科学呢？

所以，北大在一九三三至一九三四年度，为全校各系一年级学生开了一门"科学概论"的新课，这在当时是一个创举。胡适亲自讲"引论"和"结论"，其他专科知识则由相关的专门家上课，如江泽涵等讲"数学方法论"、萨本栋等讲"物理学方法论"、曾昭抡讲"化学方法论"、丁文江讲"地质学方法论"、林可胜讲"生物与生理方法论"、汪敬熙讲"心理学方法论"、周炳琳讲"经济学方法论"、杨西孟讲"统计学方法论"、马衡讲"考古学方法论"、刘复讲"语言学方法论"、陈受颐讲"史学方法论"……。这门"科学概论"几乎涵盖了文科与理科的重要方面，所谓"方法论"也者，是指向学生讲授各种学科的基础知识以及通向它们的途径与方法。一年级学生不分文科理科，通过学习科学知识，养成科学眼光，有利于他们今后全面发展。这也是胡适一贯的教育思想。

一九四七年七八月间，时任北大校长的胡适又致函国防部长白崇禧和参谋总长陈诚，提出一项"关系国家大计"，具有战略意义的重大建议：以北大物理系为基础，在北京大学集中全国研究原子能的第一流物理学者，专心研究最新的物理学理论与实验，并训练青年学者，进而将北大物理系建成国内首屈一指，国际上也数得着的原子物理研究中心。

在胡适担任台湾"中央研究院"院长期间，岛内和在美欧的一些华裔科学家，先后当选为"中研院"院士。胡适还向台湾当局提出了"国家长期发展科学计划纲要"，并担任了"国家长期发展科学委员会"主席。

胡适的三个"甜梦"

众所周知，胡适留美时最初在康乃尔大学学农科，由于违背了自己的兴趣遂改读文科，并最终成为了研究文史哲的学术大家。所以他有一句名言："求学选科比娶太太更重要"。

但这不等于说他不重视农业科学。一九五八年四月在就任台湾"中央研究院"院长后，胡适曾于十二月十八日赴台中"中华农学会"作专题演讲：《基本科学研究与农业》。他以"农学的一个逃兵"的资格，推崇 Nico310 大量推广取得的成绩，强调基本科学研究的重要性。那时台湾成立了农业复兴委员会（简称"农复会"），由原北大校长蒋梦麟任主任。雷宝华主持的台南糖业公司（简称"台糖"）获得了很大发展，主要得益于李先闻植物学研究的科研成果。所以，胡适在演讲中说他有三个甜梦：

"我的第一个甜梦，是梦见蒋梦麟先生、沈宗瀚先生、钱天鹤先生，三位主持农复会者毅然决然的把台大农学院三个研究所包办了去，用农复会的大力量，在五年之内，把三个研究所造成三个第一流的科学研究机构。我的第二个甜梦是主持台南糖业公司的雷宝华先生，毅然决然的把李先闻先生多年来想的植物研究所包办了去，用台糖的大力量在五年之内，把这个植物研究所造成一个第一流的植物学基本研究机构。我的第三个甜梦是梦见台湾省主席周至柔先生，毅然决然的请本省公卖局把'中央研究院'的化学研究所包办了去，用公卖局的大力量和台湾省的大力量，在五年之内，把这个化学研究所造成一个第一流的化学基本研究机构。"（按：周至柔在大陆时曾当过国民党空军总司令，赴台后一九五七年任台湾省主席。）

胡适上述的三个甜梦，后来都一一得以实现。

胡适三个甜梦的实现，是台湾能够成为"亚洲四小龙"的助推力之一。

"只想把科学在中国生根"

上述讲演中提到的李先闻，与胡适是美国康乃尔大学的先后同学，他一直攻读农科，尤其在植物学基本研究领域成就卓著。一九六一年胡适率团出席在美国西雅图召开的中美科学会议，李先闻也是代表团的一名成员。

李先闻工作地点在台南，胡适好几次动员他说："先闻兄，您搬来台北罢？"李先闻原本不大愿意，但求贤若渴的胡适不灰心，后来终于把李先闻请到了台北，并以"中研院"院长的身份，正式聘请李先闻为植物研究所筹备主任，并给了十个研究人员的编制及启动经费十万元新台币。李先闻从台大农艺系请了三位年轻人，分别派在糖业试验所各系协助研究工作，并请了几位台大的植物学家和农学院的农艺教授兼任植物研究所的研究工作。植物研究所正式成立后，由李先闻领导自一九六一年开始进行水稻研究。

李先闻从台南搬到了台北，同胡适一起住在"中研院"所在地南港。胡适经常请李先闻去他那里陪他吃晚饭，因为做饭的刘厨子是台北名厨之一。胡适和李先闻两人都患有心脏病，医生不让他们喝酒，但只要李先闻去吃晚饭，胡适都要让秘书王志维用几种外国名酒配一杯混合酒Martini请李先闻品赏，他自己喝二十CC（这是医生规定的最高限量）。

"没那么严重吧？不只喝二十CC吗？"

"我这是舍命陪君子。第一次喝了脸红心跳，常来陪你喝，一杯下去也就不觉得怎么难受了。"

"哈哈哈！……"

李先闻和胡适相处，一点也不拘束，相反却感到如沐春风，因为胡适非常和蔼可亲。

"中研院"代理总干事全汉升去美国讲学，胡适有意让李先闻担任总干事，还托杨树人、黄季陆、凌纯声帮着动员。李先闻因病未能履任，但他看到胡适亲笔写的"给本院同任的信稿"，眼泪几乎掉了下来，心想："人生难逢一知己。适之先生为国家、为民族、为科学的发展，爱护'中研院'，就是铁打的心肠，已早被软化了。"胡适去世后，李先闻写了一首《哀思》：

八个月，朝夕相处，只想把科学在中国生根。

在您的领导下，短期间，顿使我平生抱负得以实行。

怎样使科学生根，酒会中还在讨论。

突然间殒落了巨星。

悲哀中，我的意志更坚定，

您发展科学的遗志，我当更加努力去完成。

培植年轻的学人们，对国家，对科学有所贡献。

适之先生，请您安息吧！

希望您福佑这个生根科学的美丽远景。福佑这美丽的前程。

谨以这番哀思，献给我平生惟一知己。

适之先生。

演说四原则

胡适爱讲演也擅长讲演，这个本事是他经过训练获得的。

在留学美国的时候，一九一二年盛夏他在康乃尔大学选修了一门训
练讲演的课程。当他第一次在课堂上被老师艾沃里特叫上台练习讲演，
尽管天气很热，胡适仍然觉得浑身发冷，发颤，连腿也禁不住微微颤抖，
只能扶着讲台，才零零碎碎地想起事先已经准备好了的讲稿。艾沃里特
是一位严厉而又教授得法的好老师，见这个中国来的学生扶着台子才能
讲话，第二次叫胡适练习讲演时便索性把台子搬走了。胡适没有了台子
作倚靠，只好定下心来，全神贯注于回忆讲稿的一字一句，也就忘记了
自己的那战战兢兢的两条腿了，而一旦不去管它，腿反而不抖动了。这
样讲演完毕，虽说不尽如人意，但万事开头难，从此开始了他讲演的训
练生涯。

经过课堂训练和应邀参加几次讲演会，胡适认识到公开讲演对自己
大有神益。首先，它需要一个人事先强迫自己对某个讲题作有系统的合
乎逻辑的构想，然后再作有系统又合乎逻辑和文化气味的陈述。再者，
也可以让一个人去训练他自己的写作，训练他作笔记的系统化。讲演是
文章的口述，文章是讲演的记录。这些不同形式的表达方式，可以对表
达的题目了解得更清楚，作更深入的思考。所以胡适对公开讲演的好处
用一句格言加以概括："要使你所得印象变成你自己的，最有效的法子

是记录或表现成文章。"

以后胡适就经常公开讲演并且乐此不疲了。特别是在他回国，成为首屈一指的文化教育界名人之后，更是应邀在许多地方、许多大学、许多场合发表演讲，内容涉及思想、文化、教育、政事等许多方面。抗日战争期间他担任了四年的驻美大使，更是发挥了擅长演讲、学识渊博的优势，赴美各地讲演达四百次之多，向美国朝野和广大公众阐明中国政府的抗日主张，揭露日本军国主义的侵略罪行，表达并宣传中国人民反对侵略的坚强决心和坚定意志。

一九五二年寓居美国的胡适首次回台湾期间，曾在能容纳一万人的球场上公开演讲，听众除台大学生外，还有各界人士和一些市民。整个球场挤得水泄不通，由此可见受欢迎的程度！胡适讲演时，声音抑扬顿挫，而且有振臂疾呼的习惯，非常富有鼓动力和感染力。有一年他背上生了一个良性皮脂腺囊肿，外科医生为他做了切除手术。因为预先定好了演讲的日期，胡适怕有负重望，不等拆线便前去上台发表演说。每次演讲他都是全身心投入的，全神贯注，竟忘了刚做手术没几天，照例挥舞右臂，不料用力过猛，致使缝线断裂，创口裂开。忍着疼痛讲演完后，不得不去医院重新缝合一次，耽误了整整一个星期创口方才愈合。

胡适根据自己讲演的经验，总结出了演说的四条原则：

一、演说即是谈话，即是放大的谈话。不能谈话的，不能演说。演说若违谈话的原则，也不成好演说。谈话是双方应对的，演说也是双方应对的。听者虽不发言，但无一人无一时不是和演说者相对应的。须使人人觉得我是对他说话。须时时刻刻观察他们的反应。

二、演说是一种技术，凡技术皆须练习。学演说只有一个法子——演说，多演说。

三、演说须要自己有话说，有话不能不说。

四、演说只须全神贯注在你要说的意思上，不要管别的，自然的姿态自然会出来。

照胡适先生说的这四条原则努力练习吧，也许有朝一日你就能像他一样成为演说家!

新闻记者的修养

做一名称职的新闻记者应具备哪些条件？就这个问题，胡适对台北《中华日报》的甘立德先生说道："做一个好记者要具备三个条件：一是要博学多闻，无所不知，知道的越多越好。二是对人对事要富有同情心，不要有偏见。三是要有勇气报道。"

一九五九年十二月八日胡适在台北对新闻专科学校的学生们演讲时，指出做一个新闻记者不但要有广泛的无所不知的知识，同时在学术上道德上也应该有相当的修养。他特别提出了以下两点：

一、为了提高学术上的修养，要多看侦探小说。

胡适说："我们中国文学的唯一的缺点，就是没有翻译得最好的侦探小说。现在有许多报纸都刊武侠小说，许多人也看武侠小说，其实武侠小说实在是最下流的。侦探小说是提倡科学精神的，没有一篇侦探小说，不是用一种科学的方法去求证一件事实的真相的。希望同学们能多看《福尔摩斯》一类的良好的侦探小说，因为这一类的侦探小说，不但可以学好文学与英、法等外国文字，同时也是学习使用科学方法的最好训练。"

二、道德上的修养，就是要加强"辩冤白谤"的责任。

胡适说："明朝有一位大哲学家吕坤，是十七世纪一位很有地位的思想家。他曾经这样说过：'为人辩冤白谤，是第一天理。'他的这句话在今天仍有许多人提到它。当一个新闻记者，不论在任何一个国家，都有这一种替人'辩冤白谤'的责任。这是一件很大的事，也是一种很重要的修养，尤其是在今天我国警察、司法、军法各方面尚在比较幼稚的时候。责无旁贷的，我们当一位新闻记者的，都应该有此义务。"

胡适作为文化教育界的著名代表人物，采访他的记者多了去了，而且都会大有收获。不过，对个别纠缠不休的记者，胡适也有"挡驾"的时候。

就在胡适对新闻专科学校学生们演讲前不久，有一位记者到"中研院"所在地南港来访问他，而且未经同意就在胡适的书房里照了相。

当时正值蒋介石有意连任第三届"总统"，胡适对此颇有异议，认为这样会违背"宪法"。记者哪壶不开提哪壶，向胡适提出了所谓"总统"连任的问题。胡适对他说道：

"我对这问题过去已经谈过了，你可以去查过去的报纸。"

记者说："查报麻烦。"

胡适批评道："你当编辑的怕查报，这是你的训练不够。"

记者挨了批评，就换了一个话题："康隆学社昨天发表六亿人口的话怎么样？"

胡适淡淡地说："这是他们私人说的话。我没有别的话好说。"

记者重又追问胡适对"总统"连任究竟有何意见，胡适很不高兴地说道："你昨天来电话，我说没话可说，叫你不要来，这是挡驾。挡驾，就是要你尊重别人的意见。你不尊重别人的意见是要叫人讨厌的，我什么也不谈了。"

记者愣了一下，但并没有要走的意思。

胡适站起身来，对记者说："我不是要送客，我实在太忙。我明天要进医院检查身体，什么都没有整理；一会儿我又要出去了。"

接着伸出手来，笑着说："你看我的书房这么乱，千万不要把我的书房照片发表。"

对《红楼梦》的褒与贬

众所周知，胡适是"新红学派"的创立人，他考证出了作者曹雪芹及其家世，认为《红楼梦》是作者的"自叙传"，是"一部自然主义的杰作"。旧的索隐派认为《红楼梦》通过清世祖与董鄂妃的故事，表达"吊明之亡，揭清之失"的主题，胡适"自叙传"的说法虽然不无诟病，但要比以蔡元培为代表的旧索隐派前进了一大步。正如毛泽东所说："蔡元培对《红楼梦》的观点是不对的"，"胡适的看法比较对一点"。

二十世纪五十年代，曾对《红楼梦》研究中的"胡适派资产阶级唯心论"展开大规模批判。以后在学术界和广大读者群中，《红楼梦》公认为是伟大的现实主义巨著，代表了我国古典小说艺术的最高成就，而胡适所谓的"一部自然主义的杰作"遭到口诛笔伐。

胡适对此回应道："其实这句话已是过分赞美《红楼梦》了。"

原来他对《红楼梦》的评价并不高。正如他自己所说："我写了几万字考证《红楼梦》，差不多没有说一句赞颂《红楼梦》的文学价值的话。"

胡适认为《红楼梦》比不上《儒林外史》，在文学技术上比不上《海上花列传》和《老残游记》。究其原因，是作者曹雪芹晚年贫病交加，生活环境不允许他从容写作，从容改削，只得随写随抄去换钱买粮过活。再则曹雪芹所处的家庭环境及社会环境，以及当时整个的中国文学背景，都没有可以让他发展思想与修养文学的机会。"在那一个浅陋而人人自命风流才士的背景里，《红楼梦》的见解与文学技术当然都不会高明到哪儿去。"

在胡适看来，曹雪芹有四大不幸：一是他有天才而没有受到相当好的文学训练；二是他周围的文学朋友都不大高明；三是他的贫病使他不能从容写作，使他不能从容细细改削他的稿本，使他不得不把未完成的稿本抄去换银钱来买面买药；四是他的小说结构太大了，他病中的精力已不够写完成了。正是由于这种种大不幸，所以曹雪芹"是一位最不幸的作家，很应该得到我们在三百年后的同情的惋惜与谅解。"

一九三一年十一月杭州《民国日报》副刊发了一份调查表，询问读者在《红楼梦》的诸多女性人物中，你最喜欢哪一位？是林黛玉呢？薛宝钗呢？或者是史湘云？还要说明为什么喜欢？胡适是红学界的权威，报社给他寄了调查表，询问他的意见。胡适第二天就回信给《民国日报》副刊，出乎大家的意料，胡适说他最喜欢尤三姐，理由是因为尤三姐最有骨气。另在写于一九二一年四月十日的《藏晖室笔记之一·小说丛话》中，胡适将他喜欢尤三姐的理由说得更明白详细："《石头记》无一自由之人，有之，其惟尤三姐乎！尤三姐者，其才足以自卫其自由，故能儿抚珍、琏，土苴富贵，处流俗而不污，临大节而不夺。呜呼！吾愿普天下女子之爱自由者勿学黛玉之痴，宝钗之谲，凤姐之恶，迎春之愚；吾愿普天下爱自由之女子瓣香一光明磊落皎然不污之尤三姐，足矣，足矣！"

台北"中国广播公司"曾将《红楼梦》制作成广播节目，由胡适和曾虚白担任顾问。一九五九年十二月三十一日《中央日报》以"胡适昨游大观园"为题，报道了前一天晚上胡适应邀参加"中国广播公司"的宴会，与贾宝玉、林黛玉、薛宝钗、王熙凤、贾母、贾政等《红楼梦》中人物的饰演者一起，在大观园中度过了一个愉快的"红楼梦之夜"。胡适在致词中将他考证《红楼梦》时发现的两句七律"字字看来皆是血，十年辛苦不寻常"送给大家，说：

"《红楼梦》的作者曹雪芹，当年在艰难困苦的生活之中，写这本小说来回想他过去繁华高贵的生活，辛辛苦苦的花了十年功夫，虽然没有成功，但是字字皆是血泪。今天如果他地下有知，看到在他死后二百多年之后，各位这些时日对于他所著的《红楼梦》选播的努力，他一定感到无限安慰的。"

对《儒林外史》作者吴敬梓赞赏有加

　　胡适对《儒林外史》的作者吴敬梓赞赏有加，说："我们安徽的大文豪不是方苞，不是刘大櫆，不是姚鼐，是全椒县的吴敬梓。"并为此先后撰写过《吴敬梓传》和《吴敬梓年谱》。

　　王东原是安徽全椒县人，一九四八年底卸任湖南省主席职务后，曾到阔别三十年的北平，拜访安徽老乡、北京大学校长胡适。两人一见面，胡适便开口对王东原说道：

　　"你是全椒人，在清朝康乾时代，全椒有一个大文豪，叫做吴敬梓，他用白话文写的《儒林外史》，对当时社会的毛病，描写无遗。他痛恨八股文取士制度，害死了读书人，他是八股国里一个叛徒。他反对女子缠足的，他反对讨小老婆的，他主张寡妇改嫁的，他反对对学生体罚的。他看破了功名富贵，他变卖家产救济穷人。他有新的观念，新的思想。我替他撰了一篇《吴敬梓传》，使出版商用标点符号印了《儒林外史》风行一时，连印三版，遂使这书畅销起来，你知道么？"

　　王东原回答说："我听说过有这么一回事，我在家乡听说他的家在康乾年间，是赫赫有名的，他的老宅在全椒南门大街街口，他过年的门联有'一门三鼎甲，四代六尚书'。到了吴敬梓这一代，他的才华，诗词歌赋，无一不精，著有《文木山房集》。不过，他中了秀才后，看破了功名富贵，乡试不应，科岁亦不考，亦不应政府征召。他好交朋友，变卖了家产救济穷人，逍遥自在，做他的学问，到后来衰落下来，卖文为生。他的后代有吴小侯者，在北洋政府时代做了国会议员，现在也不知道他的下落了。"

　　两个安徽人，对安徽的大文豪吴敬梓说了不少赞赏的话。《儒林外史》的确写得不错，自此书问世"乃始有足称讽刺之书"。正如胡适在《吴敬梓传》中所说："看他写周进、范进那样热中（八股功名）的可怜，看他写严贡生、严监生那样贪吝的可鄙，看他写马纯上那样酸，匡超人那样辣。又看他反过来写了一个做戏子鲍文卿那样可敬，一个武夫萧云仙那样可爱。再看他写杜少卿，庄绍光，虞博士诸人的学问人格那样高出八股功名之外。——这种见识，在二百年前，真是可惊可敬的了！"全书用一个裁缝荆元的故事结尾，他每日做工糊口，余下的功夫弹琴写字作诗，"诸事都由得我。我又不贪图人的富贵，又不伺候人的颜色，天不收，地不管，倒不快活？"这表现出了作者吴敬梓的大彻大悟：宁愿做自由解珮的汉皋神女，不做那红氍毹上的吴宫舞腰。

不过，胡适认为《红楼梦》在艺术上比不上《儒林外史》却未必全对。作为学者的胡适"提倡有心，创作无力"，他在艺术感受力方面不如鲁迅，鲁迅在《中国小说史略》中，虽肯定吴敬梓"独幽索隐，物无遁形，凡官师，儒者，名士，山人，间亦有市井细民，皆现身纸上，声态并作，使彼世相，如在目前。"同时也指出了小说艺术上的缺陷："惟全书无主干，仅驱使各种人物，行列而来，事与其来俱起，亦与其去俱讫，虽云长篇，颇同短制。"

"怕太太俱乐部"的"会员资格"

胡适从美国回到台北就任"中研院"院长后，只身独处了三年多，虽然周围有许多好朋友，虽然"中研院"为他配备了两位秘书，一位管文书一位管生活，还有一位特别护理，但毕竟缺少了家庭温暖。

一九六一年十月十八日夫人江冬秀也从美国回到台北，胡适亲自到机场迎接。十月三十日"中央研究院"全体同仁眷属举行"欢迎胡夫人茶会"，由李济主持并致欢迎词。胡适站起身来致答词，他说：

"我是奉命，奉太太之命说话的。太太来了后，我的家确实温暖了，不像过去那样的孤寂了。太太来了后，我的生活好像有了拘束；但有了一分拘束，就少了一分自由。好的（在？）太太每个星期要到城里住一二天，她不住在此地的一二天，我又完全自由了。我们那个时代，——五十年前的时代，现在年轻的人是不会了解的。我和我的太太订婚之后，我们从未见过面。到我民国六年回国，我走了一天的路去看她，还是看不到，一直到了结婚那天才见面。我有两句诗：'宁愿不自由，也就自由了。'——这就是说有了拘束。'宁愿不自由，也就自由了'，可以在今天 P.T.T. 俱乐部里对全体同人说的话。以后欢迎同人眷属到我家里来玩。最后谢谢大家的好意。"

胡适说的"P.T.T.俱乐部"，是一个新的典故。还在江冬秀回来之前，有一天叶楚生来看望胡适，她从日内瓦参加"联合国妇女地位委员会"回来，带着十枚法国打电话用的符号币，上面铸有三个法文字母 P.T.T，中国人把它拼成 Pa Tai-Tai，读音与"怕太太"相同。有些爱开玩笑的人，就将法国的符号币视为"惧内协会"的会员证。叶楚生叫胡适把这十枚符号币当作会员证"全权分配给十位惧内的同志"，胡适笑着连声说："好好好。"胡适还告诉叶楚生美国有 P.T.T 的类似组织，提倡男人对太太要"三从四德"：太太的命令要服从；太太上街买东西、看朋友、打麻将要跟从；太太发错了脾气，冤枉了先生，要盲从；太太买贵重的东西要舍得，太太发脾气要忍得（"得"与"德"谐音）……叶楚生听得哈哈大笑了，心想胡适见多识广，学富五车，讲起这一类笑话来也头头是道，妙趣横生，让人既增长知识又忍俊不禁。

当年胡适和表妹曹诚英有一段"婚外情"，为此动了和"小脚太太"离婚的念头。江冬秀知道后以"自杀"并杀死两个幼子相威胁，弄得胡大博士狼狈不堪，因此有了"惧内"的名声。后来这个"Pa Tai-Tai（怕太太）"的趣谈传了开去，有人便问胡适是不是具有"惧内协会"的会长资格？胡适风趣地笑道："会员的资格，会员的资格。"又对护士小姐说："我的太太常说，凡是说自己怕太太的不是真的怕太太；真的怕太太的，他们是不说的。这句话很是。这些人很多，但名字倒不好开。"

类似的笑话胡适不知讲过多少次，可以说颇有些历史了。据何兹全在《怀念胡适老师》一文中记载，一九四六年十一月十一日胡适从北平乘飞机到南京出席国民大会，按惯例住在中央研究院史语所的楼上，第二天史语所为他开了欢迎会，除所内同仁外，许多家属也参加了，小孩子钻来钻去，乱哄哄好不热闹。胡适那天很高兴，当场讲了一个"怕老婆"的笑话，他按照女人的三个年龄段，将男人何以怕老婆细分为三种原因和三个层次，十分风趣又振振有词地说："太太年轻时是活菩萨，怎好不怕！中年时是九子魔母，怎能不怕！老了是母夜叉，怎敢不怕！"大家听了都忍不住哈哈大笑起来。

一九五九年十二月十七日"中央研究院"在为胡适祝寿的晚会上，董作宾先生当着具有"历史癖与考据癖"的胡大博士的面作了一番"考证"，说胡适属兔，内人（江冬秀）属虎，兔子见了老虎就要怕。胡适听后即兴发挥，讲了一个笑话，大意是说他业余有两大爱好：一是收藏火柴盒，二是搜集世界各国"怕老婆"的故事。后者才是他"真正的收藏"，而且是"极丰富的收藏"，差不多世界各种文字"怕老婆"的故事他都收藏了，"在这个收集里面可以找到了解国际大问题的钥匙，大到和战问题也不会例外。"从中他发现世界各国只有日本、德国、苏俄没有"怕老婆"的故事，便得出结论说："凡是有怕老婆的故事的国家，都是民主自由的国家；反之，凡是没有怕老婆故事的国家，都是独裁的或极权的国家。"照他这样说来，母系社会是最民主最自由的，世界各国要想民主自由最好一股脑儿倒退回到母系社会去。所以，胡适把是否"怕老婆"同国家的政权性质联系挂钩，也只能视之为一种奇谈怪论，或者说是胡适式的"幽默"。

给一位小学生写回信

　　一九五七年春，台中有一个叫余序洋的十二岁少年，在国民小学五年级读书，却不幸得了糖尿病。才这么大的小学生就得这种病是很罕见的，找了好多医生都诊断不出患病的原因，每天打补针吃补药也不见好，送进医院当晚就呈现昏迷状态。幸亏小儿科医师悉心抢救，才从死神的魔掌中挣脱了出来。在医院住了一个多月后回家休养，有一天余序洋在病榻上看一本书叫《津津有味谭》，其中说二十多年前，胡适先生曾请中医陆仲安治好了糖尿病。待胡适一九五八年四月回到台湾就任"中央研究院"院长，余序洋"初生牛犊不怕虎"，壮着胆子给胡适写了一封信，询问当年陆大夫治愈糖尿病是否属实，有无药方？信中老老实实说自己是一个小学生，只因治病心切才冒昧打扰。信寄出以后他反倒后悔了，觉得这样做未免过分唐突，过分奢望，那么有名的大学者，堂堂的"中研院"院长，怎么会搭理他这个毛孩子呢？

　　让余序洋万没想到的是，三天之后他就收到了胡适先生的亲笔回信！

　　这封回信是用"中研院"的便条写的，一共写了六张：

　　　　序洋先生：

　　　　　　谢谢你的信。

　　　　　　你看见一本医书上说，我曾患糖尿病，经陆仲安治好，其药方为生芪四两……等。

　　　　　　我也曾见此说，也曾收到朋友的信，问我同样的问题。其实我一生从未得过糖尿病，当然没有陆仲安治愈我的糖尿病的事。

　　　　　　陆仲安是一位颇读古医方的中医，我同他颇相熟。曾见他治愈朋友的急性肾脏炎，药方中用黄芪四两，党参三两，白术八钱。（慢性肾脏炎是无法治的，急性肾脏炎，则西医也能治疗。）但我从没有听见陆君说他有治糖尿病的方子。

造此谣言的中医，从不问我一声，也不问陆仲安，竟笔之于书，此事使我甚愤怒！

我盼望你不要性急，糖尿病在今日已有注射胰岛素调剂方法，已是一大进步。若在往日，此病旧名'消渴'——即你信上说的'日形消瘦'——是没有治法的。匆祝你安心静养。

胡适敬上

四十七年四月十二日

一个大学者及时给一位不认识的小学生回信，恐怕是世上少有的事情，而且开头称呼"先生"，末尾又在署上自己姓名之后"敬上"，充分表现出了胡适不分尊卑高低，不论年老年少，一律平等待人的态度。余序洋读罢胡适的回信，"心中真有一种莫名的感激！"，他"想不到这位名满全球的胡先生，竟是这样谦和、真挚而热忱的人，真具有孔子温良恭俭让的美德。"从此以后，在余序洋年少的心灵上，胡适便成了一位难忘的伟大人物，每当报纸上登载有关胡适的消息、文章、照片，他都会仔细阅读、观赏并很好地保存起来，心中总觉得分外亲切，珍惜。

他究竟得的什么病？

的确有过胡适得糖尿病的传闻，胡适在给余序洋的回信中说这是"谣言"，并为此感到"愤怒"，不过这个传闻最初却是胡适自己"透露"出来的：鉴于他向北大告假一年"颇引起了一些人的误会"，一九二三年一月七日《努力周报》第三十六号上胡适就写有一篇短文，其中言道："最近我因发现糖尿，从十二月二十九日起，住在亚洲第一个设备最完全的医院里，受了三十次的便尿分验，七日的严格的食料限制；内科专家也看过，神经科专家白发的 Woods 博士也看过。然而他们到今天还不肯给我一个简单的答案。"

尽管没有"答案"——即协和医院并没有确诊胡适患了糖尿病，但消息总是传出去了，而愈传离真实愈远，以至现在有一些关于胡适的图书也有胡适患了糖尿病的记述。

胡适有病不假，请陆仲安大夫开过方子也是实事，但病状却不像传闻的那样。据胡适一九二二年十一月中旬和一九二三年四月的几则日记，真像是这样的：

"病来了！十五夜觉左脚酸痛，理书时竟不能久站；细看痛处在左脚踝骨里面，面上有点肿。睡时又觉两腿筋肉内酸痛。脚肿大像我前年起病时状况。故颇有点怕。"

"出城访陆仲安，请他给我开一个方子。"

"两次请黄钟医生诊看。……他说肛门之脓肿，与肺脏有关。我的心与肺皆不能说是有病，但皆不甚强。小便中，两君皆验过，无有蛋白，亦无有糖。是日黄君给我两种药，一种强心，一种治肺。"

看来正如胡适给余序洋信中所说，他没有得过糖尿病。真正要了他命的是心脏病。

"上帝看见我会跑开的"

一九六一年二月二十五日胡适的"心脏衰弱症"又犯了，这回是两种毛病夹在一起：一种是老的冠状动脉栓塞症，一种是新的狭心病。医生说这是一种新的冠状动脉栓塞症，患者每每劳累过度便会重复发作。

那一天上午及中午胡适会客时，谈话颇有吃力的感觉。晚上台湾大学校长钱思亮为和美国密执安州立大学商谈合作事宜，特举行招待宴会，胡适作为"中央研究院"院长应邀出席。他晚七点出门，一上汽车就觉得呼吸不大顺畅，一呼一吸都比往常吃力。他本想不去了，但汽车已开出，胡适决定到了那边后，万一不舒服，他就向主人说明，不入座，到台大医院让医生看一看。

天气很冷。胡适到了宴会地点，脱下帽子觉得帽檐都是汗。他勉强坐了一会儿，陆续来了许多客人，胡适更感觉呼吸吃力了，头上也出汗。他站起来走到客厅门口，对台大教务长张仪尊先生说：

"我有点不舒服，想找个地方休息一会，等我的车来了，我要到台大医院去。"

张仪尊领胡适到一个小房间里坐下。钱思亮夫妇闻讯也进来了，当即打电话给台大医院，请宋瑞楼教授来接胡院长去医院诊治。

宋瑞楼很快就赶到了。一看情况不妙，赶紧叫了四个人将胡适平抬上汽车，立刻护送至台大医院急诊处。把了把胡适的脉搏，每分钟一百三十五次，而且痰中有血，这是心脏衰弱的表象。马上给胡适注射了两针强心针，转到特一号病房。护士用氧气帮助胡适呼吸，两三个钟头后症状有所缓解。胡适抱拳作揖，向医生和护士连声道谢。

由于病情依然危险，胡适需要静养三个星期，让左心房的裂口慢慢长好。在静养期间，台大医院高天成院长和医生严格禁止他谈话，也不能看报。

胡适却有些耐不住了，抱怨道："不看报，不是剥夺我的自由吗？"

老朋友梅贻琦（月涵）此时也正在台大医院治病，住在胡适对面的特二号病房。他走过来劝胡适在医院里一定要和医院合作，不能不听医生的话。挨到第三天下午，医师蔡锡琴来诊察：胡适从犯病时的每分钟心跳一百三十五次降至七十七次，基本正常了。胡适很严肃地对医师说：

"蔡先生，我是有看书习惯的人。现在不看书，不看报，我就要想别的问题，想得整个身子都出汗。我觉得这样更吃力。睡吧，会做梦，不睡吧，我会想问题。我是看书看惯的人，我看书是不吃力的。像小说、诗、词，我能背诵的诗词，用大字本，我看来毫不费力。请你给高院长、宋大夫商量商量，让我看些轻松的东西！"

他还透露了一个小秘密：犯病的那天晚上，他在背杜甫、白香山的诗，没背几首就睡着了。第二天脉搏降至八十八跳，若无其事的躺在病床上，看了《中央日报》《联合报》和《新生报》几种报纸。

蔡锡琴医师把胡适的要求告诉了主治医生。宋瑞楼教授走进病房对胡适解释："我们并不是不给先生看书，先生是可以看书看报的。不过看书看报都要用手拿着，手一动，就会影响静养的身体；可否让护士小姐拿着给你看，或念给你听？每天暂以一份报纸为限，好吗？"

胡适是向来不肯麻烦人的，要让护士小姐擎着报纸给他看，他觉得于心不安，也不方便，所以答应医生几天之内暂不看报。

"有心脏病的人都是悲观的，但我仍旧很乐观的。"胡适一边让医师检查，一面笑着说道："今天我做了一个梦，梦到我和对面特二号的梅先生都好了，同时出院了。我叫护士小姐到对面房间去告诉梅月涵，他很高兴我能告诉他我梦中的消息。"住院期间很多人为他祈祷，胡适开玩笑说："上帝看见我会跑开的。"

胡适逸闻

321

第九章

痴迷《水经注》考订

《水经》本是汉代桑钦著的一部地理书，北魏时郦道元为之作注，遂以《水经注》为书名流传于世。在一千多年中间，传抄者不计其数，致使错误百出，尤其是经文（即《水经》原文）与注文混淆，难以辨别。清代乾隆嘉庆两帝期间的学者以校勘见长，全祖望、赵一清、戴震（东原）曾先后对《水经注》重新加以校注。然而，后来的学者对三家新注评价不一，有一些人认为戴震（东原）抄袭了赵一清、全祖望的注本，这成为了学术史上的一大公案。

胡适对这一公案早有所闻，但由于没有细读全书，故而始终未发一言，在学术上采取了慎重的态度，但私心总觉此案情节太离奇，而王国维、孟森诸公攻击戴震太过，颇有志重审此案。及至一九四三年他卸任驻美大使闲居纽约，深为《水经注》所迷，又一再受在美国国会图书馆工作的王重民的鼓动，才决心全力以赴，审视并了却这一陈年积案。他说：

"我久想将来搜集此案全卷，再作一次审问，以释我自己的疑惑。我并不想为戴氏洗冤，我只想先摆脱一切成见，再作一次考订，以求满足我自己'求真实'与'求公道'的标准。"

的确，胡适晚年倾力最多、费时最长、考证又最精密的当数《水经注》。下面仅举几个小例子，就可以知道他对考订《水经注》有多么的痴迷了。

一，胡适在北平时，曾向梁实秋展示过他的书橱，里面用硬纸夹夹着《水经注》的稿本，有数十夹之多。其中，哪些是赵一清的，哪些是全祖望的，哪些是胡适自己的研究所得，胡适指指点点，讲得头头是道，足见他下了很大的功夫。

二，据季羡林说，有一次在北平图书馆召开评议会，胡适在会议开始前匆匆赶到，首先声明他今天还有一个重要的会议必须去参加，所以要早些退席，请诸位谅解包涵。大家都知道作为北大校长的胡适先生是

胡适逸闻

一个大忙人，没想到会议开着开着跑了题，有人忽然谈起了《水经注》。胡适这一下可就来了精神了，只见他眉飞色舞，口若悬河，兴致勃勃地讲他对《水经注》的考订，一直到散会才勉强刹住，再也没提原先说要早些退席那档子事。

三，一九四八年三四月间国民党政府召开"第一届国民大会"，蒋介石有意让胡适担任象征性的国家元首"总统"，而他自己担任握有实权的行政院长，为此蒋介石本人出面或找幕僚三番五次做胡适的工作。胡适对北大的同事们开玩笑说："蒋介石如一定让我作总统的话，我就去做好了，反正国家大事有他蒋介石管，与我有什么关系。到那时，我到南京，把总统府大门一关，还作我的《水经注》考订，总统府门禁森严，我更可以安心搞学问。"

四，北平和平解放前夕，胡适乘蒋介石派来的专机从北平飞往南京时，由于走得匆忙，他随身只带了三样东西：一是他父亲的遗稿，二是《脂砚斋重评石头记》，还有一样就是《水经注》稿。

五，以后胡适在台湾担任"中研院"院长时，老友胡健中（署名"康华"）写了一首《有怀胡适之先生》的白话诗，其中有这么四句："听说你最近有过去处／又在埋头搞那《水经注》／为何不踏上新的征途／尽走偏僻的老路？"梁实秋当年也曾问过胡适，花这么多时间和精力考订《水经注》究竟值不值得？胡适对他们说："不然，我是提示一个治学的方法。前人著书立说，我们应当是者是之，非者非之，冤枉者为之辨诬，作伪者为之揭露。我花了这么多力气，如果能为后人指示一个作学问的方法，不算是白费。"

功不唐捐，痴迷的结果还是让胡适颇感欣慰的：他的关于《水经注》的考订文章总计近二百万言，收入《胡适全集》第十四至十七卷，占了整整四卷的篇幅。

"记忆是很危险的"

　　对待史实必须严肃认真、一丝不苟，胡适不仅要求别人这样做，同时也这样要求自己。他一再说"光靠记忆是非常危险的"，主张写回忆录"一定要有材料，如日记、年表、题名录等等，都是十分重要的资料，不能专靠记忆。"一九五七年冬他在向唐德刚作口述自传的时候，正式录音有十六次，每次在录音的前一天，他一定要把有关的材料收拾好，编一个大纲，像预备功课一样，有时花了好几个钟头，才能去口述。胡适说不翻过去的材料，全凭记忆，就难免不会产生许多错误，所以有的口述历史还是靠不住的。

　　胡适的老朋友许世英，在九十岁高龄时著有《回忆录》，在《人间世》上连载。胡适看了几期，发现其中所述史实有许多错误。比如说维新变法失败后，"六君子"行刑由他奉派"监斩"，其实那时许世英不过是个小京官，朝廷不可能派他去"监斩"如此重大的要犯，《清史稿》上明明记载监斩官是刚毅。又如汪精卫刺杀摄政王的案子，许世英说"我替你奏呈慈禧太后去"，"于是呈由堂上转奏慈禧"，其实汪精卫的案子发生于宣统二年，慈禧太后已经去世了。这些都与史实不符，属于误记，甚或有自吹的成分。民间还有慈禧因为见汪精卫是美男子，才没有将他"斩立决"，就更是无稽之谈了。

　　胡适说："一个人到了八九十岁的时候，记忆的事情都错误了，这是必经的现象。所以许静老的《回忆录》错误百出。过几天预备把几位朋友的讨论的信札送给他看看。"

　　因为胡适当时正在医院中养病，所以他先写信给许世英，提出两点置疑："一，当时刑部的'法律大家薛叔耘先生'似是长安薛允升尚书之误？薛叔耘是无锡薛福成，够不上法律大家，薛尚书字云阶，是当代法律大家，著有《唐明律合编》等书，不知是此公吗？二，回忆录中两

胡适逸闻

次提到满尚书'老珣王',朋友们都不知是谁。倘蒙指示,至感。"

许世英回信表示感谢,说"所载《回忆录》,口授居多,因方言关系,辗转录登,多有舛误。"

胡适再致许世英的信中指出:"你的《回忆录》,将来定有人视为史实,故我的朋友们都愿意替您做点检书的工作,想能蒙原谅宽恕吧!"

不过,胡适本人也有回忆不尽确实之处。比如胡适晚年曾对唐德刚讲:有一次在一个宴会上他称赞了郭沫若几句,郭氏在另外一桌上听到了,特地走了过来在他脸上 Kiss 了一下以表谢意。如果这指的是一九二一年八月九日商务印书馆元老高梦旦的那次宴请,胡适和郭沫若两位新诗人第一次见面,那么郭沫若 Kiss 胡适恐怕就不怎么确切了,胡适当天日记中并无此记载,何况高梦旦作为主人,不会安排他宴请的两位主要客人分坐两桌,因而也就不会有郭沫若从另外一桌"特地走过来"与胡适接吻的情况发生。郭沫若抱住胡适接吻确有其事,不过不是在他们第一次见面的时候,而是一九二三年十月十三日郭沫若在上海请胡适、徐志摩等在美丽川吃饭的饭局上。在饭桌上,当醉酒之际,郭沫若听到胡适说"曾取《女神》读了五日"的话,竟高兴得抱住胡适接吻。徐志摩用"遽抱而吻之"五个字把郭沫若当时"大喜"的样子描述得活灵活现,说明写诗较晚的郭沫若还是很希望像胡适这样的名人为自己捧场的,这也是人之常情,不足为怪。有那么一次酒醉后的"抱而吻之"也就足够了,郭沫若是自视很高的人,按照他自由豪放、昂扬奋进、天马行空的个性,不会也不可能接二连三地抱吻胡适,尤其是当他清醒的时候。十三日在美丽川吃饭主客共有七人,更不可能分坐两桌。晚年的胡适之所以对唐德刚那样讲,十之八九是他的记忆有些混淆了,转述者唐德刚又没有加以订正。

胡适的"细行"

一九六一年一月十一日，胡适在台湾"中央研究院"举行的"蔡元培先生逝世二十一周年纪念会"上致开幕词。然后他请台大教授沈刚伯讲演《方正学的政治思想》，待沈刚伯讲演完了，胡适又用赞赏的口吻说道：

"我因为今天刚伯先生讲方孝孺的政治思想，昨天晚上也临时抱佛脚，也看了一看方孝孺的《逊志斋集》。据我所记忆到的，沈先生讲的都没有错。他的记忆可了不得！我今年七十了，我所看到人家作学术演讲一小时之久不带片纸的只有两个人：一个是伯希和先生，第二人就是沈刚伯先生。"

沈刚伯后来就此事回忆道："他叫我演讲，我告诉他讲方孝孺的政治思想，讲完之后，胡先生告诉我他曾经花了两天工夫把有关方孝孺的资料、著作从头至尾看完，同时他要我把讲稿写出来；事后我将稿子先给两位朋友看，看过也没说什么，但给胡先生看第三遍时，他却告诉我有几处笔误，他已经顺手为我改好了，由此却可看出胡先生'做学问一丝不苟'的态度。"

类似的例子很多，很多。沈刚伯在《我所认识的胡适之先生》一文中，相当详细地记述了胡适的若干"细行"，可以视为是关于胡适的一篇人物速写，从看似细微末节处不仅可以让人们知道了胡适的某些生活习惯，也凸现了这位大师级学人的作风与品格。

"适之先生是一个孝子，一个慈父，一个标准丈夫，一个忠实朋友，一个诲人不倦的教师——这是凡和他有过来往的人所公认的。至若他那居处之恭，执事之敬，治事之勤，做学问之一丝不苟，同那'于人何所不容'之大度，则确是我生平所少见的。我相信他真做到'视听言动，一秉于礼'，纵是一人独处，也能'不愧屋漏'。他不特'出门如见大宾'，就是闭户静坐，也是衣履整齐，威仪整饰，从来没有蓬头跣足的习惯和箕踞偃仰的姿态。他的书房卧室总由自己收拾得净无纤尘，案头架上的图书文具，橱柜内的衣服，抽屉中的零碎，乃至于一张名刺，一块纸片，一堆酒瓶烟罐，无一不安放得服服帖帖，整整齐齐。任何人写给他的片纸只字，他都妥为收藏，亲笔回答。任何人送给他的著作文章，他总是从头至尾细加阅读，遇有疑问不妥之处，随时做上记号，然后加以考证辨正，写给作者。对于任何讲演——包括非学术性的在内——他总要事先起草；甚至做主席的时候，也要事前把人家要讲的问题，自己充分地研究一番。他有一次主持博士考试，除细阅候补人的论文而外，竟花了好几整天的工夫，将论文中所涉及的一切问题，一一加以研讨。他博闻强记，做短篇文章，往往能一挥而就；但却要看了又改，改了再看，摆几天后，再看再改，有时拿给朋友看过，又加删改，所以他生平从无急就之章。就是写一封讨论学问或是磋商公事的长信，也是草创润色，几经易稿，然后发出。至于大的著作，有时在写完初稿之后，因为有一二细节，觉得未妥，须俟有新材料发现，然后能充分解决，则宁可藏之以待异日。对于别人的作品，偶有错误之处，他无论识与不识，亦必很热心地加以指正。他为人极其谦和，处世极能容忍；惟对于做学问，则虽一字之微，也不轻易放过，不随便妥协；他自律如此，对旁人亦如此，固无所谓挑剔，亦无所谓客气也。有时人家对他发生误会，发表指责他的言论，他看过之后，反常用'他颇能读书'，'很有才气'，或是'可做研究'这一类的话赞扬作者。他对于一些非礼谩骂的文字，也总是平心静气地看，看完了，毫不生气，更不辩正，甚至还劝他的朋友们不要替他不平。这样休休有容的度量，他表现得极其自然，真算得是学问深时意气平了。"

胡适去世以后，沈刚伯《在纪念胡适先生演讲会讲词》中，又把上述胡适的"细行"重述了一遍，并且补充了本节一开头说的具体例子——那是他亲身的感受。

南港之夜一夕谈

台湾"中央研究院"院址在南港，院长胡适平常就在那里居住和办公。

一九六一年九月十七日下午，谢冰莹和苏雪林去南港看望她们十分仰慕的胡适先生。胡适刚从台大医院治病出来不久，正在午睡，不便接客，所以谢冰莹和苏雪林就先到山上的"蔡元培纪念馆"略事休息。这个纪念馆是专门为纪念蔡元培先生建立的，一楼大客厅用作开会和放映电影，可以容纳五六百人。楼上有不少设备齐全的宿舍，供来讲学的人短期或长期居住，故又称"学人宿舍"。

大约六点半钟，胡适派车子来接她们。其实这里离胡适住处很近，只是因为天上在下毛毛雨，为照顾两位女士才打发司机开了车来。"胡先生太好了，这点小事，都要他操心。"苏雪林感动地对谢冰莹说。

胡适请她们吃晚饭。餐桌上摆了好几样佳肴：炒腰花，红烧鸭子，炸咸鱼，炒菜心，外加白菜粉条猪肝汤。胡适一边给谢冰莹和苏雪林夹菜，一边说：

"腰花炒得很嫩，是我们大司务的拿手好菜，你们要多吃一点；还有鸭子、咸鱼，我都不能吃，这是特地为你们准备的。"

咸鱼就放在苏雪林面前，她笑道："哈！我很久没有吃到这么美味的咸鱼了，今晚我要多吃一碗饭。"

主客三人都笑了。咸鱼苏雪林的确吃得很多，胡适吃了不少腰花、青菜，吃了一碗饭，喝了两碗汤。谢冰莹夹起一小块鸭子敬给胡适，胡适也吃了。看来他今天心情很好。

"我真希望常有朋友来陪我吃饭！"胡适对两位女客说。"有客人来，我的精神高兴，饭量就会增加；要是一个人吃饭，真没有意思！"

谢冰莹劝他道："不过，你太累，不能多说话，还是一个人清静清静，多休息休息的好。"

胡适说："我很好，已经恢复了健康。"

饭后到胡适住处的客厅里，三个人从七点谈到九点。这时有人进来对谢冰莹和苏雪林提醒道："对不起，请两位先生原谅，胡先生该休息了！"

谢冰莹和苏雪林连忙起身告辞，胡适却摆摆手说：

"没有关系，没有关系，好不容易护士小姐不在这里，我们可以多谈谈，机会难得。唉！这几个月来，你们不知道，我什么时候打针，什么时候散步，什么时候休息，都要受限制的，一点自由也没有，真苦死了。"

主人坚留，客人只好"客随主便"。苏雪林告诉胡适她要在南港住一个星期，准备查阅一些资料，胡适便对她说："我这里也有不少参考书，你们随时来看好了。"

谢冰莹插了一句："胡先生，我今天是送雪林来的，晚上还要赶回去。"

"啊啊，这样我就不强留了。"

谢冰莹和苏雪林向胡适告辞，胡适一边送一边叮嘱苏雪林说："刚才我的话还没说完，雪林，你太偏见，你反对孟子，（而）我是赞成他的；研究学问要客观一点，不要太主观。"

她们离开胡适住处的时间已经过了晚九点。这是谢冰莹和苏雪林同胡适最后也是最好的一次长谈。不久胡适就与世长辞了，但南港之夜的长谈让她们久久不能忘怀。

"'胡适的神话'都不可信"

日本的诸桥辙次花了三十多年工夫编成《大汉和辞典》，有十二巨册，外加索引一册。胡适是中国文化教育界的著名代表人物，《大汉和辞典》第九册列有"胡适"一条，说胡适是"胡培翚之子"。胡颂平发现之后，就对胡适说："诸桥辙次把老太师的名字都弄错了，这是不可宽恕的错误。"

胡适看了一下关于自己的条目，说："的确错了，该打，该打。还有嗣穈是我的名字，不是号。"

胡颂平建议道："我们可以去信告诉他，请他在再版时改正。"

"不必了。"胡适接着说："他是根据伪满洲国《现代中华民国满洲帝国人名鉴》编的，他根据的资料错了，当然跟着错了。还有一本日本人作的胡适年谱，错的更荒唐呢！诸桥辙次先生我是熟识的。我在美国时，他的辞典出来后曾寄我一本，还要请我给他写篇书评。我的事迹，他不写信来问我，反而根据伪满的人名鉴，怎么不错呢？一个人只能做一个人能力范围以内的事。我们要替别人做传记，一定要先把这个人的事迹查得清楚之后，才可着笔。诸桥辙次一个人的精力编这么大的辞典，错误是免不了的；但这书也很有用处：我上次写的'南宋以后的五山十刹与日本五山十刹'，就在这部辞典里查出的。日本的五山是指十个寺院，先有镰仓时代的五山，后来迁都京都之后，再有室町时代的五山，非常的复杂，但都是模仿南宋以后的五山十刹。我那篇有关日本的部分，还须修改一下。这书的确有用。"

胡适对别人记载的错误，态度是持平的，因为他深知编撰一部类书很不容易。

其他国内外各种关于胡适的报道，失实的地方也很多；记录胡适的演讲，几乎没有一篇是没有错误的；胡适用英文演讲，译成中文的也常常出错。胡颂平将这些情况告诉胡适，胡适听后笑了一笑，说：

胡适逸闻

333

"这是'胡适的神话',都不可信。"

"老虽老，却是河南枣"

杜甫有一名句："新松恨不高千尺"。白居易有诗云："今日红颜欺了我，他日白头不放君！"相比较而言，胡适对待青年人的态度，近乎于杜甫，胜过白居易。他乐于与青年人交朋友，青年人也乐于和胡适交朋友。邓嗣禹在《胡适之先生何以能与青年人交朋友》一文中，列举了几条理由，这里不妨转述并略作引申与发挥，看看胡适"能友青年之道"究竟有些什么门道。

一、他能礼贤下士，没有学阀、官僚架子，让青年人容易亲近，正所谓"爱人者人恒爱之，敬人者人恒敬之"。

二、他能爱护青年。胡适虽自视甚高，经常品评古人、前辈和同辈，在肯定的同时亦毫不客气地指出种种不足，但对于晚辈却多褒而少贬。与年龄相差甚多的青年人通信，亦常称兄道弟，聚会时对青年人平等相待。

三、他渴求与青年人士为友，从中选拔人才。凡闻某一学校有一特殊人才，不管何科何系、文理工等，必邀面谈或通信笔谈。早年在北大，胡适是在南下的火车上读到一篇署名"千家驹"的文章，觉得不错，才通过吴晗邀千家驹见面，推荐千家驹去社会调查所工作，后又聘请在北大经济系任教。罗尔纲、吴晗、邓广铭都是胡适教过的学生，他们都是在胡适面授、扶助、提携之下，加上自身的勤奋努力，后来成为了文史大家。罗尔纲的《师门五年记》足以证明胡适"甘为人梯，扶持青年"。胡适在美国期间，打听到邹谠、卢懿庄、马祖圣等在芝加哥大学，也曾主动与他们联系过。那时杨振宁尚未入芝大学习，否则他也会被胡适列为联系人之一。

四、青年人给他写信，胡适都亲笔回复。凡提出之学术疑难问题必定回答，甚至加以考据，使收信者疑惑顿开，兴奋不已。因此有的回信长达数页，胡适挑灯夜战，乐此不疲，但他遵循"人之患，在好为人师"的古训，很少批评青年，妄出主意，只是发挥己见，供人采择而已。青年人都把胡适先生的回信视为珍宝。

五、胡适同青年人相聚，亦常以青年人的志趣为转移。如邓嗣禹喜欢近代史，他就与之谈民国初年军阀、官僚的掌故；青年人有春温，喜欢谈点桃色新闻，他就讲一些徐志摩和陆小曼的爱情故事等等。总之，他乐于与青年人为伍，避免老朽，给青年人"我也是你们当中的一分子"的印象。胡适经常爱说的一句话是："老虽老，却是河南枣，外面皮打皱，里面瓤头好。"新瓜汁甜，老瓜瓤好，这正应了晋·王羲之《兰亭集序》中的那句话："群贤毕至，少长咸集。"

挨骂

未译完《人类进化史》后又撰写《细说体系列丛书》的黎东方，曾挨过胡适的两次骂。

第一次是一九四九年胡适在美国纽约当寓公的时候。有一天他要去成衣店买西装，黎东方在电话里告诉他说："成衣店榜德（Bood）最好。"胡适在电话里就骂了起来：

"你糊涂了！榜德在伦敦，不在纽约。"

黎东方不免有些生气，只好耐住性子详细解释道："现在纽约也有了一家榜德，离开时报广场不远，两边各站了一个塑胶的巨人，一个是男的，一个是女的，身高三四层楼。"

"哦哦。"

过了一天，他到胡适住处喝茶。本想毫不客气地拉胡适去时报广场转一转，让胡适瞻仰瞻仰那两个塑胶巨人，以证明自己所言不虚，那里确实有一家榜德成衣店。但胡适嘻嘻哈哈，好像把昨天的事早忘得一干二净了，自然也不会想到自己在电话里骂错了人。在与胡适的相处中，黎东方逐渐学会了胡适的宽宏大量，领会了胡适主张"容忍"的意义，尽管胡适骂他骂错了，黎东方也只笑而不辩。

于是他坐下来慢慢品茶，一边听满腹经纶的胡适讲唐代陆羽所著的《茶经》。

第二次在台北，王晶心女士想去西班牙讲学，黎东方便自告奋勇地对她说："我带你去见见梅部长，或许可以想想办法。"梅部长即梅贻琦，当过多年的清华大学校长，现任台湾"教育部"的部长。

胡适在一旁听到了，便对黎东方骂道："梅部长有什么办法。东方兄，你轻诺寡信，嗨嗨！"

这一骂让黎东方颇为难堪，但他不敢答辩，因为过去他的确有几次轻诺寡信的事。但让他感到奇怪的是，那几件事情胡适先生并不知道，莫非他能掐会算，未卜先知，才下了如此不留情面的断语？但更可能是他老人家有过人的知人之明，又怕给老朋友梅贻琪添麻烦，一时情急才骂了一句，重重地压黎东方一下。

不过，这些只是黎东方的猜想。

胡适为人一向平和，偶尔骂谁一两句，犹如"风乍起，吹皱一池春水"，虽然也有骂错的时候，但骂过了也就完了，照样有说有笑，谈古论今，所以朋友们从不记恨他。

背书

　　早年毕业于北洋大学电机系的陈之藩，留学英美，曾在香港中文大学电子工程系任荣誉教授；同时又具有深厚的文史素养，尤擅长写散文。他说他同胡适谈天是一大享受，尽管对某些问题常常谈不来——也就是各有所好，各抒己见。

　　胡适的《中国哲学史大纲》卷上，梁启超在批评多处不是的同时，肯定胡适关于墨子讲得最精彩。陈之藩却恰恰不喜欢墨子，他对胡适说：

　　"我不爱《墨子》，那种文章谁看得懂！"

　　胡适笑了一笑，没有回答。

　　胡适跟人谈天有一个原则：他一定要知道你曾经下过功夫，有诚实的问题，他才跟你谈，否则就聊别的。

　　墨子谈不拢，就谈《荀子》。

　　陈之藩说："《荀子》我喜欢前面的。"

　　胡适说："《荀子》我喜欢后面的！"

　　陈之藩当着胡适的面，像个小学生似的背了两段《劝学篇》。胡适知道陈之藩对《荀子》下过功夫，值得一谈，这才对陈之藩说：

　　"这都是些官冕堂皇的文章。我所偏好的，是荀子'科学'的见解。"

　　胡适像私塾老师示范一样，背了《荀子》的后半本。

　　陈之藩生于一九二五年，胡适倡导五四"文学革命"的时候，他还没有出生，他是靠了新文化运动的余荫成长起来的，对白话文学比较熟悉。所以胡适在谈天中提到周作人，陈之藩就背段周作人的文章；提到鲁迅，陈之藩就背段鲁迅的文章。在这些方面，也许是由于年纪偏老，记忆力有些减退的缘故，胡适反倒背不过陈之藩。不过胡适并没有怪罪陈之藩在鲁班门前弄斧，关老爷面前耍大刀，他倒是夸奖陈之藩"后生可畏"。

尽管不一定事事都谈得来，可是谈一晚上，总是很愉快的分别。陈之藩总是醉醺醺地走到电梯间，胡适总是送他到电梯门口。两人热烈握手，胡适还会对陈之藩补上一句：

"我近来没有什么会——"

陈之藩知道他的意思是在说：希望你常来谈天。只不过胡适的话说得很委婉，很含蓄，给对方留有考虑的余地，因为他并不想勉强陈之藩非得要来谈天不可。

未完成的出版计划

胡适在逝世前的四天，即一九六二年二月十九日晚上，和香港中文大学创办人之一的胡家健有一次长谈。尽管当时他处于患病休养期中，但兴致很高，谈锋很健，一开始便笑着对胡家健说："今晚我的护士已经回家了，我们可以多谈一会儿。"原来两天前胡适、胡家健、胡颂平、胡汉文聚在一起聊天，胡适戏称"今天我们是开胡家大会"，无奈护士徐小姐在一旁监视着，"胡家大会"只好草草收场，谈话未能尽兴。所以胡适又专门约胡家健今天来住所，说有要事相商。

两个人从晚九时一直谈到十一点。临别时，胡适还将他仅存的一部一九六一年由台北中央印刷厂影印的乾隆甲戌《脂砚斋重评石头记》送给胡家健，并亲自在书端题了字。另外还写了两张纸分送胡家健在香港的朋友，上面分别题写了杜甫的诗句：一张是"不眠忧战伐，无力正乾坤"；一张是"四更山吐月，残夜水明楼。"这无疑是胡适自己心境的写照。

众所周知，鲁迅晚年说过这样的话："与其不工作而多活几年，倒不如赶快工作少活几年的好。"所以，在病中的鲁迅怀有一种"赶快做"的心念而笔耕不辍。胡适也何尝不是如此，这次在和胡家健的谈话中，他特别提到了他的宏大的出版计划。这是他的梦想。

一、关于《胡适文存》。最早由上海亚东图书馆于一九二一年十二月分为四册出版，一九五三年十二月台北远东图书公司将其与《胡适文存》二集、《胡适文存》三集和《胡适论学近著》（改名为《胡适文存》四集）合印发行。胡适说台湾的重印本销路并不很好，他很懊悔当时不该要书局重行排印，只要把从前的亚东版择要影印好了。胡适告诉胡家健他正在计划编印《胡适文存》第五集，可是找不到好助手。从前在大陆的时候，亚东图书馆的章希吕等安徽籍同乡好友，随时留意他在各处发表的文字，并将它们分门别类收集起来，每收集到三四十万字便汇编成一册，胡适只须把目录浏览一遍，把编排的次序审查一下，便可付印了。亚东版的《胡适文存》一至四集便是这样出版的，现在却没有章希吕那样的热心人替他收集和整理了，缺了好助手工作就难以为继，《胡适文存》第五集最终没能编印出版。

二、关于小说考证。胡适说他几十年来写了一百多万字的小说考证，目的之一是通过小说考证，用一些实例来教人怎样思想，怎样研究学问。他曾写信给胡家健，请胡家健在香港帮助搜集亚东版的《醒世姻缘》《三侠五义》《老残游记》《海上花》等旧小说，这次在谈话中又当面请胡家健将他写的小说考证开列一个总目录，尽量替他搜集这方面的文字。胡适很遗憾地对胡家健说，关于《醒世姻缘》等小说的考证，他自己手边都没有存稿了……

三、关于诗集。一九二〇年三月出版的《尝试集》是现代文学史上第一本个人白话新诗集，开风气之先，"胡适之体"曾名噪一时。后来胡适又写了不少诗作。他对胡家健说他打算编一本《胡适的诗》，把《尝试集》和其他未发表的白话诗都包括进去，再扩大一点，早年写的旧诗也选择一部分编入。此计划胡适生前并未完成，由胡明编注、人民文学出版社一九九三年十月出版的《胡适诗存》（增补本），才实现了胡适生前的愿望。

四、关于绩溪县志。胡适是安徽绩溪人，对故乡情有独钟。他告诉也是绩溪人的胡家健说，他知道的绩溪县志按时间顺序共有四部：万历新志、康熙续志、乾隆志、嘉庆志。乾隆本绩溪县志台北故宫博物院藏有一部，胡适已托人拍了照片，由同乡唐子宗、胡钟吾负责整理付印。嘉庆本绩溪县志在日本东京有一部，胡适亦已托台湾当局驻日"公使"张伯谨代为拍照寄来，收到后请胡家健在海外整理付印。"你我都是绩溪人，我想对我们来说这是义不容辞的……"

以上出版计划胡适生前都未能实现，这或许会让他死不瞑目。

"警察任务"

胡适是很幽默的，经常把朋友们对他健康的关心说成是"执行警察任务"。

一九六二年二月间，台湾当局召开教育会议，由"教育部长"黄季陆主持。黄系四川叙永人，美国俄亥俄州州立大学毕业，在大陆时曾担任过国民党内政部长、国立四川大学校长等职，由于镇压进步学生运动留下不少骂名。赴台后一度出任"教育部长"。

在这次教育会议闭幕后第四天，黄季陆到台大医院看望住院治疗的清华大学校长梅贻琦先生，在医院内的长廊里碰见胡适正由护士小姐陪送着迎面走来。黄季陆和胡适也是老朋友，不期而遇自然分外欢欣。胡适对黄季陆说：

"这次的教育会议十分的圆满，令人高兴极了。不过大会期间你太辛苦了，应当好好休息，不要过劳，身体是我们的第一套本钱。"

黄季陆笑着说道："还不都是为了老兄你吗？这次大会不设主席团是为了怕你当主席，而影响到你的健康。开幕那一天取消了来宾演说也是为了你，因为有了这两个项目，你都是避免不掉要作一番精彩表演的。如果你说我在大会中甚为辛苦，那都是为了你的健康的缘故。你看我这一次对你执行的警察任务如何？"

胡适听罢和黄季陆相顾大笑。黄季陆问胡适来医院有何不适，胡适告诉他说是检查牙齿，"下月我要赴美开中华教育基金董事会，行前要把身体弄好。"黄季陆拜托胡适为台湾的教育事业多争取到一些基金，然后对胡适说：

"我今晚要去高雄，行前特来看看梅先生，本来想看罢梅先生就去看望你的。"

胡适表示了谢意，说："不必了，我们就在此谈谈好了。"紧紧握着黄季陆的手，又说道："我们就此再见，就此 Good bye。"

这是他们两个老朋友最后一次见面。四天之后，胡适就与世永别——真的永远的 Good bye 了……

胡适把别人对他健康上的关心和忠告，戏谓之曰是对他执行"警察任务"，可能是从"卫戍司令"周作人那里兑来的。一九二九年胡适在上海因言论不合得罪了国民党当局，受到教育部的警告，周作人从北平给胡适写去一信，推心置腹劝胡适说："我如做了卫戍司令，想派一连宪兵把适之优待在秘魔崖"，这样胡适就可以避免干扰，专心致志做学问了。"执行警察任务"云云大约就是由此脱胎而来，只不过作为一句戏言用在朋友们对他健康的关心上，如像当初周作人用"卫戍司令"一句戏言让胡适专心做学问一样。

"围剿"乃是"小事体"?

　　人们都知道二十世纪五十年代大陆曾对胡适进行了大规模的全方位的批判，殊不知胡适在台湾也受到过好一阵子"围剿"，尽管那时他已担任"中央研究院"院长，执台湾学术界牛耳。

　　在美国当寓公的胡适，是一九四八年四月由蒋介石圈定，回台湾就任"中央研究院"院长的。在他回到台湾之前，台湾就出版了《胡适与国运》的小册子，内收《胡适的领袖欲》等四篇匿名文章，对胡适进行人身攻击。这显然是对胡适的当头棒喝，不过胡适并未予以理会，只在私下里对好朋友说："大陆印了三百万字清算胡适思想，这区区一本小册子太不成比例了。"

　　一九六〇年七月十日，胡适赴美国西雅图出席"中美文化合作会议"，在会上作了《中国的传统与将来》的演讲。一贯颂扬西方文明、贬低中国固有文化的他，在演讲中历数中国文化之演进，最后断言"我相信人道主义及理性主义的中国传统，并未被毁灭，且在所有情形下不能被毁灭！"在座的听众，无论中国人还是美国人，都为胡适博士的"狮子吼"起立鼓掌。一位美国学者甚至称赞胡适的讲演具有"丘吉尔作风"——二战时期的英国首相丘吉尔虽然长着大舌头，但因为从小苦练口才，终成一大演说家，讲演极富煽动性。

　　可是台湾有些人士，包括立法委员、大学教授、专科校长等十余人，对胡适的讲演却很不以为然，联名写信给华盛顿大学校长欧第嘉德，说胡适等人没有经过学术团体推选，并不是合法委派与会，没有资格做此次会议的代表；何况胡适的思想和中国传统文化大相刺谬，他是中国文化的叛徒，没有资格妄谈中国文化。欧第嘉德把这封信的复印件交给了胡适，胡适又把复印件交给一起来参加会议的钱思亮、毛子水、梁实秋、李先闻等人传阅。在启程之前，梁实秋曾建议胡适就中国文化传统作一概述，再阐说其未来，胡适同意了，所以他的上述讲演题目就叫《中国的传统与将来》。梁实秋看了那封指责胡适的联名信复印件后，问胡适如何应付，胡适笑笑回答道："给你看看，不要理他。"

一年多以后，一九六一年十一月六日，胡适又应美国国家开发署邀请，在"亚东区科学教育会议"的开幕式上发表演讲，题为"科学发展所需要的社会改革"。讲演时间并不长，据胡适自己说只有二十五分钟。他重弹二三十年代在"中西文化比较"论战时的老调，说什么"我们东方这些老文明中没有多少精神成分"，"很少精神价值或完全没有精神价值"。这在台湾以及香港招来了众多的谴责之声，《民主评论》《政治评论》《世界评论》等刊载批胡文章，其中尤以香港中文大学教授徐复观最为激烈与刻薄，说胡适"是一个作自渎行为的最下贱的中国人"，他的讲演"是中国人的耻辱，东方人的耻辱"。胡适虽然仍未公开回应，但在同"中研院"总干事杨树人的一次谈话时，曾愤懑地讲过："他们要围剿我胡适，要彻底打倒我胡适。我不懂，我胡适住在台北，与他们有什么坏处！"

一九六二年二月二十四日，胡适在"中央研究院"第五次院士会议的欢迎酒会上致词，临近结尾时终于将他憋闷已久的话说了出来："去年我说了二十五分钟的话，引起了'围剿'，不要去管它，那是小事体，小事体。我挨了四十年的骂，从来不生气，并且欢迎之至……"也许胡适并不像他本人说的那样豁达，什么天大的事情都拿得起也放得下；也许是他的本已衰弱的心脏太不给力，讲完之后就倒在了水泥地上，呜呼哀哉了。这在众多仰慕者、追随者眼里，"小事体"变成了"大事体"。

胡适逸闻

遗嘱：美式版本的法律文书

　　一九五七年春天胡适在美国动了胃溃疡大手术后，就用英文立好了一份遗嘱，并由刘锴（时任台湾当局驻加拿大"大使"）、游建文（胡适任驻美大使期间担任大使馆秘书）、李格曼（Harod Riegelman，胡适在哥伦比亚大学读书时的同年级同学）三个人证明。六月四日胡适当着他们的面在遗嘱上签字盖章，三个证明人也当着胡适的面和彼此的面签字。遗嘱自此从法律上生效。

　　一九五八年四月胡适回到台湾，由蒋介石圈定，担任"中央研究院"院长。他在南港住所的私人物件是由秘书之一王志维经管的，一九六一年六月里的一天，胡适对王志维说："我的遗嘱早已立好了，放在铁箱里的一个小皮箱内。这个小皮箱有一个暗处，平时不大看得出来的，我就放在这个暗处里。我身后的事情都有交代，分交三个人负责。你现在不能去看它，我只告诉你我的遗嘱放在什么地方。"

　　这一年胡适七十一岁。王志维听胡适这么说，不禁感到有些突然，也有些惊骇。于是就说道："先生的老师杜威博士不是早就立好遗嘱吗？但他活到九十三岁。我希望先生也和先生的老师一样的长寿！"

　　胡适笑了一笑："希望如此。"

　　一九六二年二月二十四日胡适因心脏病猝然去世。想起了胡适生前说过的话，王志维就把放在铁箱里的遗嘱取了出来。胡适生前的四位老朋友王世杰、陈雪屏、钱思亮、杨树人共同拆开遗嘱，并由钱思亮在治丧委员会筹备会议上用中文将其中的要点当众予以宣布。

　　胡适的遗嘱是他在美国按照美式版本用英文写就的，每条每款都详细说明并界定清楚，绝无含混笼统之处，完全符合法律要求。这是其优点。但由于翻译（由英文译成中文）的缘故，胡适美国制式遗嘱的中文本在文字上显得相当啰嗦繁复，有着浓厚的"欧化风格"，读起来如同一份冗长而又枯燥乏味的法律文书。其实，作为"白话文学"的倡导者，胡适的绝大多数文章并不像这份遗嘱让人读起来如此佶屈聱牙。

遗嘱共有八条，内容主要是遗产分配、书籍赠与，以及文稿出版事宜等等。作为中国"自由主义知识分子"的主要代表，胡适是在北大校长任上，当人民解放军兵临北平城下之际，由蒋介石派专机从北平接往南京，不久流亡到美国当寓公，后又去台湾任"中央研究院"院长。所以在第二条遗嘱中，他说自己"不得已离开北平"，并把"北京大学有恢复学术自由的一天"作为将留在北平的图书、文件赠与北京大学的前提条件。从这一条也可以看出，胡适并非是一个关在象牙塔里面的纯粹的文人，纯粹的学者，他深深卷进了尖锐激烈复杂的政治斗争。胡适的遗嘱虽然并不是政治遗嘱，但从中包含着某种政治色彩，这是显而易见的。胡适的遗体也并未火化，而是遵照夫人江冬秀的意见装入了棺椁，墓地在"中央研究院"所在地南港对面的小山上，季羡林先生曾去朝拜过。胡适遗嘱的其他大多数条款均得以遵照执行。

胡适的三尊铜像

胡适生前，一些雕塑家都希望为这位享誉中外的大学者雕塑铜像，胡适笑呵呵地回答他们道："我的脸部没有什么特征，恐怕不容易雕塑啊！"但雕塑家们却别具慧眼，从胡适的脸上看出了极富个性色彩的特征：淡淡的笑容，紧紧抿着的嘴唇。

一九五一年，胡适还在美国做寓公的时候，在美国学了四年雕塑专业的李淑明，几次提出要为胡适作雕像，前四次都因胡适有事未能实现，第五次胡适终于答应了。李淑明抓住胡适极富个性色彩的特征制作雕像，又请他的俄国籍老师帮助修改，最终完成了胡适的第一尊半身铜像：穿西装，抿着嘴，脸上淡淡的笑容。这是胡适生前唯一见过的自己的雕像，在他去世以后，秘书王志维又把胡适生前戴过的眼镜，照原样给铜像戴上，从而使铜像更加栩栩如生，宛如胡适活着一样。这一尊胡适铜像现陈列在台北南港的胡适故居里，一进门就能见到它——见到胡适先生。

胡适去世以后，台湾师范大学艺术系教授阙明德，根据大量胡适的照片，加上过去亲眼所见胡适先生的印象，从不同的角度进行艺术的堆砌，选出最佳即最能表现胡适个性、气质与风采的角度进行加工、创造，完成了胡适的另一雕像。也是穿西装，抿着嘴，只是没有眼镜可戴了。它陈放在胡适故居餐室的架子上，正对着胡适生前吃早餐的桌子和椅子。过去摆着稀饭、面包、果汁的餐桌上，如今只留下几个擦拭得很干净的空杯子、碗和盘子，旁边放着筷子和刀叉，让人一看便知胡适生前进餐是"中西合璧"式的。

第三尊铜像，是胡适去世后由中国公学在台湾的校友会集资建立的，制作者为台湾艺术家杨英风。和前面两尊半身铜像都不同，它足有三尺多高，用铜一百五十多斤，不仅在三尊铜像中最大最重，而且穿的不是西装而是博士服——这是为纪念胡适生前在国内外共得过三十多个博士学位而特意设计的，也可以说是为胡适"量身定做"。别人还没资格呢！

这尊铜像安置在"中央研究院"南面小山上的胡适墓园里。那里预留了一座安放铜像的平台，正面和后面都镶嵌了一块大理石。前面刻着于右任先生手书："胡适之先生像"；后面刻着中国公学校友会的碑文，由杨亮功撰写，顾觉民敬书：

"先生在民前六年是中国公学的学生，民十七年又是中国公学的校长，母校为此而感到光荣。先生以杰出的智慧启发了人类的自由学术思想，母校校友为纪念先生的伟大成就，建立此铜像，以与敬爱先生的人们共同瞻仰。"

三尊铜像象征着胡适的永生。